万国通史

THE HISTORY OF CAMBODIA

柬埔寨通史

段立生／著

前言

柬埔寨王国（The Kingdom of Cambodia）是东南亚一个具有悠久历史的文明古国，曾经创造过光辉灿烂的扶南文明和吴哥文明，在人类文明的发展史上留下了绚丽的篇章。扶南是柬埔寨历史上最早出现的国家，存在年代是公元前2世纪至公元7世纪初。吴哥王朝是柬埔寨历史上最辉煌的时期之一，从公元9世纪初沿袭至公元15世纪初。璀璨夺目的高棉文化犹如一颗明珠镶嵌在中南半岛广袤的大地上，永远闪耀着耀眼的光芒。柬埔寨强盛之时，有“富贵真腊”的美称，雄踞东南亚，操控海上贸易，建立和发展与中国历代王朝的官方朝贡贸易关系，频繁与印度进行经济文化交流，从印度引入婆罗门教和佛教，俨然是东南亚地区的一个泱泱大国。只是从公元13世纪末以降，柬埔寨不断受到暹罗、越南等强邻的入侵，致使大片国土沦丧，被迫多次迁都，国势由强转衰。近代，由于经受了法国和日本的殖民统治时间长达90余年，结果是国破家亡，民生凋敝，满目疮痍，哀鸿遍野。1953年获得国家和民族独立以后，曾有过一段短暂的和平发展时期。但好景不长，从20世纪70年代开始，又陷入20多年的内战与动乱。直到1991年《巴黎和平协定》签订后，柬埔寨王国才真正走上了和平、独立、中立的发展道路。

柬埔寨的历史，是一部辉煌与屈辱相糅杂、成功与失败相交替的历史。柬埔寨人民既创造了傲世的惊人成就，也经历了惨不忍睹的悲痛。他们是值得我们同情和尊敬的。自古以来，中国和柬埔寨就有着频繁的友好交往，中国与扶南外交关系的建立，实际就是古代连接中国与海外交通的海上丝绸之路畅通的开始。海上丝路见证了扶南古代文明的发生和发展，传递和保存了扶南当时的政治、经济、文化、社会、宗教、贸易等方面的信息。如果没有海上丝路，就不会有中国古代的官员、商人、僧侣、学者、水手和移民来到东南亚地区，也就不会有中国历代留下来的根据这些人亲身见闻记录的历史文献。这些历史文献的珍贵之处，就在于它的唯一性、真实性和无可替代性。所以我们说，海上丝路传递和保存了包括扶南在内的东南亚各国的古代文明信息，是海上丝路的一大重要历史贡献，这个功绩在海上丝路的研究中，一直被忽略了。

早在公元1世纪，中国汉朝政府就派出使节，从广西合浦港出发，乘船经现在的越南、柬埔寨，渡暹罗湾，步行穿越克拉地峡，然后再乘船至印度。这就是历史上有名的汉使行程。汉朝的使节曾经路过扶南，这是不争的事实。遗憾的是，没有汉使曾经专门访问过扶南的确凿记录。

现有的确凿证据证明，扶南与中国的正式直接交往是在元和元年（公元84年），“中山王焉来朝。日南徼外蛮夷献生犀、白雉”（《后汉书》卷三）。《后汉书》称他们为“日南徼外蛮夷究不事人”，他们的首领曾向中国汉朝敬献过生犀、白雉。这里提到的日南，即汉武帝于公元前设立的郡县日南郡，属汉朝管辖，其地在今越南南圻。所谓“日南徼外”，指的是扶南的“究不事人”。而“究不事”则是今柬埔寨的古称。

自汉朝以后，三国时期、东晋西晋、南北朝、隋朝、唐朝，直到扶南被真腊所灭，时间跨度达600—700年，扶南一直跟中国保持着密切的联系。这条海上丝路一直保持着畅通。三国时期，吴国交州刺史吕岱派官员朱应、康泰出访扶南。归国后，朱应作《扶南异物志》，康泰作《吴时外国传》。这是世界上最早关于扶南的两部专著，惜已失传，仅留片段记载于《太平御览》等类书中。有人从这些类书中将有关条目辑录出来，编辑成书，使亡佚的《扶南异物志》和《吴时外国传》得以部分复活，便于学者进行研究。

柬埔寨扶南时期的历史，柬埔寨自己都没有记载，全靠《扶南异物志》《吴时外国传》的残卷，以及《二十四史》中的《后汉书》《三国志》《晋书》《宋书》《南齐书》《梁书》《陈书》《南史》《北史》的记载，才得以勉强凑成断断续续的历史。

而柬埔寨的吴哥文明之所以能够保存至今，并为世人所重新认知，完全是因为元人周达观写的《真腊风土记》。公元1295年，元成宗铁穆尔遣使真腊，温州人周达观作为翻译随使团而行。次年至该国，居住一年许始还。周达观回国后，根据亲身见闻写了《真腊风土记》，成为世界上仅存的最早全面记录柬埔寨吴哥时期的政治、经济、宗教、文化、社会、风俗等各方面情况的专著。

继周达观访问吴哥后一百多年，即公元1431年，暹罗人攻占了吴哥城，柬埔寨人被迫迁都，吴哥王朝从此走向衰亡。直到公元19世纪，沉睡于热带丛林中数百年的吴哥遗址才重新被唤醒，而《真腊风土记》则是打开吴哥秘境的钥匙。1858年法国博物学家和探险家亨利·穆奥到湄公河流域考古探险。《真腊风土记》的西文译本，使他相信吴哥文明不是天方夜谭式的神话，他在暹粒向导的带领下，用砍刀劈开密林，终于发现吴哥寺高耸的塔尖。亨利·穆奥是把吴哥遗址信息传递出去的第一个西方人。随着吴哥遗址被逐步清理修复，吴哥研究成了一门显学，吴哥文明之谜被一个个破解，而解谜的依据正是周达观的《真腊风土记》。因此，我们可以毫不夸张地说，正是由于中国历史文献的记载，柬埔寨的古代史才得以清晰、真实地存活下来。西方学者所著关于柬埔寨的历史著作，包括霍尔的《东南亚史》(D. G. E. Hall: *A History of Southest Asia*)、《剑桥东南亚史》(*The Cambridge History of Southest Asia*)和大卫·森德的《柬埔寨史》(David P. Chandler:*A History of Cambodia*)等史学名著，它们都是靠征引中文史料才得以完成的。由于西方汉学家对中文(特别是文言文)的熟悉和理解程度赶不上中国学者，在翻译和引用中文史料时难免发生一些错误，造成历史误会。因此，由中国学者来重新撰写和诠释柬埔寨古代史，无疑具有更大的优势。

再者，自1867年以来的柬埔寨近现代史，是一部饱受帝国主义侵略和殖民统治的历史，同时也是柬埔寨人民争取国家独立和民族解放的奋斗史。这一点与中国十分相似。中国虽然没有完全沦为西方国家的殖民地，但从1840年的鸦片战争后，也逐渐变成一个半封建半殖民地的国家。中国人民和柬埔寨人民在反抗外来侵略，实现国家独立、民族解放的长期斗争中，命运与共，相互支持。特别是中华人民共和国成立后，全力支持西哈努克亲王领导的柬埔寨人民的反帝、反霸和反侵略的正义斗争，西哈努克亲王也视中国为他的“第二故乡”。这种用鲜血凝成的战斗友情，加深了相互的支持和了解。进入21世纪以后，中柬关系继续保持良好的发展势头。随着中国—东盟自由贸易区建设的不断推进，重建21世纪海上丝路，互利共赢的中柬战略合作伙伴关系的发展，促使我们必须深入研究柬埔寨的近现代史。

在当前国内外形势发展的催促下，《柬埔寨通史》的撰写任务被提上了议程。

2013年笔者受上海社会科学院出版社张广勇编辑之聘，撰写了《泰国通史》，作为“万国通史”丛书之一种。该书2014年正式出版后，读者反映强烈，被列为大学泰语专业本科和硕士研究生教材。接着笔者主动请缨撰写《柬埔寨通史》，因为柬埔寨不仅是泰国的近邻，而且两国的历史、文化相互交织，我中有你，你中有我，难解难分。在上海社会科学院出版社编辑的支持和帮助下，不到一年的时间《柬埔寨通史》便完稿。之所以如此顺利，完全得益于对大量史料的掌握。笔者穷搜典籍，几乎做到竭泽而渔，从大量中文记载中汲取营养，同时参阅英文和泰文的著作。站在前人的肩膀上，多次亲赴柬埔寨实地考察，在柬埔寨文化部官员的关照下，到吴哥、暹粒博物馆、柏威夏、磅同、金边博物馆等地参观拍照，获取第一手资料。笔者觉得，将历史文献与实地考察相结合，用历史唯物主义的观点加以阐述和解释，是一种行之有效的历史研究方法。

在撰写《柬埔寨通史》的过程中，笔者刻意突出以下几个特点：

一是既然写的是柬埔寨的通史，就要把握住通史的特点，从古至今，一以贯之。要强调历史发展持续性和连贯性，努力厘清2 000余年柬埔寨历史发展的脉络，绝不可以断章取义割断历史；“以史为镜，可以知兴替”，概括和总结盛衰交替的原因和规律，以作为我们的历史借鉴。

据笔者所知，世间有关柬埔寨通史的著作不多。1914年出版的Adhemard Leclere著《柬埔寨史》（*History du Cambodge*）是第一部由西方人撰写的柬埔寨通史。1992年美国学者大卫·森德又出版了《柬埔寨史》（David P.Chandler: *A History of Cambodia*），并于1997年被译为泰文在曼谷出版，2013年8月又被译为中文在北京出版。这是两部关于柬埔寨通史的著名专著，具有开创性的历史意义。但随着时间的推移和世界格局的变化，新的史料和考古发掘的出现，使得重新撰写《柬埔寨通史》成为必要。

《柬埔寨通史》必须放在海上丝绸之路的大环境中来撰写。古代中国与柬埔寨建立外交关系的开始，实际就是连接中国与海外交通的海上丝绸之路畅通的开始。海上丝路见证了扶南、真腊时期柬埔寨古代文明的发生和发展，传递和保存了当时的政治、经济、文化、社会、宗教、贸易等方面的信息。如果没有海上丝路，就不会有中国古代的官员、商人、僧侣、学者、水手、移民来到东南亚地区，也就不会有中国历代留下来的根据这些人亲身见闻所作的历史文献。这些历史文献的珍贵之处，就在于它的唯一性、真实性和无可替代性。所以我们说，海上丝路传递和保存了包括柬埔寨在内的东南亚各国的古代文明信息。这是海上丝路的一大重要历史贡献，这个功绩在海上丝路的研究中，在对柬埔寨古代史和东南亚其他国家的古代史的研究中，一向被忽略了。

二是《柬埔寨通史》应该包括华侨华人的移民史。正如周达观的《真腊风土记》流寓条所说：“唐人之为水手者，利其国中不著衣裳，且米粮易求，妇女易得，室屋易办，器用易足，买卖易为，往往皆逃逸于彼。”这就是造成古代大批华侨华人移民柬埔寨的基本原因。随着移民人数的不断增多，在柬埔寨各地形成华人社区，进而发展为华人社会，以致到现在华人成为柬埔寨的一个少数民族。华侨华人用他们辛勤的劳动，不但参与创造了柬埔寨辉煌的古代文明，也投身于近代反对帝国主义侵略，争取国家和民族独立，以及当代柬埔寨国家建设的行列中。这不仅从吴哥浮雕壁画中可以看到大量生动的描述，也可以从当代柬埔寨的现实生活中得到印证。所以,《柬埔寨通史》需要把华侨华人史列为重要的一部分。

三是以吴哥为代表的柬埔寨古代文明,是人类文明发展史上的一大奇迹,它与中国的万里长城、埃及的金字塔、印度尼西亚的婆罗浮屠并称世界四大奇观,并被联合国教科文组织列为世界文化保护遗产。很多人去吴哥旅游,见到许多石头建筑和雕像,不太理解,甚至产生审美疲劳,不知其内涵。我们要给他们解答的问题是:什么是吴哥文明的灵魂?灵魂是生命存在的标志。不仅生物有生命,非生物也同样有生命,非生物的生命表现为它的存在价值。灵魂就是使生物和非生物得以维持生命的那点儿精气神,失去灵魂,生物便没有生命,非生物也失去了它的存在价值。吴哥城市建设的特点,充分说明吴哥城是以宗教为中心的理念而形成的。城市的中心建筑是神庙,城市里的主要建筑群是王宫和宗教建筑,商店和民居统统在城外。城市建设明显以神权和王权为中心,由吴哥城反映出来的吴哥文明,毫无疑问是一种宗教文明。在吴哥王宫的地下曾挖出一块吉篾文的石碑,是公元12世纪阇邪跋摩七世建造吴哥城时留下的。这块石碑只有一句话:"吉篾国宛如天堂国度。"充分说明吴哥城是当时的吉篾人以他们理想中的天堂为蓝图而建造的。世界上,除了吉篾人,还有哪个国家、哪个民族能够把宗教理念中的天堂变成生活中的现实?这是一个多么富于想象又多么敢于实践的伟大民族!这种文化创举,可以说前无古人,后无来者。

四是吴哥文明也和世界上的所有事物一样,一定会遵循产生、发展、兴盛、衰亡的规律。吴哥文明的衰亡是由多种因素造成的。

首先,婆罗门教宣扬的"天国理想",实际就是人们对美好生活前景的期盼。正因为有了这种期盼,人们才获得超越自我的能力,在劳动条件极端恶劣的情况下,居然用一块块巨石筑成象征人间天堂的吴哥城。可以想见,他们以何等坚韧不拔的毅力来超越自我,创造奇迹。他们的财力、精力和人力都集中到吴哥城、吴哥寺和大大小小的其他宗教建筑上,因而忽视了国家和军队的建设。他们崇尚虚拟世界,回避现实矛盾。他们不知道宗教信仰、神话传说与现实生活之间,必然存在着很大的差距。理想不能代替现实。他们的精神追求超过了物质需要,堕入理想主义的宗教乌托邦。当外国军队攻入吴哥城的时候,他们的美梦这才被惊醒了,他们沉醉其中的宗教乌托邦被打碎了。

其次,吴哥文明是建立在发达农业的基础上的。吴哥得天独厚的自然条件,肥沃的土壤,纵横交错的沟渠,自动调节水量的洞里萨湖,茂密的热带雨林,所有这一切,都给农业丰收提供了保障。可是,一旦生态环境遭到破坏,旱涝保收的农业基础被动摇,国力衰败和文明凋谢就不可避免。

再者，兄弟阋墙，争夺王位的内讧，是削弱国力的内部原因。

最后，人口的锐减是造成吴哥文明衰败的一个重要因素。从主观原因方面说，吴哥时期以前信仰婆罗门教为主。婆罗门教主张生殖崇拜，提倡繁衍人口。人类自身的再生产也就是劳动力的再生产，是维持人类生存发展的必要条件。到了阇邪跋摩七世时期，佛教逐步取代婆罗门教，宗教信仰的变化必然带来人们思想观念的变化。小乘佛教注重个人修行，戒色寡欲是他们最看重的信条。许多男女青年出家为僧为尼，使全国人口的出生率急剧下降。加之，东南亚国家之间的战争，素不以夺取土地为主要目的，而是以夺取人口和财富为目标。这是因为东南亚地广人稀，最缺乏的是劳动力。因此，柬埔寨每次战败，都有大量的人口被掠夺。众多的劳动力流失，国家焉得不衰落之理！

多种因素的合力，导致了吴哥文明的衰亡。

五是19世纪中叶，柬埔寨相继沦为法国、日本的殖民地后，柬埔寨历史进入一个黑暗、屈辱的时期，同时也是柬埔寨人民奋起反抗殖民统治，实现国家和民族独立的光辉时期。充分揭露外国殖民统治给柬埔寨带来的危害，热情歌颂柬埔寨人民的革命精神，是撰写这段历史的主旋律。

六是1953年柬埔寨独立后的现代史，头绪纷繁，错综复杂，国内各种政治派别登台，背后都有不同的外国势力。各种矛盾的激化，导致了长达数十年的内战，经济发展停顿，人民生活痛苦。经历了1970—1975年的抗美救国斗争，柬埔寨人民作出了重大的牺牲；1978年12月越南军队的入侵，促成了三方抗越联合政府的建立；1991年《巴黎协定》的签订，给柬埔寨带来暂时的和平；1992年联合国安理会派出维和部队，经过20年动荡以后柬埔寨有了第一届民选政府；1993年以来，通过3次大选的历练，民主政治的理念逐渐深入人心，柬埔寨实现了向民主政治的转型，《柬埔寨王国宪法》所规定的“君主立宪制”和“自由民主多党制”的基本框架得以构建。梳理柬埔寨的现代史，对历届政府、重要政治事件和重要历史人物作出实事求是和客观公正的评价，是撰写这段历史的重点。

总而言之，在撰写《柬埔寨通史》的过程中，笔者紧紧扣住上述6个重点，力图在继承前人研究成果的基础上，有所创新，有所发展，彰显出自己的特点。笔者竭尽全力，不敢稍息，但囿于学术水平有限，是否真正实现了这个愿望，还望方家和广大读者评鉴。

段立生
2016年11月于昆明

目录

第一章
上古时期

一、柬埔寨的历史疆域和原住民及移民

柬埔寨王国（The Kingdom of Cambodia）位于中南半岛东南部，北纬10°20′—14°32′，东经102°18′—107°37′之间。国土面积18.1万平方公里。南北最长处约440公里，东西最宽处约650公里。其疆域东部、东南部与越南社会主义共和国接壤，柬越边界线长约930公里；西南部濒临暹罗湾，海岸线长约460公里；西部、北部与泰王国相邻，柬泰边界线约720公里；东北部与老挝人民民主共和国交界，柬老边界线长约400公里。

古代柬埔寨的疆域与现在有很大差别。

根据历史文献的记载，公元前2世纪—公元7世纪初的扶南王朝时期，领土范围很大。初期大致等于现在的柬埔寨以及越南的南圻一带。《梁书》扶南传说："扶南东界即大涨海。"① 所谓"大涨海"，即指中国南海。《晋书》说："扶南西去林邑三千余里，在海大湾中，其境广袤三千里，有城邑宫室。"② 这里说的"海"，指中国南海，"湾"指暹罗湾。我们可以从越南南圻一带出土的许多扶南时期的神像（现藏胡志明市博物馆），证明扶南发轫于现今越南南部。

大约公元3世纪范蔓当国王的时候，扶南曾进行了一次疆域的扩充，"攻屈都昆、九稚、典孙等十余国，开地五六千里，次当伐金邻国"。③ 屈都昆在马来半岛吉打，九稚在马来半岛北部西岸，典孙即顿逊，金邻国在泰国佛统一带。

---

①《梁书》卷54，列传第48，诸夷。
②《晋书》卷97，列传第67，四夷。
③《梁书》卷54，列传第48，诸夷。

可见扶南的版图扩充到了马来半岛和暹罗湾。

范蔓以后的5世纪，即憍陈如当国王时期，扶南的版图没有多大变更。

到了6世纪中叶，真腊兴起，扶南已不能保持自己原有的领土，逐渐被真腊蚕食。7世纪中叶被真腊取代。

真腊国名，最初见于中国史籍《隋书》。《隋书》卷82有"真腊传"，并指出真腊又名吉篾（Khmer）。元人周达观的《真腊风土记》总叙说："真腊国或称占腊，其国自称曰甘孛智。今圣朝按西番经，名其国曰澉浦只，盖亦甘孛智之近音也。"可见，真腊的历史上继扶南，下启柬埔寨，是不言自明的事实。

真腊本扶南的属国，后来强大，兼并了扶南，其疆域不仅包括了扶南故土，还包括现今泰国的东部、东北部和中部，老挝的一部分，最西到达缅甸的蒲甘。我们从现存真腊时期的宗教遗址的分布，便可以看出其端倪。这种宗教建筑在柬埔寨语里称为"巴刹"（Brasat），泰国东北地区的方言沿用之。据泰国皇家学术部编纂的《泰文辞典解释》，所谓巴刹，是指有尖顶的建筑物。译成英文为Castle，则含有宫殿的意思。当地华人称之为"石宫"。据初步统计，泰国武里喃府有石宫9座，素攀府有4座，四色菊府有4座，乌汶府有2座，柯叻府有2座，猜也府有1座，黎逸府有3座，巴真武里府有1座，华富里府有1座。一直到缅甸蒲甘，都有真腊时期建的巴刹。

帕侬诺石宫

在人类社会的发展史上，作为宗教活动场所的寺庙总是伴随着居民聚居区的形成而出现的。换言之，寺庙是居民聚居区形成的一个标志。在每一座寺庙的周围和附近，都必然有一居民聚居区，因为要建成一座寺庙，不能单凭一人一家的力量，而要靠许多人出钱出力。而且寺庙本身就是一个公共场所，属于公众所有，它不同于一家一姓的宗祠。由此我们可以得出结论，上面所举的泰国境内的每一座石宫，在其周围，必然有过一个以吉篾族为主体民族的聚居区，尽管这些地区现在已经被泰族或其他民族居住，但在石宫兴建和昌盛时代，其主体民族是真腊国统治下的吉篾族，这恐怕是没有疑义的。我们通过现存石宫遗址的分布，反过来看真腊国的疆域，当是顺理成章的事实。

到了公元7世纪，即中国唐朝的时候，《旧唐书》卷197真腊传说："南方人谓真腊国为吉篾国，自神龙（公元705—707年）以后，真腊分为二：半以南近海多陂泽处，谓之水真腊；半以北多山阜，谓之陆真腊，亦谓之文单国。……水真腊国，其境东西南北，约员800里，东至奔陁浪州，西至堕罗钵底国，南至小海，北即陆真腊。"

《新唐书》卷222下真腊传说："神龙后分为二半，北多山阜，号陆真腊半，南际海，饶坡泽，号水真腊半。水真腊地八百里，王居婆罗提拔城。陆真腊或曰文单，曰婆镂，地七百里，王号笪屈。"

从唐代的记载看出，公元8世纪初，真腊分为两部分：陆真腊以文单（Vieng—Chan，今老挝万象）为中心，地广700里；水真腊则以婆罗提拔为都城，辖地800里。我们虽不能确定婆罗提拔城是现今何处，但根据它"近海多陂泽"的特点，当在洞里萨湖附近，大概是不会错的。水真腊北与陆真腊接，东到奔陁浪州（现今越南），南到暹罗湾，西到堕罗钵底国（泰国佛统府）。

公元802年，水、陆真腊合二为一，疆域更为广阔。《宋史》卷489占城传说："庆元（公元1195—1201年）以来，真腊大举伐占城以复仇，杀戮殆尽，俘其主以归。国遂亡，其地悉归真腊。"

宋赵汝适《诸蕃志》卷上真腊条说："登流眉、波斯兰、罗斛、三泺、真里富、麻罗问、绿洋、吞里富、蒲甘、窊里、西棚、杜怀、浔番，皆其属国也。"这里列举了许多属国的名字，根据近现代学者的考证：登流眉在今马来半岛之Ligor；波斯兰在湄公河三角州安哥（Anca），柬埔寨语为Bengsno（波斯兰）；罗斛在今泰国华富里；三泺即参半，在今老挝万象；真里富在今泰国尖竹汶，麻罗问在马来半岛巴占河下游西岸；绿洋即林阳，今缅甸之莫塔马；吞里富即今泰国吞武里；蒲甘即今缅甸蒲甘；窊里在马来半岛之丹老，今名墨吉；西棚、杜怀、浔番三地无考。

可见，真腊最强盛时期，即从公元802—1432年，历史上所说的吴哥王朝时期，其势力范围囊括了中南半岛的大部分地区，属下的国土疆域非常广袤，堪称雄踞东南亚的泱泱大国。

吴哥王朝的衰弱肇始于公元13世纪，周边国家的兴起使吴哥王朝面临前所未有的挑战。1238年泰国的素可泰王朝建立，这是泰族摆脱吉篾族统治后建立的第一个政权。1279年兰甘亨继位为素可泰国王，使素可泰的国力进入全盛时期。《真腊风土记》村落条说："（真腊）因屡与暹人交兵，遂至皆成旷地。"素可泰多次发兵攻打吴哥王朝，如今在吴哥巴云寺我们还可以看到场面宏伟的泰柬交战的浮雕壁画。

根据史书记载，素可泰于1296年首次攻陷并洗劫了吴哥。

公元1350年泰国中部华富里的罗斛灭掉北方的素可泰政权，建立了阿瑜托耶王朝。此后仅一年，即1351年，阿瑜托耶又派兵攻打吴哥，围城一年后将其攻陷，对人口和财物大肆掳掠。暹罗成了柬埔寨的劲敌。1369年和1393年，暹罗军队又两次攻占吴哥。当1431年暹罗军队再度占领吴哥后，柬埔寨国王蓬黑阿·亚特（1432—1467年在位）不得不下令放弃吴哥，几经辗转，最后迁都金边。在此期间，柬埔寨国土不断被暹罗蚕食。

公元15—16世纪柬埔寨在内忧外患的困扰中度过。达摩罗阇（1486—1504年在位）是柬埔寨历史上第一个被暹罗控制的傀儡国王。虽然他把柬埔寨的领土柯叻、尖竹汶割让给暹罗，但没有换来太平的日子。柬埔寨上层对王位的争夺给外国入侵带来可乘之机，在暹罗的扶植下，安赞（1516—1566年在位）登上王位。但是，安赞并不甘于受制于暹罗，在他的统治下柬埔寨获得短暂的中兴。1510年安赞率军在吴哥城附近击退暹罗军队的进攻，遂把这个地区定名为暹粒，即"战胜暹罗人的地方"，以此来提高民族的自尊和自信。

安赞的继承者巴隆·拉嘉一世（1556—1567年在位）执政时期，由于暹罗受到缅甸的入侵，自顾不暇，放松了对柬埔寨的威胁。巴隆·拉嘉一世乘机出兵攻打暹罗，于1557年、1559年、1562年先后三次主动出击，都取得了胜利，并成功收复了柯叻。

然而，柬埔寨方面短暂的优势并没有挽救其日益衰败的总趋势。暹罗阿瑜托耶王朝在解除了缅甸的军事威胁后，于1593年征调10万大军进攻柬埔寨，并于次年1月占领柬埔寨首都洛韦，将柬埔寨王室成员和9万居民掳往暹罗，文物、财宝抢劫一空，使柬埔寨元气大伤，彻底走向衰落。

根据中国史籍的记载，大约在公元16世纪末真腊改称柬埔寨。从16世纪末至19世纪初，柬埔寨受到暹罗和越南的两面夹攻，政权被置于两国的轮番控制下，领土被两国逐渐并吞，国土面积越来越小。

1693年越南阮氏政权占领原属于柬埔寨的东浦（嘉定），并设立嘉定府。1699年柬埔寨吉·哲塔四世（1675—1695年在位）又被迫将西贡、边和及巴地三省割让给越南。1708年原隶属柬埔寨的河仙华人莫士麟政权，率部归顺越南，河仙亦成越南领土。嘉定与河仙之间的湄公河三角洲遂被越南所掌控。1733年越南阮氏出兵占领嘉定西部的美荻、沙沥地区，后成为越南的定祥省。1739年柬越战争中柬埔寨兵败，被迫将嘉定以南至湄公河的大片土地割让给越南。1747年柬王安东为了获得越南的承认和支持，又把茶荣、巴色（塑庄）献给越南。到了乌迭二世（1758—1775年在位）统治时期，整个湄公河三角洲都落入越南手中。

18世纪下半叶，越南爆发了西山农民大起义，暹罗也疲于应付缅甸的入侵，皆无暇顾及柬埔寨，遂给了柬埔寨一个短暂的喘息时期。柬埔寨国王安侬二世（1775—1779年在位）出兵越南，一度夺回美荻、永隆。接着，因国内发生王位争夺，安侬二世被推翻，收复国土的努力被迫中止。

1794年暹罗曼谷王朝拉玛一世在曼谷为柬王安英加冕，并派兵护送他回国，途中顺便将马德望、吴哥、蒙哥比里、诗梳风和柯叻等地据为己有。此时，柬埔寨的领土比吴哥王朝时期缩小了一半。

1864年4月12日《法柬条约》签订，柬埔寨正式沦为法国的保护国。为了换取暹罗对《法柬条约》的认可，法国将马德望、暹粒、诗梳风三省割让给暹罗。

综上所述，2 000余年以来，柬埔寨的疆域发生了很大的变化，扶南时期的主要活动范围在现今越南南圻，真腊时期不仅占据柬埔寨本土，还囊括扶南故地，包括现今泰国的东部、东北部和中部，老挝的一部分，最西到达缅甸的蒲甘。15世纪中叶，柬埔寨逐渐衰落，国土被邻国暹罗、越南蚕食，19世纪沦为法国殖民地后，国家主权和领土完整更是失去保障。直到1953年柬埔寨获得国家独立，才成为一个名副其实的主权和领土完整的国家。

在柬埔寨这片广袤的土地上，自古以来就有人类繁衍生息。这一带最早的原住民是什么人？他们是什么民族？他们与现今生活在柬埔寨的各个民族有什么传承关系？后来又来了些什么样的移民？这类问题，在我们撰写《柬埔寨通史》的时候必须弄清楚，因为正是他们创造了光辉灿烂的柬埔寨古代文明，使柬埔寨文明具有独一无二的民族特色，成为世界人类文明百花园里的一朵奇葩。

根据中国古代文献的记载，东南亚地区特别是柬埔寨历史地理管辖的范围内，有一种被称为昆仑人的人种。

《唐书》卷197林邑传说："自林邑以南，皆卷发黑身，通号为昆仑。"

昆仑人建立的国家，中国人一概称为昆仑国。

义净《大唐西域求法高僧传》说："良为掘伦，初至交广，遂使总唤昆仑国焉。惟此昆仑，头卷体黑。"

可见，昆仑人的体貌特征是：卷发，肤黑。当然这是与中国人相比较而言。中国人生来卷发的很少，皆是黄种人，觉得肤黑为丑。而昆仑人的审美观则与中国人相反，《晋书》卷97四夷传林邑条说："人皆裸露，徒跣，以黑为美。"

晋朝有一位姓李的太后，因为长得较黑，所以皇宫里的人把她叫作昆仑人。①

有的昆仑人，被贩卖到中国当奴隶，被称为昆仑奴。在广州附近出土的两汉墓葬中，曾发现一些黑奴俑，大概就是代表昆仑奴。

昆仑人的语言被称为昆仑语或昆仑音。《慧琳音义》卷81解释说："昆仑语，上音昆，下音论。时俗语便，亦曰骨论，南海洲岛中夷人也。甚黑，裸形，能驯伏猛兽犀象等。种类数般，即有僧祇、突弥、骨堂、阁篾等，皆鄙贱人也。"这里所说的"僧祇""突弥""骨堂"不知该作何解？但"阁篾"则肯定是"吉篾"（Khemers）同音异译。

吴哥博物馆藏人头骨

中外学者几乎一致认为，所谓昆仑人，便是孟—吉篾族（Mon–Khemer）的先民。

孟人和吉篾人一样，是一个很古老的民族，他们的语言和文化特征十分相似，所以人类学上把他们归为一类，但实际上早就分化为两个不同的民族。在东南亚古代史中，孟人曾先后建立了许多国家，有林杨国、顿逊国、盘盘国、狼牙修国、赤土国、堕罗钵底国、罗斛国、女王国等。孟人和吉篾人时而融合，时而分裂，时而联合，时而斗争，此消彼长，此起彼落，扮演着东南亚历史舞台的主角。

柬埔寨地区的早期居民肯定是孟—吉篾人无疑。后来由于民族的分化和迁徙，又出现了占族、华族、京族、老族、泰族、普农族等民族，使当代柬埔寨成为一个以高棉族为主体民族的多民族的国家。高棉族约有1 178万人（2004年统计），占全国人口的90%。

---

①《晋书》卷32李太后传："后为宫人，在织坊中，形长而色黑，宫人皆谓之昆仑。"

占族：现在柬埔寨的占族约有20多万人，占全国人口的1.75%。从人种上说，占族属于马来—波利尼西亚人种，有自己的语言和拼音文字，文字与高棉文、泰文、老文相似，从印度梵文演变而来。占族是东南亚一个古老的民族，他们自称为占婆（Champa），世代在今越南中圻一带生存繁衍。公元2—10世纪曾建立以占人为主体的国家，最初叫林邑国，唐肃宗至德年间（756—758年）改为环王国，五代或宋以后中国史籍称之为占城国。名称虽几经改变，实际是同一种族，同一国家。故《新唐书》卷222下环王传说："环王本林邑也，一曰占不劳，亦曰占婆。"

占人属于什么种族？有的人类学者将其归为马来—波利尼西亚人种，也有的人类学者将其视为印欧人，其根据如《隋书》卷82林邑传所言："其人深目高鼻，发卷色黑。"因为深目高鼻及卷发多为印欧人的相貌特征，至于"色黑"，则多系印度的南方人。推测占人的祖先，可能是来自印度的移民。当占城国灭亡后，一部分占人属于越南，一部分占人则居住在柬埔寨，此外马来西亚和印度尼西亚也有少量占人。

柬埔寨的占人是占城国的遗民，主要分布在磅湛省。在柬埔寨语里"磅湛"是"占人村庄"的意思。1471年越南最终征服了占城，6万占人在这次战争中失去生命，占城王族和3万民众成了越南的俘虏。越南并吞了占城的大量土地，剩下一个由占城王族的后裔组成的小朝廷苟延残喘了几百年。直到1720年最后一位王族后裔在越南的逼迫下率众逃入柬埔寨，并死于18世纪初。这就是柬埔寨占族的来源。

柬埔寨的占族除了聚居于磅湛省外，还居住在乌栋至磅湛省的湄公河沿岸、干丹省至贡布省的沿海地区，高原山区省份也有占人的小村落。占人不与高棉人混居，也不和高棉人通婚，自成村落，形成自己的社区。他们建在海岸、河边的村落被称为水边村落，建在内陆、高地上的村落被称为高地村落。住在水边的占人多从事捕鱼、种植水稻和蔬菜，住在内陆的占人务农、经商和从事手工业。他们擅长手工编织，把手工产品运销各地。他们原先信奉婆罗门教，后来由于跟穆斯林交往和做生意，与从印度尼西亚来的穆斯林移民通婚和混居，便逐渐改信伊斯兰教。因此，具有柬埔寨国籍的占人被称为穆斯林高棉人。

华族：华人移民柬埔寨的历史非常悠久。早在纪元之初的扶南国时期，中国就与柬埔寨有了交通往来，也就是说开始有华人到达柬埔寨地区。中国与扶南建立外交关系的开始，实际就是古代连接中国与海外交通的海上丝绸之路畅通的开始。如果没有海上丝路，就不会有中国古代的官员、商人、僧侣、学者、水手来到东南亚地区，柬埔寨也就不会有众多的华人移民。

华人移民柬埔寨的原因，元人周达观的《真腊风土记》流寓条说得很明白："唐人之为水手者，利其国中不著衣裳，且米粮易求，妇女易得，室屋易办，器用易足，买卖易为，往往皆逃逸于彼。"为什么要用"逃逸"这个词？因为中国古代大多数朝代实行闭关锁国的政策，禁止华人移民海外，因此一般情况下华人移民要采取非法途径。也有某些时候，出于某种需要，政府也会开放海禁，但由于历来习惯于以父系血统决定国籍的原则，所以无论华人移民何地，都被视为中国人。只有到了近现代，中华人民共和国政府不承认双重国籍，允许华人、华裔加入当地国籍，在这种情况下，柬埔寨华人变成了华族，以少数民族的身份成为柬埔寨合法公民。

目前柬埔寨有华族人口60万左右（2004年统计），仅金边市就有华族10多万人，其余分布在柬埔寨各地的城市和乡村。华族大多从事商业贸易，进行商品的批发或零售。也有一部分从事种植业和手工业。

有足够的证据显示，历史上华族曾参与创造柬埔寨辉煌的古代文明。吴哥巴云寺有一幅航海的浮雕壁画，驾船的老大，留着胡须，穿着类似华人。据李约瑟考证，有一由多块木板拼制的海舶是中国制造。其他浮雕之船，不管大小，几乎皆为独木舟。①

在战争场面的浮雕壁画中，柬埔寨军队的行伍里，也有打扮如同华人的士兵。华人移民应征入伍，参加保卫柬埔寨的战争，亦是情理中事。

巴云寺浮雕壁画：斗鸡

华人融于当地人的生活，与当地人情同手足，水乳交融。巴云寺有一幅描绘斗鸡场面的浮雕壁画，生动地反映了这样的事实。一个蓄着胡须的华族男人，身后跟着一个持钵女人，正与五个耳垂长大的吉篾男人赌博。男人们手里拿着钱，眼睛瞪着斗鸡，妇

① 李约瑟：《中国科技史》4卷3分册，1971年版，第406—408页。

人的钵里盛着鸡食。这是柬埔寨人喜闻乐见的带有赌博性质的民间娱乐活动。

中国与柬埔寨的商业贸易也仰仗华人。《真腊风土记》唐货条列举了许多柬埔寨人喜爱的来自中国的商品，如：温州漆器、泉州青瓷、明州草席，以及水银、银珠、纸扎、硫黄、焰硝、檀香、草穹、白芷、麝香、麻布、草布、雨伞、铁锅、铜盘、水珠、桐油、蓖萁、木梳、针等，皆是吉篾人喜欢的产品。①

巴云寺浮雕壁画：墙上悬挂的雨伞

连家禽饲养的鹅种，也是由中国传过去的。正如《真腊风土记》走兽条所说："在先无鹅，进有舟人自中国携去，故得其种。"这个记载，已被巴云寺浮雕壁画所证实。在一幅百姓觐见国王的图画上，有的百姓手中抱着鹅，因为鹅是罕见品，故用来敬献给国王。

巴云寺浮雕壁画：献鹅

柬埔寨社会历史的进步和发展，与华族的贡献密不可分。特别是进入近现代以来，华族参加了柬埔寨人民反对英国、日本的殖民统治，争取实现国家和民族的独立和自由，进行了可歌可泣的斗争。目前，华族作为柬埔寨王国的

① 夏鼐：《真腊风土记校注》"欲得唐货"条，中华书局1981年版，第148页。

一个少数民族，热爱并忠于多民族的柬埔寨国家，努力和全国人民一道，在柬埔寨政府的领导下，团结奋斗，把柬埔寨推上真正和平、独立、中立的发展道路，建设繁荣、昌盛、幸福的柬埔寨。

京族：柬埔寨的京族与越南的京族同种同源，是从越南迁徙来的。京族是越南的主体民族，所以京族往往被称为越南人。如果追本溯源，京族的先民在秦汉时代属南越国，后归交趾郡，与骆越有某种亲缘关系。京族是古骆越人后裔，之后融合中南半岛的土著占人、吉篾人，形成今日之京族。从语言学的角度来看，京族的母语京语跟越语相通，属于南亚语系，故京族被视为南亚语系民族。

京族从公元17世纪末开始移居柬埔寨。19世纪法国统治柬埔寨时期从越南招募大批京族到柬埔寨种植橡胶和胡椒，是为第一批劳工移民。根据1950年的统计，柬埔寨京族有29万人。1979年伴随越南武装入侵柬埔寨，京族移民一度超过70万。1989年9月越南军队全部撤出柬埔寨，一部分京族又回到越南。据2004年柬埔寨人口统计，柬埔寨京族人口50万。他们居住在柬埔寨，但保持自己的民族文化和生活习惯，很少与高棉人接触往来。他们的职业多为小商贩、手艺人，也有从事捕鱼和水稻种植者。

老族：老族是老挝的主体民族，属于泰—傣系民族，源于怒江、澜沧江中上游地区的哀牢人。“哀牢”就是“老”。在老语里“老”是“我们”的意思，“哀”是一个没有实际意义的虚词，相当于汉语里“阿三”的“阿”。哀牢原是这个民族的自称，后来变成他们的族称。哀牢人是云贵高原最古老的民族之一，活动于怒江、澜沧江中上游的哀牢山一带。历史上老族曾建立过许多政权，诸如哀牢国、滇越国（乘象国）、澜沧国、南掌国等，如今的“老挝人民民主共和国”即是从澜沧国的基础上发展而来。

柬埔寨历史上的真腊国时期曾于公元705—707年分为水真腊和陆真腊两部分，陆真腊又叫文单国，“文单”即Vientiane，“万象”的音译。陆真腊的政治中心在今老挝万象。因此，早在陆真腊时期就有老族在柬埔寨居住，这是不争的事实。

现今柬埔寨的老族人口约2.5万，分布在东北部上丁省、柏威夏省与老挝接壤的山区。老族主要从事农业、渔业和畜牧业。

泰族：泰族是泰国的主体民族。公元13世纪以前，泰族居住的现今泰国的大部分地区都在真腊国的统治之下。1238年室利·膺它沙罗铁（Sri Indradita）领导泰族推翻吉篾人的统治，建立了素可泰王朝。以后的几个世纪，泰人和吉篾人进行了旷日持久的战争，双方互有胜负。古代东南亚国家地广人稀，战争的目的主要是争夺财富和劳动力。当泰人方面获得胜利时，便从柬埔寨大量掳掠人口，特别是工匠和手艺人。反之，吉篾人取胜，便从泰国掳掠妇女和劳动力。因此，泰人在柬埔寨居住生活的历史十分悠久。另外，由于泰国和柬埔寨的领土范围和边界多次发生变动，当地居民虽然没有迁徙，但国籍亦会随之发生变化，使得有些吉篾人持泰国籍，而一些泰族人又持柬埔寨国籍。

目前，在柬埔寨居住的泰族人口约有2万，大部分居住柬埔寨西部泰柬边境地区，聚居于马德望省、奥多棉吉、班迭棉吉省、暹粒省、戈公省。泰族主要从事农业、畜牧业、渔业和森林采集、狩猎。

普农族：普农族是柬埔寨的土著民族，由普农、莫农、库伊、布老、斯丁、比耶、比尔、嘉莱、瑞德等部落组成，讲高棉方言，信奉原始宗教和佛教。其生活来源依靠种植旱稻、狩猎和捕鱼。人口10万，居住在柬埔寨东北部腊塔纳基里省、蒙多基里省、上丁省人烟稀少的山区。

二、考古发现

从19世纪下半叶以来，柬埔寨地区不断有地下考古发现，根据已知的证据，早在公元前4000年这一地区便有人类在此繁衍生息了，他们是吉篾人的祖先。初期，他们生活在高原和山区，以后逐渐向洞里萨湖和湄公河下游平原迁徙。新石器时代过渡到金石并用时代。马德望省洛安斯边遗址是迄今为止在柬埔寨发现的最古老的、连续性最强的史前文化遗址，于1966—1969年进行考古发掘。据参与这次发掘的法国考古学者的测定，遗址的第一层约为公元750年，第四层为公元前4290年。作为这次考古发掘的旁证，毗邻的克罗斯密山遗址的年代为公元前3420年，证明公元前4000年便有人类居住的论断有据。

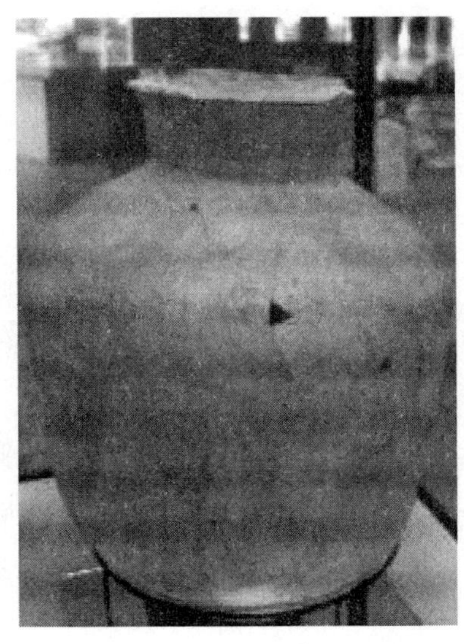
吴哥博物馆藏陶器

磅清扬省的三隆森新石器遗址，早在1876年就被学术界发现了，1879再度被确认。此后数十年不断进行发掘，出土了大量的石器，还有一些骨器、贝器和陶器。1902年对三隆森东南30公里的隆帕奥又进行考古发掘，发现人类遗骸多具，经研究证明系吉篾族先民。

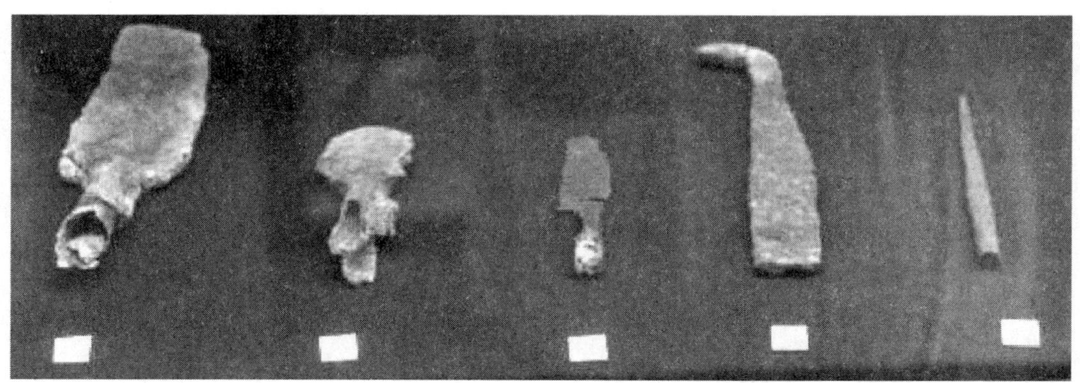
吴哥博物馆藏金属刀具

1943年在柏威夏省北部莫卢波雷发现了一处金石并存时代的遗址，年代为公元前几个世纪。出土文物包括石器、陶器、铜制的箭头、刀、斧、钩，还有一件铁凿。在遗址的墓葬群中发现屈腿跪姿的女性遗骸，还有手镯、项链等陪葬品。

1962年对磅湛省川龙河考古遗址进行发掘，这个遗址存在的时间约为公元前1500—公元前500年，属于金石并用时代。出土的石器比较奇特，有卵形、四角形的石器，不知有何功用。但考古学家普遍认为，正如有肩石斧是百越民族的文化特征一样，卵形石斧和矩形石斧亦可视为孟—吉篾族的文化特征。此外，这里出土的陶器绘有纹饰，金属器较为粗糙。

铜鼓作为青铜文化的代表在柬埔寨亦有发现。吴哥博物馆收藏有一面铜鼓，有耳。整个铜鼓保存基本完好，只是鼓面上原有4只立体浇铸的青蛙，现只剩2只，另外2只损失不见。铜鼓上的青蛙装饰反映了古人对生殖的崇拜和原始宗教的信仰。青蛙生殖力旺盛，一次便能产下许多卵，孵化出成百上千的小蝌蚪，象征子孙兴旺。另外，青蛙出现，往往预示天将降雨。因此，装饰青蛙的铜鼓常用于祈雨的宗教仪式。铜鼓的发源地在中国云南，1976年云南万家坝出土了5面2 700年前的铜鼓，被定名为万家

吴哥博物馆藏铜鼓

坝型铜鼓，学术界公认其为世界上最早的铜鼓。比万家坝稍晚的是滇池石寨山形铜鼓。铜鼓有多种用途，但最原始和最基本的用途是作为史前人类万物有灵宗教信仰的神器和礼器。随着生产力的发展和剩余产品的出现，铜鼓才变成财富和权力的象征。伴随着人口的迁徙、商业往来和文化交流的增多，铜鼓从滇西向南传播至东南亚地区，形成一个广袤的铜鼓文化圈。东南亚的铜鼓以越南最多，公元前400年滇人沿红河而下与越南红河流域的青铜文化相结合，形成越南东山型铜鼓。除此而外，泰国、老挝、缅甸、印度尼西亚、柬埔寨等皆有铜鼓，我们可以从这些国家收藏的铜鼓上，看出它们与云南铜鼓的亲缘关系。

作者点评

柬埔寨是一个幅员辽阔、历史悠久的国家。早在公元1—7世纪初的扶南王朝时期，其领土范围大致等于现在的柬埔寨以及越南的南圻一带。公元7—15世纪的真腊王国时期，最强盛的时候，其疆域不仅包括了扶南故土，还包括现今泰国的东部、东北部和中部，老挝的一部分，最西到达缅甸的蒲甘。可谓雄踞东南亚的泱泱大国。后来受到邻国的入侵和蚕食，以及西方殖民主义势力的统治，国势日衰，国土面积缩小了将近一半。这无疑是柬埔寨国家和民族的不幸，但也证明了一个真理：一个国家，一个民族，若不能保持强盛，就会被动挨打。

东南亚和欧洲一样，应该被视为一个整体，因为伴随着历史上不同国家和民族的盛衰，其国家的组成以及领土疆域都发生了巨大的变化，不能按现代的概念以现代国家的眼光视之。综观当今世界，没有哪个国家的领土疆域是自古以来一成不变的，也没有哪个国家的国界是完全按照民族自然居住区域划分的。因此，我们没有必要纠缠于历史地理的变迁而制造新的领土争端。

至于柬埔寨的原住民，是中国史籍所说的昆仑人，他是包括吉篾人在内的东南亚许多民族的先民。随着历史的发展，民族的融合与分化在所难免，柬埔寨成为一个以吉篾族为主的多民族国家，占族、华族、京族、老族、泰族、普农族等虽系少数民族，但他们同样参与、创建了辉煌的柬埔寨文明。

从考古发掘的资料显示，柬埔寨的史前文明光辉灿烂，人类文明的曙光很早就照耀了这片地区。这里发掘了旧石器、新石器、石金并用时代的遗址。从金边博物馆保存的铜鼓可以证明，以铜鼓为代表的中国云南青铜文化很早就传入柬埔寨，柬埔寨参与了由中国西南部和东南亚地区共同形成的铜鼓文化圈，这充分显示了彼此之间的种族、文化和宗教信仰的亲缘关系。

第二章

中古时期

一、扶南王朝（公元1—7世纪初）

扶南是柬埔寨历史上最早出现的第一个古代国家，是柬埔寨中古历史的开端。扶南出现于公元1世纪，繁荣于3世纪，6世纪后逐渐衰落，公元7世纪被真腊国取代。扶南曾经创造了光辉灿烂的古代文明，留下了许多重要的宗教和文化遗址，成为人类宝贵的非物质文化遗产。遗憾的是，关于扶南时期将近700年的历史，不仅柬埔寨本身没有留下任何文字记载，世界上其他国家的文献也没有只言片语的记录，只有中国史籍保存了一些断断续续的记述，量虽不多，但弥足珍贵。如果没有这些中文记述，世人将对这段历史一无所知。而我们现在要撰写和研究这段历史，则只能靠穷搜中文典籍，一字一句都不放过，竭泽而渔，沙里淘金，方能勾勒出扶南国的历史概貌。

扶南——由一则神话开创的王国

扶南的出现，始于一则神话。

《南齐书》卷58记载了一则关于扶南开国的神话："扶南国，在日南之南大海西中，广袤三千余里，有大江水西流入海。其先有女人为王，名柳叶。又有激国人混填，梦神赐弓一张，教乘舶入海。混填晨起于神庙树下得弓，即乘舶向扶南。柳叶见舶，率众欲御之。混填举弓遥射，贯船一面通中人。柳叶怖，遂降。混填娶以为妻。恶其裸露形体，乃叠布贯其首。遂治其国。子孙相传。"

神话虽非信史，但系现实生活的折射。柳叶为女王，且裸露形体，说明当时扶南正处于母系氏族的原始部落状态。来自激国（今印度半岛的康志维南）的混填，征服了柳叶，并代之为王，反映母系社会向父系社会的转化。混填教会她们穿“贯其首”，带给她们先进的印度文化。可以说，扶南的古文明，是印度文明与土著文明相结合而催生出来的。

这则神话，最先源于印度，是中国古人根据流传于柬埔寨的印度传说翻译的。故事虽有不同版本，内容却大同小异。所不同的是，在印度传说中，柳叶是一条由纳加蛇变成的女王（有的说她是蛇王之女），① 混填（憍陈如）是一位婆罗门教士。混填跟柳叶结婚的时候，送了一套衣裳给柳叶，这种衣裳名叫“贯头衣”，即用一块布，中间剪个洞，由头上往下套，即最初的筒裙。作为回报，柳叶吸干了淹没地面的洪水，使陆地露出来，这片陆地就被称为“甘菩”。

纳加——九头蛇精

“甘菩”或许就是柬埔寨国名的由来。中国古籍中历来就把柬埔寨称为“究不事”“甘武”“甘菩”“甘孛智”“甘破蔗”等，直到明人张燮的《东西洋考》才正式通译为“柬埔寨”。

按照美国学者David Chandler对柳叶和混填传说的解读，混填是印度移民，柳叶和混填的结合，表示当地人接受了印度文化，这不仅是印度文化与土著文化的融合，也包括民族血缘的融合。② 扶南王族拥有印度婆罗门种族的血统，不仅可以显示其血统的高贵，也是后来分为月亮和太阳两大族系之滥觞。

从民族学的角度看，扶南国的主体民族是被中国古籍称为昆仑人的吉篾族。他们有什么特点？《晋书》卷97描述说：“人皆丑黑卷发，裸身跣行。性

① 《真腊风土记》说，纳加为九头蛇精，柬埔寨人视为“一国之土地主也。系女身，每晚则见，国主则先与之同寝交媾，虽其妻亦不敢入。二鼓乃出，方可与妻妾同睡。若此精一夜不见，则番王死期至矣。若番王一夜不往，则必获灾。”

② David P. Chandler: A History of Cambodia,1993 by Westview Press Inc,p13.

质直,不为寇盗,以耕种为务,一岁种,三岁获。又好雕文刻镂,食器多以银为之,贡赋以金银珠香。亦有书记府库,文字类于胡。”

《南齐书》卷58说:“扶南人黠惠知巧,攻略傍邑不宾之民为奴婢,货易金银彩帛。大家男子截锦为横幅,女为贯头,贫以布自蔽。”

这些看法代表了当时中国人的观点,有的看法观察得客观细致,有的看法则流于主观片面。比如说“人皆丑黑卷发”,扶南人肤黑卷发是事实,但不一定都丑。每个民族都有漂亮的人,也有长得丑的人,不能一概而论。再说了,各民族都有自己传统的审美观,你认为美的,别人不一定认为美,你认为丑的,别人不一定以为丑。

从中国古籍的记载倒是让我们相信,扶南是柬埔寨由原始社会向奴隶制社会过渡的第一个国家。女人为王是原始部落母系社会的遗风,柳叶让位给混填,则反映出社会形态向男性为中心转化。那个时代,物资匮乏,生产力低下。这从他们简陋的生活可以证实。“裸身跣行”,光着身子赤着脚,反映了他们的赤贫,当然也和气候炎热有关。“大家男子截锦为横幅,女为贯头,贫以布自蔽。”有钱男人用一条锦布横围腰间,女人则用一块中间剪成圆洞的布贯头而衣,贫者只能用破布遮羞。他们发兵去攻打附近的村邑,把不肯归顺他们的人掳掠为奴。他们以耕种为业,“一岁种,三岁获。”即种一年的地,可以得到三年左右的收获。说明土地肥沃,自然条件优越。“贡赋以金银珠香。亦有书记府库,文字类于胡。”这些记述,正好说明扶南已经具备了早期国家的新元素。

扶南钱币

扶南王朝的世系:柳叶混填结合,为扶南立国之始,时间大约在公元1世纪。东汉时期广东人杨孚著的《交州异物志》中提到扶南:“金邻,一名金陈,去扶南可二千余里。”杨孚是公元1世纪人,说明扶南立国的那个时代,中国人起码已经听说过这个国家了。

混填为扶南王朝的第一位国王,他生了七个儿子,“生子分王七邑。其后王混盘况以诈力间诸夷,令相疑阻,因起兵攻并之,乃遣子孙中分治诸邑,号曰小王。”①

---

①《梁书》卷54。

混盘况是继混填之后的第二位国王。他用计谋离间封王七邑的王子之间的关系，然后起兵征讨，各个击破，并封自己的儿子以小王的名义去统治这些地方。

混盘况和混填大概有血缘继承的关系，他活了90余岁，“立中子盘盘，以国事委其大将范蔓”①。

盘盘只当了三年的国王便去世，“国人共举蔓为王”。范蔓已属外姓，跟混填没有血缘关系了，故学者们将其列为扶南的第二王朝。

范蔓“勇健有权略，复以兵威攻伐旁国，咸服属之，自号扶南大王。乃治作大船，穷涨海，攻曲都昆、九稚、典孙等十余国，开地五六千里”。范蔓统治时期，对外扩张，一直打到马来半岛的吉打、顿逊一带，开拓疆域五六千里。

当范蔓打算率兵攻打金邻国（今泰国北碧府）的时候，他生病了，遂命太子金生统军代行。范蔓姐姐的儿子名叫旃，原是统领两千军马的将领，乘国内空虚，起兵造反，篡位自立。他派人用欺诈的手法将统军在外的太子金生杀死，再次将扶南改朝换代。

范蔓遇害的时候，他还有一个正在吃奶的名叫长的小儿流落民间。20年后，长已长大成人，结交民间壮士，杀旃复仇。旃的大将范寻，又将长杀害，自立为王。又一次上演了宫廷政变的闹剧。

范寻当政的时期，已是公元3世纪了。根据《梁书》的记载，范寻曾于晋武帝太康中（公元280—289年）遣使进贡中国。

从公元289—357年，有关扶南国的记载一度在中国历史文献中消失，所以这68年的扶南史阙如。我们不知道在这半个多世纪里，扶南到底发生了什么事情。直到公元357年扶南再度遣使中国，送来驯象，中国方面才知道，此时的扶南国王名叫竺旃檀，并告知来使：“此物（大象）劳费不少，驻令勿送。”②按照中国古代的习惯，在人名前加“竺”，意味着此人来自天竺（印度），或者具有印度血统。因此，此时的国王竺旃檀，很可能是位印度移民。法国汉学家列维进一步考证，旃檀是印度人和月支人的混血儿，系贵霜国的望族。旃檀即贵霜王的月支人王号Chandan的音译。

继竺旃檀之后继承王位的是侨陈如二世。《梁书》卷54明确指出，侨陈如二世“本天竺婆罗门也。有神语曰：‘应王扶南’，侨陈如二世心悦，南至盘盘，

① 《梁书》卷54。
② 《梁书》卷54。

扶南人闻之，举国欣载，迎而立焉。复改制度，用天竺法”。这段记载说明婆罗门教士憍陈如二世取代贵霜王族旃檀是神的旨意，憍陈如二世先到盘盘国（今泰国南部的马来半岛），后被扶南“举国欣载，迎而立焉”。可见此时婆罗门教在扶南拥有巨大的政治势力。憍陈如二世执政后在扶南大举进行制度改革，加快了扶南的印度化进程。

憍陈如二世死，持梨陁跋摩继位。此事发生于何年？史无明载。持梨陁跋摩最早一次遣使中国是在南朝宋文帝元嘉十一年（公元434年）。齐永明中（公元483—493年）遣使来中国的扶南王则是阇邪跋摩，说明持梨陁跋摩在位的时间在公元430—483年之间。

至于阇邪跋摩继位的时间最迟不会晚于公元483年，《梁书》卷54载他于天监二年（公元503年）遣使中国，被梁武帝萧衍封为“可安南将军、扶南王”。他一直与中国保持着密切和友好的关系，多次派使节来中国。他逝世于公元514年。他的庶传儿子留陁跋摩杀掉嫡传太子夺取王位，继续保持与中国和印度之间的联系。因为中国的梁武帝萧衍是一位十分推崇佛教的帝王，扶南在促进中印佛教交流的过程中，起了传播媒介的重要作用。

值得注意的是，自持梨陁跋摩以后，几乎所有扶南王的名字后都有“跋摩”二字。这究竟为什么？跋摩译自Varmen，在柬语里是“受神庇佑之人”。有的学者把凡是名字后带有“跋摩”字样的国王归纳为一个有血统联系的王朝世系，显然是不当的。留陁跋摩之后，扶南逐渐走向衰退，最后被真腊所灭。

扶南王朝的世系列表大致如下：

憍陈如（Kaundinya），即混填，统治时间：公元1世纪后期。

混盘况（Hun Pan-huang），统治时间：公元2世纪下半叶。

盘盘（Pan-Pan），前者之子（在位三年），统治时间：公元3世纪初。

范蔓，亦称范师蔓（Fan Shih-man），统治时间：公元205—225年。

范金生（Fan Chin-sheng），前者之子。

范旃（Fan Chan），篡位者。

范长（Fan Chang），范师蔓之子。

范寻（Fan Hsun），篡位者，公元240年登位，287年仍在统治。

从公元289—357年，有关扶南国的记载一度在中国历史文献中消失。

竺旃檀（Chu Chan-t'an），357年开始统治。

憍陈如二世（Kaundinya Ⅱ），434年前已死。

持梨跑跋摩（Che-li-pa-mo），遣使来中国，434—483年统治。

阇邪跋摩（Kaundinya Jayavarman），最迟不会晚于483年登基，514年死。

留跑跋摩（Rudravarman），514年即位，539年开始统治。

扶南与中国的关系

扶南的王朝世系和历史之所以能够保存至今天，完全是因为有中国史籍不间断的记载；而中国史籍之所以能够有不间断的记载，完全是因为扶南与中国有着不间断的联系和往来；这种不间断的联系和往来是建立在朝贡关系的基础上的，而海上丝绸之路则为构成这种关系创造了必要条件。

海上丝路见证了扶南的古代文明，也使扶南文明不可避免地介入了中国文化的元素。中国和印度是世界两大古代文明的发源地，中印之间海路往来必然途经扶南，扶南文明成为中、印两大古代文明在东南亚地区相碰撞的产物，是柬埔寨本土文明在中、印两大文明滋养下成长起来的一朵奇葩。

中国与扶南建立外交关系的开始，实际就是古代连接中国与海外交通的海上丝绸之路形成和畅通的开始。海上丝路见证了扶南古代文明的发生和发展，传递和保存了扶南当时的政治、经济、文化、社会、宗教、贸易等方面的信息。如果没有海上丝路，就不会有中国古代的官员、商人、僧侣、学者、水手、移民来到东南亚地区，也就不会有中国历代留下来的根据这些人亲身见闻记录的历史文献。这些历史文献的珍贵之处，就在于它的唯一性、真实性和无可替代性。所以我们说，海上丝路传递和保存了包括扶南在内的东南亚各国的古代文明信息，这是海上丝路的诸多贡献之外的又一大重要历史贡献，这个功绩在海上丝路的研究中，一直被忽略了。现在，我们研究柬埔寨的古代史，要寻觅柬埔寨古代的历史概貌，就必须沿着海上丝绸之路来探寻。

早在公元1世纪，中国汉朝政府就派出使节，从广西合浦港出发，乘船经现在的越南、柬埔寨，渡暹罗湾，步行穿越克拉地峡，然后再乘船至印度。这就是历史上有名的汉使行程。汉朝的使节曾经路过扶南，这是不争的事实。遗憾的是，我们现在没有汉使行程中专门访问过扶南的确凿记载。

现有的确凿证据证明扶南与中国的正式直接交往是在元和元年（公元84年），“中山王焉来朝。日南徼外蛮夷献生犀、白雉”①。

---

①《后汉书》卷3。

《后汉书》称他们为“日南徼外蛮夷究不事人”，他们的首领曾向中国汉朝敬献过生犀、白雉。这里提到的日南，即汉武帝于公元前设立的郡县日南郡，属汉朝管辖，其地在今越南南圻。所谓“日南徼外”，指的是扶南的“究不事人”。而“究不事”则是Combodia（今柬埔寨）的古译。

自汉朝以后，三国时期、东晋西晋、南北朝、隋朝、唐朝，直到扶南被真腊所灭，时间跨度达600—700年，扶南一直跟中国保持着密切的朝贡关系，因此这条海上丝路一直保持着畅通。

朝贡原本是中国古代诸侯定期朝见天子，贡献方物，表示诚敬的一种制度。《礼记·王制》：“诸侯之于天子也，比年一小聘，三年一大聘，五年一朝。”按郑玄的解释，每年派大夫来称作小聘，隔三年派卿来称作大聘，隔五年诸侯自己来称为朝。后来，朝贡已经不是最初的含义了。朝贡变成海外诸国与中国政府进行政治交往的外交手段，经济互利的一种官方贸易形式，人员和文化交流的一条重要途径。朝贡关系不同于西方的殖民侵略，因为朝贡国只在名义上承认中国的宗主国地位，遵从“王化”，但在国家主权上是保持独立自主的。敬献的贡品，皆为方物土产，得到的“赏赐”，则为银钱、丝绸、瓷器等实用商品。而且，中国政府一贯自诩是“上方大国”，采取“怀柔远人，厚往薄来”的政策，贡品越多，“赏赐”越大，不但把朝贡变成官方之间的朝贡贸易，而且使朝贡国方面获得更优厚的经济利益。因此，海外诸国都乐意与中国保持朝贡关系。这种朝贡关系必须由朝贡国主动提出申请，并得到中国政府的认可和批准。

扶南从立国始，到最终被真腊灭亡，都一直与中国保持着朝贡关系。现根据中国史籍的记载，将两国使节往来的情况表述如下：

《后汉书》卷86：“肃宗元和元年（公元84年），日南徼外蛮夷究不事人夷豪献生犀、白雉”。

《三国志》卷47：吴主赤乌六年（公元243年）“十二月，扶南王范旃遣使献乐人及方物”。

《晋书》卷3：武帝泰始四年（公元268年）“十二月……扶南、林邑各遣使来献”。

《晋书》卷3：武帝太康六年（公元285年）“夏四月，扶南等十国来献”。

《晋书》卷3：武帝太康七年（公元286年）“是岁，扶南等二十一国、马韩等十一国遣使来献”。

《晋书》卷3：武帝太康八年（公元287年）“十二月……南夷扶南、西域康居国各遣使来献”。

《晋书》卷8:“(穆帝)升平元年(公元357年)春正月……扶南竺旃檀献训象”。

《宋书》卷5:文帝元嘉十一年(公元434年)“是岁,林邑国、扶南国、诃罗单国遣使献方物”。

《宋书》卷5:文帝元嘉十二年(公元435年)“秋七月辛酉,阇婆婆达国、扶南国并遣使献方物”。

《宋书》卷5:文帝元嘉十五年(公元438年)“是岁,武都王、河南国、高丽国、倭国、扶南国、林邑国并遣使献方物”。

《南齐书》卷58:永明二年(公元484年)“阇邪跋摩遣天竺道人释那伽仙上表”。

《梁书》卷2:武帝天监二年(公元503年)“秋七月,扶南、龟兹、中天竺各国各遣使献方物”。

《梁书》卷2:武帝天监十一年(公元512年)四月戊子“百济、扶南、于阗国各遣使献方物”。

《梁书》卷2:武帝天监十三年(公元514年)“八月葵卯,扶南、于阗各遣使献方物”。

《梁书》卷2:武帝天监十六年(公元517年)“八月辛丑,老人星见。扶南、婆利国各遣使献方物”。

《梁书》卷2:武帝天监十八年(公元519年)“秋七月甲申,老人星见。于阗、扶南国各遣使献方物”。

《梁书》卷3:武帝普通元年(公元520年)正月“庚子,扶南高丽国各遣使献方物”。

《梁书》卷3:武帝中大通二年(公元530年)六月“壬申,扶南国遣使献方物”。

《梁书》卷3:武帝大同元年(公元535年)七月“辛卯,扶南国遣使献方物”。

《梁书》卷3:武帝大同五年(公元539年)“八月乙酉,扶南国遣使献生犀及方物”。

《陈书》卷2:高祖永定三年(公元559年)五月“景寅,扶南国遣使献方物”。

《陈书》卷5:宣帝太建四年(公元572年)三月“乙丑,扶南、林邑国并遣使来献方物”。

《陈书》卷6：后主祯明二年（公元588年）“六月戊戌，扶南国遣使献方物”。

综上所述，从公元84年至公元588年之间，扶南遣使中国计23次，在东南亚国家中是跟中国联系交往最频繁的国家之一。无论是两汉、三国、魏晋、南北朝时期，都与中国的历代王朝保持友好关系，使古代的这条海上丝路一直维持通畅。中国方面亦多次遣使出访扶南，其中最重要的是，三国时期的东吴政权曾派宣化从事朱应、中郎康泰出使扶南，①归来后朱应作《扶南异物志》，康泰作《吴时外国传》。这是世界上最早的关于扶南国的两本著作，并以亲身经历和见闻为依据，其重要性不言而喻。遗憾的是这两本书早已失传，仅遗下片段保留在《隋书·经籍志》《旧唐书·经籍志》《新唐书·艺文志》中，后来又被收入《艺文类聚》《初学记》《太平御览》等类书（中国古代的百科全书）之中。当代著名学者许云樵先生穷搜典籍，从诸多的古籍和类书中将康泰遗文辑录出来，编辑为《康泰吴时外国传》在新加坡出版发行，使这些珍贵的史料得以重见天日。

朱应、康泰的书记载了公元3世纪中叶扶南的历史，虽只剩下数千字，然字字珠玑，弥足珍贵，认真考校，可以从中获得许多讯息。其人其书，影响甚巨。

2015年8月作者到柬埔寨实地考察，柬埔寨负责文化事物的国务秘书Kamsan会见我们时说：“早在公元3世纪，吴国官员朱应、康泰就访问过扶南。我们柬埔寨的学者就是根据这些中文记载来撰写扶南史的。”柬埔寨国家元首西哈努克亦曾经说：“根据中国使节朱应、康泰的记载，从高棉人开始建立有组织的国家，也就是从公元1世纪起……”②由此可见，朱应、康泰在柬埔寨的历史地位和影响。

扶南人的风俗

每个民族都有自己特定的民族风俗。民族风俗是该民族自古以来共同遵守的行为模式或规范。人们往往将由自然条件的不同而造成的行为规范差异，称之为“风”；而将由社会文化的差异所造成的行为规则之不同，称之为

① 据陈显泗考订，朱应、康泰出使扶南的时间在公元244—252年之间。许云樵认为当在公元226—231年之间，并在海外待了15年以上。

②《人民日报》，1956年2月18日。

"俗"。所谓"百里不同风，千里不同俗"，正好反映了风俗因地而异的特点。风俗是一种社会文化传统，它会随着历史条件的变化而继承和改变。中国自古就十分重视对风俗的调查和研究，"为政必先究风俗""观风俗，知得失"是历代统治者恪守的信条。他们通过委派官吏考察民风民俗，作为制定政策的参考，并由史官载入史册。因此，中国使节出使外国，都会仔细观察当地的风俗，并认真记录下来。

在浩瀚的中国史籍中，有关于扶南风俗的记录，成为研究扶南社会历史状况最直接、最生动的资料。从这些鲜活的资料中，不难了解扶南当时的政治、经济、文化状况及人们的心理活动。扶南人的风俗，由他们日常的衣食住行、婚丧嫁娶，便可窥见一斑。

衣：早期（公元1世纪）的扶南人是不着衣衫的。在混填征服柳叶的传说中，混填"恶其裸露形体，乃叠布贯其首"。扶南人裸露形体，一方面是由于气候炎热，另一方面也反映了文明程度不高和生产力发展水平的低下。混填来自文明程度较高的印度，他教柳叶穿贯头衣，用一块布，中间剪个洞，贯头而衣，类似今天的长袍。这也是柬埔寨人的民族服饰干缦筒裙的滥觞。

到了公元5世纪以后，在《南齐书》的记述中，扶南人的服饰则变为"大家男子则截锦为横幅，女为贯头，贫者以布自蔽"。大家即指有钱人家。富家男子用一块锦缎横系腰间，也就是今天柬埔寨人的民族服饰干缦。女人的贯头衣发展为今天柬埔寨女人喜着的筒裙。贫穷的人只能以一块布遮蔽下身，上身依旧赤裸。值得注意的是，扶南人已经懂得"锻金环鏆银食器"，即用金子锻造金手镯、金臂环，用银子锻造各种食器。这种豪华的装饰，当然只限于富豪之家。至于帝王的生活，则更为奢华。《梁书》说："其王出入乘象，嫔侍亦然。王坐则偏踞翘膝，垂左膝至地，以白叠敷前设金盆香炉于其上。"《南史》说："其俗，男女皆袒而被发，以古贝为干缦，其王及贵臣乃加云霞布覆胛，以金绳为络带，金环贯耳。女子则被布，以璎珞绕身。……王出乘象，有幡旄旗鼓，罩白盖，兵卫甚严。"这里说到了"以古贝为干缦"，"古贝"有时写作"吉贝"，是用木棉纺绩的布，盛行于云南南部和

扶南人的服饰

东南亚地区。“云霞布”也是一种木棉布，色彩艳丽，灿若云霞，披在肩胛上，作为披肩。至于璎珞，则是贯穿珠玉而成的装饰品。

我们今天虽然无法见到扶南人的服饰装扮，但从扶南时期留下的神像可以想象扶南人的风采。

扶南人的衣着服饰，最突出的特点是喜着干缦。《梁书》卷54说：“国内男子着横幅。”横幅，今干缦也。《吴时外国传》说：“扶南人悉着钩络带”，就是用络带缠下身以作装饰。从金边博物馆保存的一尊扶南时期雕塑的男神石像，可以看到钩络带的样式。到了公元7世纪以后的真腊时期，作为吉篾传统服饰的干缦有了进一步发展。周达观《真腊风土记》服饰条说：“自国主以下，男女皆椎髻，袒裼，止以布围腰，出入则加以大布一条，缠于小布之上。布甚有等级，国王所打之布，有值金三四两者，极其华丽精美。其国中虽自织布，暹罗及占城皆有来者，往往以来自西洋者为上，以其精巧而细美故也。”真腊时期的干缦比扶南时期奢华，使用进口的布料缝制。

钩络带服饰

大布缠于小布之上的服饰

食：扶南人的饮食以稻米为主，“啖粳米”。《晋书》扶南传说：“以耕种为务，一岁种三岁获。”扶南的自然条件很好，土地肥沃，浇灌方便，种一年的稻米，可供三年食用。他们除了用大米当主食外，还用米酿酒。米酒味道醇美，储于大瓮之中，很多人围坐瓮旁，用竹管吮吸。扶南人的食器颇讲究，“食器多以银为之”。扶南的属国毗骞国王曾赠送扶南国王“纯金五十人食器”。当然这是供国王用的，至于一般民众，“作饭则用一瓦釜，作羹则用一瓦铫。就地埋三石为灶。以椰子壳为勺。盛饭用中国瓦盘或铜盘；羹则用树叶造一小碗，虽盛汁亦不漏。又以茭叶制一小勺，用兜汁入口，用毕弃之。虽祭祀神佛亦然。又以一锡器或瓦器盛水于旁，用以蘸手，盖饭只用手拿，其粘于手者，非水不能去也”。

扶南的邻国赤土国，在今泰国宋卡一带。公元607年隋炀帝派常骏、王君政出使该国，赤土国王举行盛大的宴会欢迎他们：“王前设两床，床上设草叶盘，方一丈五尺，上有黄、白、紫、赤四色之饼，牛、羊、鱼、鳖、猪、玳瑁之肉百余品。”[①] 扶南与赤土毗邻，其饮食习惯当大同小异。

住：扶南人的住所，分为王宫和民居两大类。《南齐书》扶南传说：“伐木起屋，国王居重阁，以木栅为城。海边生大箬叶，长八九尺，编其叶以覆屋，人民亦为阁居。”可见，无论是王宫或是民居都是木结构，基本上没有砖木结构的房子。因为古代的扶南，地处热带、亚热带雨林，森林繁茂，木材易得。用木头盖房子，简便易行。覆盖屋顶亦不用瓦，而是用海边生长的大箬叶。“大箬”即高棉语t'noct的对音。时至今日，柬埔寨农村仍用大箬叶盖屋顶。而在泰国地区，则用生长在水边的茭草盖屋。[②] 东南亚地区流行干栏式建筑，俗称高脚屋。用木桩把楼架高，上面住人，下面养牲畜。遇到雨季，人住楼上，水也淹不着。

行：扶南人的出行主要靠象、马和车、轿。《真腊风土记》车轿条说：“轿之制以一木屈其中，两头

布兜式的轿子

① 《隋书》卷82赤土传。
② 张燮：《东西洋考》暹罗条：“土夷乃散处水棚板阁，荫以茭草，无陶瓦也。”

竖起，雕刻花样，以金银裹之，所谓金银轿杆者此也。每头一尺之内钉勾子，以大布一条厚摺，用绳系于两头勾中，人坐于布内，以两人抬之。轿之外又加一物如船篷而更阔，饰以五色缣帛，四人扛之，随轿而走。”这种轿子，实际是一大布兜。人坐在布兜里，由两名轿夫抬着。另有四人扛着一张大布蓬，随轿而行，为乘轿人遮阳避雨。

将军坐在象背上指挥打仗

骑马作战的将军

《真腊风土记·车轿》又说：“若远行，亦有骑象、骑马者，亦有用车者。车之制却与他地一般。马无鞍，象却有凳可坐。”《南齐书》卷58：“国王行乘象，妇人亦能乘象。”打仗的时候，将军、统帅亦坐在象上指挥。所谓乘象用的凳子，名为象轿，固定在象背上，可供数人乘坐。

在吴哥浮雕壁画中，也有骑马打仗的场面。马无鞍辔是一大特点。东南亚地区古代并不产马，扶南的邻国堕罗钵底国，“一国之中，马不过千匹”。其国使者曾于唐贞观年间到中国“乞马”，事见《新唐书》卷222。所以，扶南的马也不多，种马和鞍辔是后来由中国传过去的。

由于扶南缺马，马车亦不多见，运输主要靠牛车。封牛是当地最常见的黄牛，牛颈后面长着一个驼峰状的肉髻。《尔雅·释畜》提到此牛，晋郭璞作注说：“健行者日三百馀里。今交州合浦、徐闻县出此牛。”由于扶南人信奉婆罗门教，而牛是湿婆神的坐骑，所以对牛崇敬有加。《真腊风土记》走兽条说：“马甚矮小，牛甚多，生不敢骑，死不敢食，亦不敢剥其皮，听其腐烂而已。以其以人出力故也，但以驾车耳。”从吴哥巴云寺的浮雕壁画可以看出，有的牛用绳子穿了鼻孔，有的牛没有穿鼻孔，说明即使到了扶南之后的吴哥时期，牛穿鼻的现象在柬埔寨

牛车

牛不穿鼻

还不普遍。我们知道，给牛穿鼻是为了使牛耕田时驾驭方便，扶南恰恰没有牛耕的习惯。《真腊风土记》耕种条说："耕不用牛。"山川条说："野牛以千百成群，聚于其地。"就像当今印度，牛在城市满街乱跑一样。

婚：扶南人的婚嫁习俗深受婆罗门教的影响。《南齐书》卷58林邑条说："贵女贱男，谓师君为婆罗门。群从相姻通，妇先遣聘求婿……婆罗门牵婿与妇握手相付，呪愿吉利。"《梁书》卷82林邑传说："嫁娶必用八月，女先求男，由贱男而贵女也。同姓还相婚姻，使婆罗门引婿见妇，握手相付，呪曰：吉利吉利，以为成礼。"

《隋书》卷82林邑传说："每有婚媾，令媒者賫金银钏、酒二壶、鱼数头至女家，于是择日，大家会亲宾歌舞相对，女家请一婆罗门，送女至男家，婿盥手，因牵女受之。"

上面所引有关林邑国的婚俗，虽然在扶南传里没有明确的记载，但《晋书》扶南传说，"(其国)丧葬婚姻略同林邑"，因此，上面所引关于林邑婚俗的记载，大体也有与扶南相近者。

丧：至于扶南的丧葬风俗，《梁书》卷54扶南传说："国俗，居丧则剃除须发。死者有四葬：水葬则投之江流，火葬则焚为灰烬，土葬则瘗埋之，鸟葬则弃之中野。"

《南齐书》卷58林邑条说："居丧剪发，谓之孝，燔尸中野以为葬，远界有灵鹫鸟，知人将死，集其家食死人肉尽，飞去，乃取骨烧灰，投海中水葬。"

《北史》卷95林邑条说："王死七日而葬，有官者三日，庶人一日。皆以函盛尸，鼓舞导从，舆至水次，积薪焚之。收其余骨，王则内金罂中，沉之于海，有官者以铜罂，沉之海口，庶人以瓦，送之于江。男女皆截发，哭至水次，尽哀而止，归则不哭。每七日，燃香散花，复哭尽哀而止，百日，三年，皆如之。”

嫁娶：扶南的嫁娶风俗可以归纳两个特点：一是如前所述，男方嫁给女家，相当于入赘女家。二是婆罗门教士可以娶妻。

除了衣食住行、婚丧嫁娶的风俗外，扶南民间还盛行斗鸡斗猪的风俗。《新唐书》卷222下扶南传说：“扶南人喜斗鸡及猪。”《南齐书》卷58说：“斗鸡及豨为乐。”其实，斗鸡斗猪不仅是一种娱乐，而且还带有赌博的性质。在范寻担任扶南国王的时期（公元3世纪），范寻十分喜欢斗鸡。《初学记》卷30引《吴时外国传》说：“扶南王范寻，以铁为斗鸡家距，与诸将赌戏。”当时铁很少见，范寻把比较珍贵的铁制成利爪，装在斗鸡脚上，堪称时髦的装备，下的赌注也很大。扶南的邻国三佛齐，斗鸡成了国家税收的一个重要来源。一位名叫Inpon Hordatpai的阿拉伯商人描述说：“税收的另一来源是斗鸡，每天大约得黄金50盎司，斗赢的鸡有一只腿是属于国王的，鸡的主人必须献上黄金才能把鸡赎回。”猜也自古就是一个享有盛名的斗鸡场，那里的威弯寺（Wat Veivan）有一尊名叫泼搭翘（Potajiao）的佛像，其造型为佛的右腿上抱着一只斗鸡，老百姓参加斗鸡前，都要到该佛像前膜拜，据说十分灵验。此佛像现存佛统博物馆。①时至今日，东南亚各地仍定期举行斗鸡比赛，奖金很高，靠斗鸡致富者不乏其人。

斗猪是柬埔寨古代的一种风俗，吴哥浮雕壁画中有生动的表现。现代柬埔寨人的生活中，斗猪之俗已经不传。

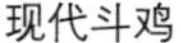

现代斗鸡

斗猪浮雕

① 贪玛尼·帕尼：《猜也——三佛齐的首都》（泰文），第34页。

扶南的物产与外贸

扶南的物产富饶，资源丰富，早就为中国的商人所关注。特别是一些自然资源和农、林、牧、副、渔产品是中国没有或欠缺的，中国方面通过朝贡贸易或私家船商用丝绸和瓷器换回。《梁书》卷54详细记载了扶南的物产："出金、银、铜、锡、沉香木、象牙、孔翠、五色鹦鹉。"

楠木珠

《洛阳伽蓝记》卷4永明寺条说："（扶南）方五千里，南夷之国，最为强大。民户殷多，出明珠、金、玉及水精、珍异，饶槟榔。"

《通典》卷188扶南条："出金刚可以刻玉，状似紫石英，其所生乃在百丈水底盘石上，如钟乳，人没水取之，竟日乃出，以铁锤之而不伤，铁反自损，以羖羊角扣之，灌然冰泮。"

《太平御览》卷69引《扶南传》说："涨海中倒珊瑚洲，洲底有磐石，珊瑚生其上也。"

《水经注》卷36说"（扶南）有鲜鱼，色黑，身五丈，头如马首，伺人入水，便来为害。"这里说的便是鳄鱼。

扶南的水产丰富，"鱼鳖惟黑鲤鱼最多，其他如鲤、鲫、草鱼亦多。有吐哺鱼，大者重二斤以上。更有不识名之鱼甚多，此皆淡水洋中所来者。若至海中之鱼，色色有之。鳝鱼、湖鳗、田鸡土人不食，入夜则纵横道途间，鼋鼍大如合苧，虽六藏之龟，亦充食用。查南之虾，重一斤以上。真蒲龟脚可长八九寸许。鳄鱼大者如船，有四脚，绝类龙，特无角耳。蛏甚脆美。蛤、蚬、蛳螺之属，淡水洋中可捧而得。独不见蟹，想亦有之，而人不食耳"①。

扶南的野生动物种类繁多，"禽有孔雀、翡翠、鹦哥，乃中国所无。其余如鹰、鸦、鹭鸶、雀儿、鸬鹚、鹳、鹤、野鸭、黄雀等物皆有之。所无者，喜鹊、鸿雁、黄莺、杜宇、燕、鸽之属。兽有犀、象、野牛、山马，乃中国所无者。其余如虎、豹、熊、罴、野猪、麋、鹿、獐、麂、猿、狐、狨猴子之类甚多。所不见者，狮子、猩

---

①《真腊风土记》鱼龙条。

猩、骆驼耳。鸡、鸭、牛、马、猪、羊在所不论也。马甚矮小，牛甚多”①。

扶南盛产稻米，且易耕种。《真腊风土记》耕种条说：“大抵一岁之中，可三四番收种。盖四时常如五六月天，且不识霜雪故也。其地半年有雨，半年绝无。自四月至九月，每日下雨，午后方下。淡水洋中水痕高可七八丈，巨树尽没，仅留一杪耳。人家滨水而居者，皆移入山后。十月至三月，点雨皆无。洋中仅可通小舟，深处不过三五尺，人家又复移下，耕种者指至何时稻熟，是时水可淹至何处，随其地而播种之。耕不用牛，耒耜镰锄之器，虽稍相类，而制自不同。又有一等野田，不种常生，水高至一丈，而稻亦与之俱高，想别一种也。”

另外，扶南的甘蔗亦很有名，《南方草木状》说：“泰康六年（公元285年），扶南国贡诸蔗一丈三节。”这种长一丈才有三节的甘蔗，想必很甜，否则不至充当贡品。

扶南的果树种类很多，热带水果丰盛。《南齐书》扶南传说：“有安石榴及橘，多槟榔。”

《隋书》真腊传说：“有婆那娑树，无花，叶似柿，实似冬瓜。”婆那娑就是菠萝蜜，又叫牛肚子果。果形硕大，味甜清香，被誉为热带水果皇后。

《真腊风土记》草木条说：“惟石榴、甘蔗、荷花、莲藕、杨桃、蕉芎与中国同。荔枝、橘子，状虽同而味酸，其余皆中国所未曾见。树木亦甚有别，草花更多，且香而艳。水中之花，更有多品，皆不知其名，至若桃、李、杏、梅、松、柏、杉、桧、梨、枣、杨、柳、桂、兰、菊、芷之类，皆所无也。其中正月亦有荷花。”

除了上述的矿产、海产、农产之外，扶南还盛产林木，这是因为扶南地处热带，“土气恒暖，草木不落”。晋人崔豹在《古今注》卷下中的紫栴木条说：“紫旃木，出扶南而色紫，亦曰紫檀。”紫檀木又叫檀香木，系山茶科的紫茎属植物，坚硬耐潮，可制家具和造船，亦可制成焚香用的檀香。

《梁书》卷54扶南传说：“扶南出沉香木。”这是一种常绿乔木，木质坚硬而重，放到水里会沉，故名沉香。黄色有香味，中医入药，有镇痛、健胃的功用。其木材又名伽喃香。是一种名贵木材。佛教徒常用来制作念珠和焚香。

《本草纲目》笃耨香条说：“笃耨香，出真腊国，树之脂也。树如松形，其香老则溢出，色白而透明者名白笃耨，盛夏不融，香气清远。”

《南方草木状》卷中说：“抱香履，抱木生于水松之旁，若寄生然，极柔弱，不胜刀锯，乘湿时，刳而为履，易如削瓜，既干而韧，不可理也。履虽猥大，而

①《真腊风土记》飞鸟、走兽条。

轻者如通脱木，风至则随风而动，夏月纳之，可御湿蒸之气，出扶南大秦诸国。太康六年，扶南贡百双，帝深叹异，然哂其制作之陋，但置诸外府，以备方物而已。”这里说到扶南人用抱香木制作木屐，利用生长在水边的抱香木乘其新鲜之时，质地较软，剖开制成木拖鞋，等到干后就变得有韧性，且非常轻便，风都能将其吹移动。夏天穿在脚上，可以预防湿气。太康六年（公元285年）扶南进贡了一百双用抱香木做的木屐，晋武帝司马炎叹其怪异，但嫌做工简陋，将其置于外府不用，仅当作一种方物土产存库。

《梁书》卷54：“十八年（公元519年），（扶南）复遣使送天竺旃檀瑞像、婆罗树叶，并献火齐珠、郁金、苏和等香。”

这里提到的“天竺旃檀瑞像”，就是来自印度的紫檀木佛像。紫檀木坚硬有香气，可雕像，做家具，入中药，还是制檀香的原料；婆罗树为龙脑香科常绿大乔木，具有白色芳香树脂，是一种名贵香料；火齐珠系石质宝珠，也有人说是琉璃珠，因其罕见而珍贵；郁金具有活血止疼，行气解郁，清心凉血，疏肝利胆的作用；苏合香为苏合香树所分泌的树脂，将其溶解在酒精中，过滤，蒸去酒精，则成精制苏合香。有开窍辟秽，开郁豁痰，行气止痛的功效。

扶南进贡中国的贡品中，香料占有重要的位置，究其原因除了香料是东南亚地区的特产以及可以入药外，还因为焚香是佛教的一种重要的礼仪，佛教徒在佛像前焚香供养。《妙法莲花经》的香赞云：“香炉乍热，法界蒙熏，诸佛海会悉遥闻，随处结祥云，诚意方殷，诸佛现全身。”佛教徒通过焚香，用缭绕的香烟与上天沟通，使诸佛现全身，这就是焚香的意图和功用。扶南产的沉香、檀香、龙脑香、安息香、郁金香等，都是制作焚香的原料，亦是中国欠缺之物。由是之故，中国与扶南之间的朝贡贸易，用丝绸瓷器换回各种香料，变成一种常态。

中国与扶南的朝贡贸易时间跨度长达600—700年，使这条海上丝路一直保持着畅通。扶南地大物博，有丰富的物产作为海上贸易的物质基础。同时，扶南还是一个海上大国，造船业十分发达。《梁书》卷54说：扶南“乃治作大船，穷涨海”。涨海即中国海，说明扶南舶东边到达中国；往西则连接印度，“扶南大舶从西天竺国来”。① 扶南人“为船八九丈，广裁六七尺，头尾似鱼”。② 三国时期出使扶南的康泰亲眼见过有名的扶南大舶：“扶南国伐木为船，长者

① 《太平御览》卷808。
② 《南齐书》卷58。

扶南大舶

十二寻，广肘六尺，头尾似鱼，皆以铁镊露装。大者载百人，人有长短桡及篙各一，从首至尾，面有五十人或四十余人，随船大小，立则用长桡，坐则用短桡，水浅则用篙，皆撑上，应声如一。”① 更为稀奇者，扶南的竹子也可以造船。《南方草木状》卷下说：“云邱竹一节为船。”这种被称为云邱竹的竹子，刳开一节便是一条船，看来非常粗壮结实。

扶南人既有舟船之利，又拥有海上霸权，依托富饶的方物土产，海上贸易兴盛。从印度到中国，从越南交趾到苏门答腊、爪哇等处，皆有扶南商舶的踪迹。

扶南人的宗教信仰

从公元1世纪扶南立国之始，便同步传入了婆罗门教。根据混填和柳叶的传说，混填就是一个来自印度的婆罗门教士。混填“先事神，梦神赐之弓，又教载舶入海”②。当时印度信奉的神祇主要是婆罗门教的三尊神——婆罗摩、湿婆、毗湿奴。混填是得到神的启示乘船来到扶南的，用神赐之弓征服扶南，并在扶南开始传播婆罗门教的。

如果说，混填和柳叶的传说尚不足为凭的话，那么公元3世纪范旃统治扶南时期，有覃杨国人名叫家翔梨的，从天竺（印度）至扶南，为扶南王旃介绍天竺风俗。旃为其所动，遣亲人苏物使天竺。苏物乘船由投拘利口出发，经印度洋，溯恒河入海口而上，到达天竺，受到天竺国王的热情接待。天竺国王命陈、宋二人回访扶南，并带去4匹月支马作为礼物。当他们到达扶南时，前

① 《太平御览》卷769，引康泰：《吴时外国传》。
② 《晋书》卷97。

后已经历了4年的时间，旃已不在王位，而是范寻为扶南国王。恰巧此时中国使节朱应、康泰亦在扶南，遂将此事记入他们所写的书中，以致我们今天得以知悉此事。

公元4世纪，又有一位名叫㤭陈如的天竺婆罗门当上了扶南的国王。《梁书》卷54说："其后王㤭陈如，本天竺婆罗门也。有神语曰：'应王扶南'，㤭陈如心悦，南至盘盘，扶南人闻之，举国欣载，迎而立焉。复改制度，用天竺法。"从这段记载我们可以看到，迎天竺婆罗门㤭陈如来扶南当国王，不仅是天意（神语曰），也是人愿，扶南国"举国欣载"，专程去盘盘国"迎而立焉"，可见此时婆罗门教在扶南已较为普及，有相当的群众基础。㤭陈如当上扶南国王后，更是加紧推行印度化，"更改制度，用天竺法"。

我们还可以通过许多中文古籍的记载，来看婆罗门教在扶南传播的情况：

杜佑《通典》卷188扶南条说："其国人居不穿井，数十家共一池引汲之。俗事天神，以铜为像，二面者四手，四面者八手，手各有持。或小儿，或鸟兽，或日月。"《通典》说扶南人"居不穿井"，数十家共用一池之水。表面上说的是当地人与中国不同的风俗习惯，背后则反映了扶南人信奉婆罗门教这一事实。

扶南人数十家共用一水池

湿婆神像

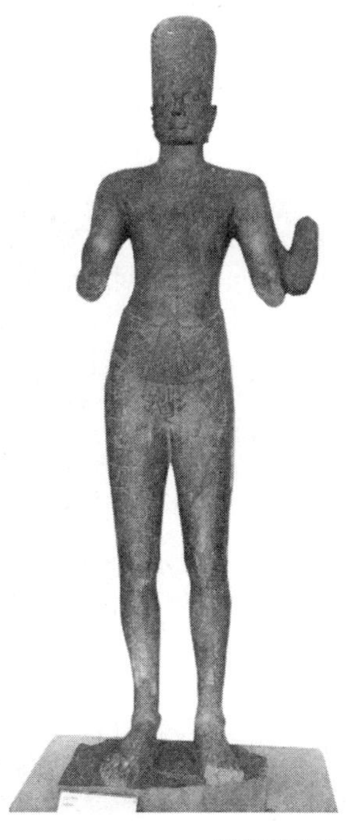

毗湿奴神像

四面佛像

池水不仅提供生活用水，也是举行婆罗门仪式不可或缺的东西。洒法水是婆罗门教一项重要的宗教仪式，婆罗门僧用法水洒在信徒的手上或头上，以示祝福。另外，法水还可以治病。凡是婆罗门寺庙前面，都无一例外地有两个大水池，梵语的名字叫"布施格尔"，即莲花池。天然的莲花池不好用，多是人造莲花池。除了宗教仪式的沐浴和洁身外，它还被用于国王及僧侣的灌顶礼。直至今天柬埔寨地区还在修这种水池。至于上文提到的神像，完全是婆罗门教信奉的湿婆、毗湿奴和婆罗摩的造型。我们可以从金边博物馆珍藏的扶南时期的青铜或石雕神像得到证明。湿婆通常有四只手臂，拿的物件常有变化，最常见的是一只手拿一柄三叉戟，另外两只手一手执日，一手执月。裸露的身躯缠着蟒蛇，骑着一只名叫南迪（Nandi）的白牛。毗湿奴则被塑造为一位完美匀称的年轻人，戴着圆筒状的高帽，有四只手臂，分别拿着权杖、法轮、一根棍、一个球或一朵莲花。婆罗摩有四张脸，后来成为佛教的四面佛。

据《南齐书》卷58扶南传载，扶南王遣天竺道人释那伽仙①到中国上表："言其国俗事摩醯首罗（Mahe Svara）天神，神常降于摩耽山。"这里所说的"摩醯首罗"，就是"伟大湿婆"的古代译法，摩耽山则是湿婆神居住的地方。可见婆罗门教在扶南十分流行。

扶南的属国或邻国，如顿逊、盘盘、赤土、林邑、丹丹等，也于纪元前后传入了婆罗门教。中国古籍亦不乏这方面的记载：

竺枝《扶南记》曰："顿逊国属扶南，国王名昆仑。国有天竺胡五百家，两

① 请注意那伽仙的名字前有"道人"和"释"两个头衔，道指婆罗门，释指佛教的和尚。纪元初，许多印度婆罗门教士皈依佛教，遂出现一批婆罗门身份的佛教徒。《高僧传》里记载了若干名成为佛教高僧的婆罗门，如罽宾人觉明，中天竺人求那跋陀罗等。

佛图，天竺婆罗门千余。顿逊敬奉其道，嫁女与之，故多不去，唯读天神经，以香花自洗，精进不舍昼夜。疾困便发愿鸟葬歌舞送之邑外，有鸟啄食，余骨作灰，罂盛沉海。鸟若不食，乃篮盛火葬者，投火余灰，函盛埋之。”

顿逊国的位置在今下缅甸的丹那沙林（Tanasarin）。竺枝是5世纪中叶人。在竺枝那个时代，顿逊国就有天竺（印度）移民500家，有两座佛图（浮屠，即佛塔），和来自印度的婆罗门僧人1 000余人。顿逊人信奉婆罗门教，把女儿嫁给婆罗门教士，使婆罗门教士中的多数人不愿离开这个地方。他们整天所做的事就是诵读婆罗门教经典“天神经”，举行“以香花自洗”的宗教仪式，不分昼夜地修行。一旦生病面临死亡，便发愿死后鸟葬。由许多人载歌载舞地将尸体送到城外，让鸟啄食，剩下的残骨用火烧成灰，用瓦罐盛着沉于海底。若是鸟都不吃他的尸体，便把尸体装在篮子里火葬，烧剩的骨灰盛在匣中埋葬。这些关于婆罗门教士的记载，既生动有趣，又合乎历史真实。

盘盘国是扶南的另一邻国，其地域在马来半岛南部，即现今泰国的素叻它尼府，存在的时间为公元5—6世纪。这个国家亦盛行婆罗门教。杜佑《通典》卷188盘盘条说：“其国多有婆罗门，自天竺来，就王乞财物，王甚重之。”

与盘盘国毗连的赤土国，其政治中心在现今泰国宋卡一带，也是一个信奉婆罗门教的国家。《通典》卷188赤土条说：“俗敬佛，尤重婆罗门。”

隋大业三年（公元607年），隋炀帝派常骏、王君政出使赤土国，常骏等人乘船从中国南海郡出发，航行一月余抵达赤土界，“其王遣婆罗门鸠摩罗以舶三十艘来迎”，①足见婆罗门教士之受国王器重。

林邑是公元2世纪末出现的一个东南亚古国，其位置介于扶南与中国所属的交趾之间。这个国家除了信奉佛教外，同时也信奉婆罗门教。《南齐书》卷58林邑传说：“谓君师为婆罗门。”就是说，婆罗门教士担任国王的老师。婆罗门的人数很多，成为林邑的大姓，故《梁书》卷54林邑传说：“其大姓婆罗门。”另外，根据《旧唐书》林邑传的记载，“国王有名婆罗门者”，可以解释为，曾经有一位国王是婆罗门教士。《通典》林邑条说：“王事尼乾道。”陈序经先生认为尼乾就是Naga的对音。②Naga译为纳加蛇，有五个头或九个头，是婆罗门教信奉的毗湿奴神的坐骑。林邑国王信奉婆罗门教是没有疑义的。

---

①《隋书》卷82赤土传。

② 陈序经：《东南亚古史研究合集》上卷，深圳海天出版社1992年版，第400页。

希楞伽

丹丹国，又称单单国或旦旦国，出现于公元6世纪，大约在马来半岛的吉兰丹一带。《通典》卷188丹丹条说："王姓刹利，名尸陵伽。"丹丹国是孟族人建立的国家，古代孟族人是没有姓的。所谓姓刹利，是指国王属婆罗门教划分的刹帝利阶层。名尸陵伽，可能是译自Siva-Linga，意即神圣的希楞伽（男性生殖器，湿婆的化身）。《通典》卷188丹丹条接着说："王每晨夕二时临朝。其大臣八人，号曰八座，并以婆罗门为之。"丹丹国王的八位决策大臣都是婆罗门，足见婆罗门地位之显要。

扶南及周边邻国皆信仰婆罗门教，这是不争的事实。

婆罗门教产生于印度，是人类最早创造出来的宗教之一，它的出现，早于佛教900—1000年。婆罗门教传入东南亚的时间应比佛教稍早，婆罗门教初期的影响力及势力范围也比佛教为大。我们虽然不知道佛教最初传入扶南的具体时间，但我们可以肯定佛教大约在公元前2世纪就已经传入与扶南毗邻的金邻国。根据佛教文献《善见律毗婆沙》卷3的记载，在阿育王派出到各地弘法的9个僧团中，有一个僧团由高僧须那迦（Sona）和郁多罗（Uttaro）率领到达黄金地（素弯拿普米）弘法。黄金地就是中国古籍里说的金邻国，在今泰国的素攀府和佛统府一带。佛统大金塔是佛教传入东南亚地区的标志之一，泰国曼谷王朝拉玛四世（公元1851—1868年在位）时期修建佛统大金塔的时候，出土了一只青铜浇铸的迦楼罗鸟（Garuda），这是婆罗门教信奉的毗湿奴神的坐骑，说明在佛教传入东南亚之前，婆罗门教就已经传入这一地区了。"金邻一名金陈，去扶南可二千余里。"① 所以佛教传入扶南的时间也不会比金邻国太晚。

佛教是公元前6—前5世纪由北天竺毗罗卫国王子释迦牟尼创立的一个宗教。释迦牟尼意为释迦族的尊者，简称释尊。他的真名叫乔达摩·悉达多。关于他的出生年代颇多争议，他的有生之年在公元前560—前480年之间。释

①《太平御览》卷790金邻国条引《异物志》。

尊于16岁那年结婚，29岁出家，35岁悟道成佛，80岁涅槃。佛教所谓的佛，并非至高无上的神，而是觉悟者。人皆有佛性，只要以佛心为心，以佛的行为为标准精进而行，终能成佛。佛教主张众生平等，反对婆罗门教森严的等级制度和种姓制度，因而后来居上，迅速传播。

在有关东南亚的中文古籍里，对婆罗门教和佛教是有明确区分的。婆罗门教士被称为“道”（非指中国的道教、道士），佛教的和尚则被称为“释”。例如，永明二年（公元484年）扶南国王阇邪跋摩派来访问中国的天竺道人释那伽仙，原先是一位婆罗门教士，后来皈依了佛教，故又称“释”。

由于扶南地处中、印交通要冲，所以扶南成为佛教传入中国的一个中转站，在中、印佛教文化的交流中，发挥了至关重要的作用。公元519年扶南王留迤跋摩给梁武帝萧衍送来“天竺旃檀瑞像”。梁武帝萧衍是一位笃信佛教的帝王，他曾多次舍身出家，又让朝廷出巨资将他赎回。在他的推动下，“都下佛寺五百余所，穷极宏丽。僧尼十余万，资产丰沃”。扶南王投其所好，进贡来自印度的旃檀木佛像，客观上对南朝大兴佛法起到了推波助澜的作用。

特别值得一提的是，在侨陈如统治扶南的时期，大约公元4世纪末至5世纪初，扶南还有佛教僧人到中国来译经。《续高僧传》卷第一本传说：“僧伽婆罗梁言僧养，亦云僧铠，扶南人也。幼而悟颖。早附法律，学年出家，偏业阿毗昙论，声荣之盛，有誉海南。具足以后，广习律藏，勇意观方，乐崇开化，闻齐国弘法，随舶至都，住正观寺，为天竺沙门求那跋陀罗弟子也。……天监五年（公元506年）被敕征召于杨都寿光殿、华林园、正观寺、占云馆、扶南馆等五处，传译讫十七年，都合一十一部四十八卷，即大育王经解脱道论等是也。……普通五年（公元524年）因疾卒于正观，春秋六十有五。”这位名叫僧铠的扶南僧人，在中国译经17年，享年65岁，为扶南与中国的佛教文化交流作出杰出贡献。

同书又记载说：“梁初又有扶南沙门曼陀罗者，梁言弘弱，大赍梵文，远来贡献，敕与婆罗共译宝云法界体性文殊般若经三部合一十一卷，虽事传译，未善梁言，故所出经文，多隐质。”这位名叫曼陀罗的扶南僧人，中文名弘弱，带了许多梵文经典来中国。尽管他不识中文，但他还是与僧伽婆罗（僧铠）合作，翻译了《文殊般若经》三部计十一卷。

大同五年（公元539年），中国梁朝听扶南派来的贡使说：“其国有佛发长一丈二尺，诏遣沙门释云宝随使往迎之。”①

① 《梁书》卷54扶南传。

中国僧人赴印度求法，途经海路者，亦多以扶南为中转。如西凉州僧人智严泛海至天竺，幽州僧人昙无竭从南天竺随舶至广州，都是5—6世纪的事。唐朝有一位名叫义朗的僧人，是益州成都人，专攻律藏，到过扶南，“越舸扶南，缀缆朗迦戍，朗迦戍国王待之以上宾之礼”①。还有许多不见经传的中外僧人都经扶南，往来于中印之间。

冯承钧先生在其名著《中国南洋交通史》中评价说：“五世纪与六世纪的时候，扶南为佛教东被的一大站，其重要与西域之和阗、龟兹等也。”

伴随佛教传入中国的还有扶南音乐、舞蹈、绘画、雕塑等。扶南的音乐被称为扶南乐，跟天竺乐一样颇具民族特色。扶南乐的产生并不像我们以前理解的那样，是人们在劳动之余的一种自我娱乐活动。扶南乐的首要功能是酬神、媚神和取悦于神。在所有的祭祀活动中，无一例外都要奏乐、跳舞。直到今天都是如此。而且，有一尊非常有名的湿婆正在手舞足蹈的塑像，婆罗门教解释说，这是湿婆用舞蹈节拍控制世界。由此可见音乐、舞蹈的宗教内涵。扶南乐传入中国后，深得统治阶层的重视，被纳入礼、乐的范畴。隋朝开皇年间（公元581—600年）中央政府“置七部乐”，包括中国的国乐（汉族音乐）、西凉乐（敦煌音乐）、龟兹乐、琉勒乐、突厥乐、高丽乐（朝鲜乐）、天竺乐（印度乐）等，扶南乐也被纳入其中。②到了唐朝，把来自14个国家的音乐分为东夷乐、北狄乐、南蛮乐、西戎乐。扶南乐和天竺乐、南诏乐、骠国乐一道被列入南蛮乐。③乐器作为一种器乐，也是从这些国家传入的。汉唐时期传入中国的乐器有：羯鼓、都昙鼓、毛员鼓、箫、笛、筚篥、铜拔、贝。④

扶南舞蹈

对于像印度、扶南等以宗教文化为传统文化的国家来说，绘画、雕塑等艺术形式的

① 义净：《大唐西域求法高僧传》卷上。
②《隋书》卷15音乐下。
③《新唐书》卷22礼乐志。
④《旧唐书》卷29音乐二，扶南乐。

出现和发展亦是跟宗教息息相关。绘画、雕塑是图解宗教或者是宗教形象化的手段。因此，神或佛的画像和塑像是永不厌倦的主题。《梁书》卷54记载了这样一个故事：晋咸和中（公元326—334年）丹阳府尹高悝得到一张佛像，每到中夜，会发金光。后来有5位胡僧来对他说，佛像是他们从天竺得到的，他们带到河南安阳，时值社会动乱，他们把佛像埋在河边，后来就找不到了。有一天晚上做梦，佛像对他们说，佛像已被高悝所得，所以他们才找上门来。从这个故事，生动地描述出佛像从印度经扶南传入中国的事实。

扶南的宗教艺术

宗教是人类社会发展到一定阶段出现的一种文化现象，是人们对世界和人的生命的信仰和认知。当它用来进行思维的时候，它是一种思维方式和一种精神寄托；当它用于日常生活实践的时候，它便成了一种生活方式；当它用于艺术创作的时候，它便成了一种宗教艺术。

宗教艺术是宗教的载体，是宗教的一种表现形式，是为着宣传宗教而产生和发展的艺术样式，它的作用是使宗教直观化、生动化、美观化、具体化，从而更具有视觉和精神上的感染力、震撼力。所谓宗教艺术，是通过艺术家的劳动和再创造，把要表现的宗教内容及对象加以提炼和升华，使其既源于生活实际，又高于生活实际，将当时流行的审美观、价值观巧妙地融入其中，并打上强烈的时代烙印，赋予珍贵的保存价值，甚至可以流芳百世。

宗教艺术在人类创造的诸多艺术门类中一枝独秀。

宗教艺术包括神像和佛像的塑造，宗教活动场所神庙和佛寺的建造及装饰，宗教纪念性建筑塔或陵墓的构建等三大部分，涵盖雕塑、绘画、浇铸、建筑、装饰等各种艺术领域。

扶南的宗教艺术堪称人类早期宗教艺术的瑰宝。从柬埔寨国家和地方博物馆现存的神像、佛像及遍及各地的宗教文化遗址，我们可以看到公元前2世纪至公元7世纪扶南时期大量的宗教艺术精品。

婆罗门教神像的出现比佛教的佛像出现的时间为早。相传大梵天王丧其太子，命毗首羯磨（Visvakarman）制其形象，既成，大梵天王赞其精妙曰："山中妙最高，鸟中唯大鹏，人中如轮王，艺中是丹青。"这就是婆罗门教的造像艺术之始。佛陀在世的时代，婆罗门教已经有神像崇拜了。《十诵律》卷50云："舍卫国有一天神像，能与人愿，有一居士，从求所愿，得随意欢喜，故以白氎裹天神像。"

婆罗门教从印度传入扶南的时候，神像亦同时传入扶南。主要有三大神祇：大梵天王婆罗摩（Prahma），幻惑天王毗湿奴（Visnu），大自在天王湿婆（Siva）。扶南时期的神像造型与印度的神像造型既有传承关系，又有一些源自民族特性的变化，尤其表现在脸型和服饰方面，由印度人的脸型变成吉篾人的脸型，由印度人的服饰变成吉篾人的服饰。特别是扶南人喜欢赤裸上身，这是生活在炎热环境下养成的习惯，反映在扶南神像的造型上就是神像也赤裸上身。

印度的婆罗摩神像

扶南的婆罗摩神像

大梵天王婆罗摩被称为创造之神，是世界和世界上一切事物的创造者。一般情况下其造像为四手四面，头发挽成顶髻，两只左手各持经文和钵盂，右手一只持御杖，另一只举起来，摆出"无畏施"的姿势。头上饰以花环，耳垂缀着耳环，颈上挂着念珠，手上戴着手镯，脚上戴着脚镯，身穿帝王的御服，腰系纳加（Naga）蛇皮制成的腰带。他以凤凰为坐骑，有时乘坐一辆由七头凤凰拉的车，有时则坐在由毗湿奴肚脐里生出来的莲花瓣中。婆罗摩的配偶是女神沙拉萨瓦底（Salasavatti）。当佛教兴盛并逐步取代婆罗门教的时候，婆罗摩又成为佛教的四面佛。

印度的毗湿奴神像

扶南的毗湿奴神像

幻惑天王毗湿奴，又被称作帕那莱神，是婆罗门教徒崇拜的保护神。其妻名叫拉克湿迷（Lalshmi），传说是54位神仙和54位妖魔用纳加蛇搅动乳海时从海底获得的，同时还获得三头象、长生不死药和许多金银珠宝。毗湿奴的造像为四手二眼，鼻子很高，手执三叉戟、法轮、权杖、海螺、莲花、弓箭等。头戴高高的王冠，颈上围着黄色的围巾，额头正中有被称为“锡瓦萨”的符号。肩膀上斜挎着一根圣带，有时挂着长至膝盖的花串。颈上的念珠、臂上的手镯、脚上的脚镯都是必不可少的装饰。他以大鹏金翅鸟为坐骑。常见的造像有站像、卧像和坐在纳加蛇身上的坐像。多是石雕像和青铜像。其中最常见的是一尊头戴高帽、四手各执一种兵器的年轻人的立像，可以视作毗湿奴的标准像。

大自在天王湿婆是破坏之神，后来又成为创造之神，住在盖拉沙雪山上。其妻名叫吴妈（Umd，亦名巴拉瓦底 Paravati），前妻叫萨迪（Sati）。湿婆的坐骑是一头名叫喃蒂的黄牛。湿婆的造像是：一位留有胡须的老者，或皮肤白皙（有时为黑色或红色）的中年人。脖子是深蓝色或黑色。有三只眼，第三只眼在两眉之间，其上有一月牙，头发挽成顶髻。有时头戴筒状帽，饰耳环，用纳加蛇充当斜挂在肩上的饰带。头上围着花环，颈上挂着念珠，穿虎皮（或象皮，或鹿皮）衣，但最常见的形象是裸体。有时候有两只手，有时候则有四只手。手执三叉戟、弓箭、套绳、拨浪鼓、法螺，有时执法轮、斧、盾。有的湿婆神像做成两性人，一半男人，一半女人，而且湿婆神经常以被称为希楞伽的男性生殖器的形式出现。在神庙里供奉希楞伽，就等于供奉湿婆。

印度的湿婆神像

扶南的湿婆神像

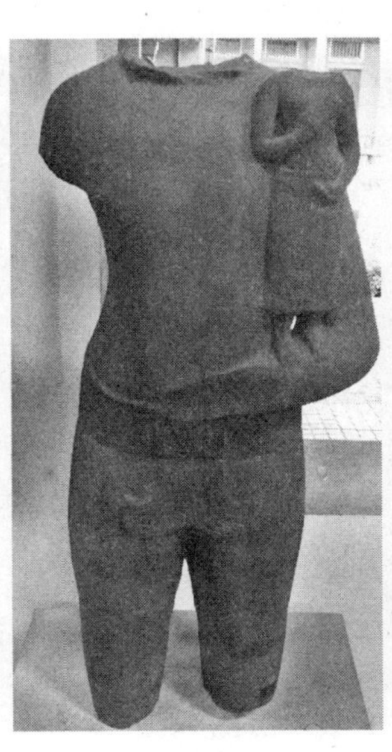
湿婆抱着其妻吴妈的残像

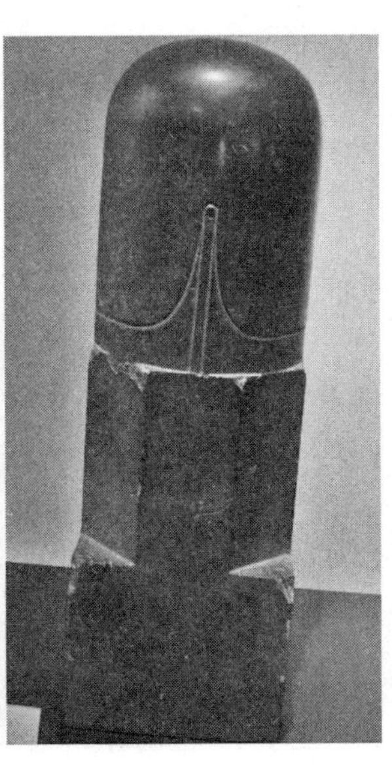
希楞伽

金边博物馆保存着一尊婆罗摩、毗湿奴、湿婆三神合一的神像。按照婆罗门教的教义，婆罗摩是创造之神，而土生育万物，因此婆罗摩属土；毗湿奴是保护之神，而水能保护生命，因此毗湿奴属水；湿婆是破坏之神，而火能焚烧一切，因此湿婆属火。婆罗门教信奉的最高神祇，可以归为一尊，这就是三神合一的神。

婆罗摩、毗湿奴、湿婆三神合一　毗湿奴转世而成的马头神

神具有神通变幻的本领。金边博物馆有一尊马头神，据说是由毗湿奴转世而来。毗湿奴一共有过九次转世，分别转世为鱼、乌龟、野猪、狮头勇士、巨人、持斧的罗摩、《罗摩衍那》里的英雄罗摩、王子格里萨纳和佛陀，来拯救世界。第十次转世亦是最后一次转世，这个转世其实还没有到来。这是一个尚未到来的末日世界，世界陷于一片黑暗之中，世道人心颓废，充满罪恶邪念，没有忠诚没有爱，人们不再信神，文明丧失殆尽，人类变得像森林里的动物一样，以树皮为衣，以野果为食，人的寿命不超过23岁。这时，毗湿奴变成马头人身的马头神，绕世界跑一圈，把罪恶荡涤干净，重创新世界。从这尊马头神像可以看出古代柬埔寨人对人类文明被毁灭的担忧。

毗湿奴转世成的狮头勇士

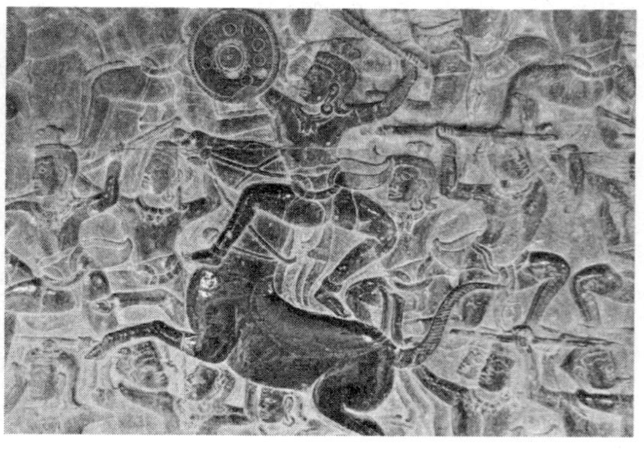

毗湿奴转世成《罗摩衍那》中的英雄罗摩

婆罗门教按时间顺序分为吠陀时代和转世时代。吠陀时代以吠陀为经典，通过学习吠陀，达到人与梵天合一，最后进入涅槃境界。转世时代相信神能转世为英雄，譬如毗湿奴转世为史诗《罗摩衍那》里的英雄罗摩，从而演绎出《罗摩衍那》的故事。

除了婆罗摩、毗湿奴和湿婆三尊主神外，他们的配偶亦是重要神祇，同样塑像供奉。

婆罗摩的妻子女神沙拉萨瓦底，本是印度一条河流的名称，此河现已干涸。她原是闪电神的女儿，长得仙姿美貌，经常应邀参加各种祭典，像水一样能够帮人荡涤污秽。她是一尊地位尊贵的专司智慧和艺术的女神。她有多种多样的造像，有一种造像的姿势是骑在大象身上，手执一柄控制大象的铁锤。也有的造像为四张脸，手持念珠、水钵，或经书。按照《吠陀经》的描述，她的皮肤呈红色，穿红色衣服，四脸四手，八只眼，右手持莲花和念珠，左手持水钵和一把勺。她的坐骑是一只凤，有时也骑孔雀、羊或狮子。

毗湿奴的妻子名叫拉克湿迷，是智慧、美丽和财富女神。她经常坐在莲花宝座上，有时也骑在大象身上，有的造像有两只手，有的造像有四只手，皮肤白皙，戴着珍珠项链，有两位仙女作为她的侍从，大象在一旁为她洒水。若是拉克湿迷和毗湿奴在一起的造像，那么她只有两只手；若是她单独的造像，则有四手。

湿婆的妻子叫吴妈，之前还有一位妻子叫萨迪。萨迪是帕他萨的长女，而帕他萨是大梵天神婆罗摩的儿子。由于帕他萨对女婿湿婆不甚满意，有一次他在举行宗教祭祀时当着众仙的面提到湿婆的名字，使他的女儿萨迪十分羞愧，她便跳进火堆里自杀。湿婆闻讯大怒，派人去破坏祭祀，并将帕他萨的头砍下来。后来萨迪转世投胎为刀辛哇的女儿，名叫巴拉瓦底，她逐渐长成一位漂亮的姑娘，而且只信奉湿婆这一尊神，最终湿婆便娶她为妻。她的造像经常和湿婆在一起。若是她单独一个人的时候，则是一位面貌娇美的女人，手持长矛和镜子；有时的样子也很凶。

湿婆有两个儿子，亦是婆罗门教信奉的神祇。大儿子叫斯肯达（Skanda），是战神。他永远是一个童子的模样，他有六张脸，十二只手，红色皮肤，手持长矛，骑着孔雀，战旗上有一只公鸡。他的这些特点跟太阳崇拜有关：六张脸代表印度一年的六个季节，十二只手代表一年的十二个月，长矛代表太阳的光芒，孔雀自古就是印度的象征，鸡鸣呼唤日出。

湿婆的小儿子叫嘎乃萨（Ganesa），是智慧之神。关于他的生平，有许多

迦楼罗

传说。最初他长着普通人一样的头，他母亲巴拉瓦底在屋里洗澡，命他守门，不要让任何人进来。他父亲湿婆来了，他不认识，不准进门。双方发生争斗，湿婆砍了他的头。其母巴拉瓦底十分伤心，百般哀求，湿婆命随从去找一个刚去世的生灵，将其头拿来给他装上。结果找来一个象头。从此，嘎乃萨变成象头人身。他有两只或者四只手臂，拿着驯象的刺棍和套索。他只长着一只象牙，另一只象牙拿在手上。他的坐骑是一只老鼠。

迦楼罗是一只人体鸟头的金翅鸟，是毗湿奴的坐骑，头戴王冠和珠宝，后来成为佛教天龙八部之一，专食毒蛇，是纳加的天敌。

纳加是半神蛇精，婆罗门教崇拜的神祇之一。周达观《真腊风土记》称为九头蛇精，实际常见的造像只有五头或七头。纳加系女身，国王每夜必先与之同寝交媾，若此精一夜不见，则国王死期至矣。若国王一夜不往，则必获灾祸。后来，纳加又从婆罗门教崇拜的对象变为佛教护法，成为天龙八部之一。据说佛祖遇到洪水劫时，是纳加载佛祖逃离洪水。佛祖讲经时遇上下雨，纳加爬到佛祖头上，九个蛇头像扇子一样张开，为佛祖遮雨，所以小乘佛教常有纳加在佛祖头上的塑像和雕像。

纳加在佛祖头上的塑像

总而言之，扶南时期所塑造的各种神像，他们的配偶、子女、坐骑，以及各种妖魔夜叉，人或非人，构成了一个丰富多彩的神的世界。不仅生动、形象地表达了他们的信仰、愿望和期盼，也充分展示了他们浪漫脱俗的精神生活。古代扶南的艺术家以无与伦比的想象力和浪漫主义的情怀，塑造了许多流芳百世的经典形象，使婆罗门教义得以在当时的民众中普及，也让我们现代人有缘一睹这些人类文化遗产。

扶南时期的宗教艺术除了以婆罗门教为主要表现内容外，佛教也是一个重要主题。

佛教大约在公元前2世纪传入东南亚，最早传入的地区在现今泰国的佛统府，古时称为黄金地。现存资料显示，印度阿育王曾派出由高僧须那迦（Sona）和郁多罗（Uttaro）率领的僧团到黄金地弘法。扶南距黄金地不远，所以稍后不久佛教也就传到扶南。

扶南的佛教造像艺术，在承袭印度佛像艺术的基础上，有所发展和创新。佛陀在世的时候并没有佛像的制作和佛像的崇拜，即使佛陀涅槃以后的一段时期，信徒们也是以一些信物象征来代替对佛陀的怀念。比如以大象表示佛的诞生，马表示出家，座表示降魔，菩提树表示成道，法轮表示说法，塔表示涅槃。佛像出现于公元1世纪前后，即印度的贵霜王朝（Kusak）时期，发源地是马朱拉（Mathura）一带。其后印度受到波斯、希腊文化的影响，形成犍陀罗艺术。佛像的制作，仿希腊神像的制作方式，从脸型、发式到衣褶，全然是希腊模式。有人将犍陀罗佛像的特点归纳为：欧洲发式，希腊鼻子，波斯胡子，罗马长袍，印度薄衣，袈裟透体。公元4—5世纪，是印度的笈多王朝（Cupata Dynasty）时期。孔雀王朝的后裔犍陀罗笈多（Chandragupta）纠集雅利安的藩侯，在恒河流域称霸，于公元320年建立笈多王朝。10年之后，他统一北印度，并将权力的触角延伸到南印度。这是印度佛像艺术最辉煌的时期，形成了笈多佛像的特殊风格。它把佛陀弯曲的头发变为印度珠宝帽的形式，被后人称作释迦头。衣服由宽敞变为合身，由多层变为单层。腰部由粗变为苗条，呈女性化趋势。眼帘下垂，表现出安宁静谧的神情。

公元6世纪的扶南佛像

扶南时期塑造的佛像与印度佛像的最大区别，在于佛的相貌本土化，既看不到欧洲发式，也不见希腊鼻子、波斯胡子、罗马长袍、印度薄衣，而是变成了吉篾人典型的四方脸、厚嘴唇。现在越南胡志明市博物馆、泰国博物馆、柬埔寨博物馆都保存着一些扶南时期的佛像，因为那个时期除开柬埔寨本土外，越南南部、泰国上高棉地区，都在扶南国的势力范围内。现今，金边国家博物馆保存着一尊公元6世纪的佛像：四方脸，厚嘴唇，弯曲的卷发成珠宝帽状，耳廓很长，身着轻薄透明的袈裟，站

武里喃府发现的菩萨像

立在莲花座上。这是一尊具有代表性的扶南时期佛像的造型。

泰国武里喃府巴空猜县发现一尊高137厘米的青铜浇铸的菩萨像，年代大约在公元7世纪，亦是典型的扶南艺术风格的佛像。菩萨是大乘教派供奉的佛，小乘教派不供菩萨，说明那时扶南流行大乘教派。

扶南的宗教艺术除了神像和佛像的造像外，还在宗教活动场所和宗教纪念物的建筑方面有杰出的表现。宗教活动场所指婆罗门教和佛教信众举行宗教祭祀活动的场所，即神庙和寺庙。扶南时期的神庙和寺庙并无严格区分，即使是作为宗教纪念物的塔，也跟神庙、寺庙合为一体。塔是空心的，寺的外观像塔，塔的内部是寺。柬埔寨的宗教建筑称为巴刹（Brasat），其意思是指有尖顶的建筑物，译成英文为Castle（圣殿），完全用石头堆砌而成，故泰国和柬埔寨的华人将其称为石宫。已故泰国华人作家黄病佛先生在其著作《锦绣泰国》中介绍披迈石宫说："披迈石宫的用途，为政府官邸与孔族（吉篾族）所崇奉的婆罗门教庙宇。"①

巴刹或石宫具有吉篾式古建筑的风格，与被称为Wat（潮州话音译为越）的泰式寺庙有明显的区别。石宫是用巨石堆砌而成，石与石之间不用泥灰衔接。屋顶、塔尖、长廊、门框、窗棂等一切建筑材料都是石材，装饰的图案、花卉、动物、人物等统统是石雕；越（Wat）则是砖木结构，庑殿式的大屋顶，再配以木质的雕梁画栋，从外形上一眼就可以看出前者是吉篾式，后者是泰式。石宫分别由7个建筑部分组成：主塔、神堂、砖塔、小塔、藏经室、拱门、长廊。现存的石宫广泛分布于柬埔寨本土，泰国东部、东北部和中部，越南南部。保存较为完好的石宫有泰柬交界的帕威汉石宫，泰国境内的披迈石宫、武里喃府的帕依诺石宫等。吴哥寺则是规模最大、保存最好的石宫，只是建筑年代稍晚，是公元7世纪真腊王国时期的建筑。

① 黄病佛：《锦绣泰国》柯叻条，第3页。

扶南的政治统治

扶南是公元1—6世纪雄踞东南亚的泱泱大国，是一个由许多城市部落联合组成的城邦国家。

扶南的城市建设有一个很明显的特点：城市的中心是一座称为巴刹的神庙，神庙往往建在一座小山上，即使是没有山的平原地区，也要堆起一个小山头，然后在山头上建庙。在神庙的四周，必然有一个居民聚居区，因为作为公共祭祀场所的神庙，不是凭借一两户人家的财力所能修建起来的，而要靠很多人家的力量。作为居民聚居区的城市，基本上都是以神庙为中心，居民住宅向周围辐射发展，规模慢慢增大，逐渐形成和发展起来的。几乎每座古代城市都采取这样的发展模式。每座城市都形成一个部落，每个部落皆有一位首领，他既是宗教领袖，又是世俗领袖。许多城市联合组成国家，这个国家称为扶南，因为在柬埔寨语里"扶南"（Ba Phnom）就是山，意即山地王国。

据学者们考证，扶南的首都在湄公河畔，在现在的朱笃（Chaudoc）和金塔之间。《新唐书》卷222下扶南传说："扶南……治特牧城，俄为真腊所併，益南徙那弗那城。"说明扶南的旧都原先在特牧城，[①]后来在真腊的胁迫下，迁都那弗那城，即现在柬埔寨的婆罗提拔城。[②]

扶南的城市建设规划以山顶神庙为中心的特点，反映出国家行政领导亦是以神权为核心的事实。我们只要检索扶南历史上的历代国王，不难发现许多国王本身就是婆罗门。即使是世俗出生的国王，也是以婆罗门为国师。国家的行政管理和典章制度深深打上了婆罗门教的烙印。婆罗门教把人划分为婆罗门、刹帝利、吠舍和首陀罗四个阶级，前两者是统治阶级，后两者是被统治阶级。婆罗门教创造了一种教会人们认识自己在社会中地位的世界观，它向人们解释为什么会形成这种社会秩序，有的人为什么生来就是高种姓，有的人为什么是低种姓，这是因为不同种姓的人是由湿婆神不同的部位变成的，先天就处于不平等的位置。它教人承认这种社会秩序，坚持各阶级之间不可逾越的森严的等级制度，并用许多烦琐的祭祀神的礼仪和规矩，将这种阶级差别固定下来。因为在祭祀活动中，不同阶级的人有不同的礼仪和规矩，是不能违背的。只有高种姓的人才有资格祭祀湿婆、毗湿奴、婆罗摩这样的主神，而低种

---

① 陈显泗认为特牧城在今柬埔寨波萝勉省之巴普农地区。

② 陈序经认为那弗那城在现今的嗊吥。

姓的人，只能拜祭山神、树神、神猴等级别较低的神。祭神仪式也有很大区别，国王和贵族举行的仪式，一般都比较隆重和有相当的规模，因为具备丰厚的物质基础。普通百姓祭神，虽然也同样怀着虔诚的心情，但经济条件决定他们的仪式不得不办得比较简便和草率。宗教仪式是宗教的载体和表现形式，离开宗教仪式，宗教内容就会变得抽象和不易理解。正如在古代中国的封建社会中，儒家用宣扬礼教的办法来规范君、臣、父、子等人与人之间必须遵守的人际关系一样。所以我们说，等级制度是东方专制主义形成的基础，是平等自由社会的对立面。

扶南国初期的社会性质，处于由原始部落社会向奴隶社会的过渡阶段。混填立国之后就“分王七邑”，把他的后代子孙分封为“小王”，分别去统治七个城市。到了盘况当国王的时代，亦遣子孙“分治诸邑”。这种统治方法，跟中国商周时期的采邑制度相似。“大王”（天子）是中央的统治者，“小王”（诸侯）统治地方，小王是大王的亲属或宠信，小王和大王保持进贡关系。“贡赋以金银珠香”，[①] 这里所谓的“贡赋”，包括小王向大王进的贡，也包括土地耕种者向小王交的赋。这样的关系反映了大王、小王作为国家土地的所有者与土地实际耕种者之间的经济剥削关系。在这种情况下，赋税和地租是合为一体的。

扶南的很多政治制度是直接取法于印度的。特别是到了公元4—5世纪的㤭陈如当扶南国王时期，㤭陈如本身就是来自印度的婆罗门，当他握有统治权以后，“复改制度，用天竺法”。首先他竭力提倡婆罗门教，甚至把他到扶南当国王也说成是神的旨意，“有神语曰：应王扶南”。谁人能当国王，应该是由神的旨意决定的，神权凌驾于王权。在阶级等级的划分上，婆罗门地位最高，其次才是刹帝利（国王）。国家的典章制度，礼节仪式都掌握在作为祭师的婆罗门手里。国王的登基大典，婚丧仪式，节日庆典，宗教祭祀等，统统都由婆罗门主持。烦琐的婆罗门教礼仪，规范了每个人的行为准则，不能越雷池一步。也就是说，当宗教信仰广泛用于人们的社会生活的时候，它便变成一种政治制度。

婆罗门教给扶南带来了最早的法律。法律作为维持社会秩序的准则，对维系社会安定，规范人们的言行，处理各种矛盾，无疑具有十分重要的作用。我们可以通过中国古籍的记载，来看扶南时期是怎样为犯罪嫌疑人定罪的：

《南史》卷78说：“（扶南）国法，无牢狱，有讼者，先斋三日，乃烧斧极赤，令讼者捧行七步，又以金环、鸡卵投沸汤中，令探取之，若无实者手即烂，有理

① 《晋书》卷97，扶南传。

者则不。又于城沟中养鳄鱼，门外圈猛兽，有罪者辄以喂猛兽及鳄鱼，鱼兽不食为无罪，三日乃放之。”

表面上看，这种定罪的方法很荒唐，实际上它却把“神”的意志引进了法律，至高无上、无所不在的“神”参与了诉讼的裁决。所以在诉讼前要“先斋三日”，吃素三天以示对神的崇敬。下面的是非曲直，是死是活，则看神是不是愿意显示奇迹。

《太平御览》卷786扶南条引《吴时外国传》说：“扶南人若户中亡器物者，即以米一升诣神庙，乞神见盗者。以米著神足下，明日取米，呼户中奴婢分令啮之。盗者口中血出，米完不碎，不盗者入口即败。”

这种断案方法，更是把法庭搬到神庙里，由神充当审判官。

由此可见，婆罗门教对扶南的政治制度影响巨大，不仅是为扶南人带来一种宗教，也带来了一种新的文化，一种生活方式，一种社会秩序，一种政治制度。我们不能简单地把婆罗门教看成虚幻的、脱离现实的东西，其实其头伸进天国，脚却立足于尘世。

扶南的衰亡

扶南作为早期东南亚的一个大国，经历了六七百年，曾经盛极一时，最终还是逃不了衰亡的命运。世间事物，有生必有死，有盛必有衰，这亦符合历史发展的客观规律。

扶南的衰亡，虽然符合事物的发展规律，但也并非没有促成其衰亡的内、外部原因。以史为镜可以知兴替，所以我们在撰写扶南历史的时候，有必要探讨一下扶南衰亡的原因。

扶南的开国之君混填去世以后，“子孙相传”，传位混盘况（混盘况以计谋获得王位），父子相传说明国家政权的传子制度已经基本确立。这表明扶南已经由原始部落联盟进入了阶级社会。在此之前的原始社会，领导人的产生通常是通过选举制，或者禅让制，具有较多的民主成分。到了氏族社会末期一度出现传弟制。随着私有制的出现和完善，“家天下”的观念逐渐占据主导地位，于是确立了传子制，由直系血脉的儿子承继大统，开始由民主走向独裁专制。然而有些时候国王有不止一个儿子，这些儿子为争夺王位继承权而不惜流血火拼，上演了许多惨剧，造成社会动乱。为了避免出现这种情况，嫡长继承制便应运而生。嫡长继承制在一定程度保证了政权和平转移。

扶南国的政权，从混填到混盘况都是父子相传。“混盘况九十余乃死，立中子盘盘，以国事委其大将范蔓。盘盘立三年死，国人共举蔓为王。蔓勇健有权略，复以兵威攻伐旁国，咸服属之，自号扶南大王。……伐金邻国，蔓迂疾，遣太子金生代行，蔓姊旃，时为二千人将，因篡蔓自立，遣人诈金生而杀之。蔓死时，有乳下儿名长，在民间，至年二十，乃结国中壮士袭杀旃。旃大将范寻又杀长而自立。"①就是说，自盘盘以后父子相传的制度受到了挑战。盘盘死后王位不是由他的儿子继承，而是由"国人共举"的范蔓为王。范蔓原准备传位给太子金生，却被其侄旃篡位。范蔓的小儿子长成年后又杀旃，夺回政权。其后长的大将范寻杀长自立。王位就在异姓间被流血争夺。上层统治者的内讧，必然造成国力的内耗，影响社会安定，阻碍社会生产力的发展，成为扶南衰败的内部原因。

从外部看，扶南末期常受林邑欺凌。《南齐书》卷58说："（扶南）人性善，不便战，常为林邑所侵袭。"同时，真腊的崛起对扶南也造成很大的威胁。此消彼长，扶南最终被真腊取代已不可避免。我们虽不能确定扶南亡国的具体时间，但公元7世纪中叶以后，扶南不再见于中国史籍。

作者点评

扶南是柬埔寨历史上第一个古代国家，出现于公元1世纪，繁荣于3世纪，6世纪后逐渐衰落，公元7世纪被真腊国取代。

根据中国古籍的记载，我们可以梳理出扶南经历了从混填至留迤跋摩计11个王朝世系。当然其中有些王朝史籍阙如，无法补全，但总体来说已非易事，是中国古人对柬埔寨历史研究作出的重要贡献，因为这是仅仅依靠柬埔寨本身的历史记载所无法做到的。

中国和印度是世界两大古代文明的发源地，中印之间海路往来必然途经扶南，扶南文明是中、印两大古代文明在东南亚地区相碰撞的产物，是柬埔寨本土文明在中、印两大文明滋养下成长起来的一朵奇葩。

中国与扶南建立外交关系的开始，实际就是古代连接中国与海外交通的海上丝绸之路形成和畅通的开始。海上丝路见证了扶南古代文明的发生和发展，传递和保存了扶南当时的政治、经济、文化、社会、宗教、贸易等方面的信息。自汉朝以后，三国、两晋、南北朝、隋唐，直到扶南被真腊所灭，时间跨度达六七百年，扶南一直跟中国保持着密切的朝贡关系。扶南的兴亡与海上丝路密

---

①《梁书》卷54扶南传。

切相关，海上丝路助力扶南成为东南亚的海上强国，推动了扶南的造船业和海上贸易的发展，促进了扶南的经济繁荣和鼎盛。由此证明，海上丝路自古以来就是一条沿线国家互利共赢、促进经济文化交流、共创辉煌的海上通道。

扶南的古代文明，说到底是一种宗教文明。宗教虽说是一种文化现象，但当用其来进行思维的时候，它就是一种思维方式；当用其至日常生活实践的时候，它成了一种生活方式；当用其与政治统治相结合时，它便成为一种政治制度。婆罗门教对扶南政治制度的形成和完善影响甚巨。神的旨意决定谁人能当国王。在最初阶段神权凌驾于王权，婆罗门地位最高，其次才是刹帝利（国王）。即使后来神权和王权合二为一，国家的典章制度、礼节仪式等都掌握在作为祭师的婆罗门手里。国王的登基大典，婚丧仪式，节日庆典，宗教祭祀等，统统都由婆罗门主持。烦琐的婆罗门教礼仪，规范了每个人的行为准则，不能越雷池一步。从这个意义上说，礼仪便是划分阶级地位的标准。扶南的法律也打上了婆罗门教的烙印，其《法典》基本上照抄印度的《摩奴法典》，很多情况下，诉讼断案被引进神庙，神的职能相当于法官，神的意志成为断案的依据。

由于宗教在扶南社会中起着举足轻重的作用，所以作为宗教载体和表现形式的扶南宗教艺术十分昌盛，包括神像和佛像的塑造、宗教活动场所神庙和佛寺的建造及装饰、宗教纪念性建筑塔或陵墓的构建等三大部分，涵盖雕塑、绘画、浇铸、建筑、装饰等各种艺术领域。扶南的宗教艺术堪称人类早期宗教艺术的瑰宝。经历了新、旧石器时代的扶南人，似乎对石头情有独钟，将石头视为最坚固并能永远保存的材料，用坚硬的石头雕刻神像和佛像，竟能刻出薄如蝉翼的服饰和细致生动的面部表情；用石头建筑神庙，竟能不加泥灰就能使万丈高楼拔地而起。他们给石头赋予了生命，创造出奇迹。从柬埔寨国家和地方博物馆现存的神像、佛像及遍及各地的宗教文化遗址，我们可以看到公元前2世纪至公元7世纪独具特色的扶南宗教艺术精品，可以说达到登峰造极的程度。

宗教传播是古代文化交流的一项重要内容。公元5—6世纪扶南成为佛教从印度传入中国的一个中转站，其地位不亚于陆上丝绸之路的和阗、龟兹。除此而外扶南的音乐、舞蹈、绘画、雕塑也伴随宗教传到中国。

扶南创造了奇迹，扶南历史也经历了由盛至衰的转变。从内因分析，扶南上层统治集团的内讧和争权夺利，削弱了国力；从外因上看，真腊的兴起直接导致了它的灭亡。真腊是继扶南之后吉蔑族建立的又一个国家，它由同一个民族在同一块土地上把柬埔寨历史推向了更进一步的辉煌。

二、早期真腊（公元7—8世纪末）

真腊的国名和疆域

中国古籍有关真腊的记载最早见于《隋书》。《隋书》是唐朝魏征等人奉诏撰写的隋朝的国史，记载了从隋文帝开皇元年（公元581年）至隋恭帝义宁二年（公元618年）共计38年的历史。《隋书》卷82真腊传也记载同一时期真腊的情况：

"真腊国，在林邑西南，本扶南之属国也。去日南郡舟行六十日，而南界车渠国，西有朱江国。其王姓刹利氏，名质多斯那。自其祖渐已强盛，至质多斯那，遂兼扶南而有之。"

真腊的国名最初见于《隋书》，就是说大约在公元6世纪隋朝的时候，中国人就已经知道这个国家，并称之为真腊。真腊是中国人加给这个国家的名称。为什么会有这样的称呼？其来源和含义是什么？迄今学者们尚未找到满意的答案。至于真腊人则自称为吉篾或甘孛智。

《隋书》卷82真腊传："真腊又名吉篾。"

《旧唐书》卷197真腊传："南方人谓真腊为吉篾。"

《新唐书》卷222下真腊传："真腊一名吉篾。"

《宋史》卷489真腊传："真腊一名占腊。"

周达观《真腊风土记》："真腊国或称占腊，其国自称甘孛智。今圣朝按西蕃经，名其国曰澉蒲只，盖亦甘孛智之近音也。"

《明史》卷324真腊传："（真腊）宋庆元（公元1195—1201年）中灭占城而併其地，真腊人自称吉篾，因改国名为占腊。元史仍称真腊。……其国自称甘孛智，后讹为甘破蔗。万历（公元1573—1620年）后改为柬埔寨。"

从上面所引中国古籍记载，我们可以明晰地知道，真腊人自称吉篾，乃是指族名。其国名应是Kamboja，中国译为甘孛智、澉破蔗、澉蒲只，明万历年后才统一译为柬埔寨，并沿用至今。至于"占腊"一名，原是公元12世纪真腊灭了占城以后一度使用的称呼，而且是宋朝时期中国人对它的称呼。

真腊国的疆域，最初并不广阔，其祖先大概发轫于现今泰国东北部被称为上高棉的地区。因为在上高棉的武里喃府、素攀府、四色菊府及邻近的一些府，迄今仍保存着数十个早期真腊时代的宗教遗址，当地华人称之为石宫，这是一种具有独特风格的吉篾式古建筑物。在每一个石宫的周围，必然有一个吉篾族的居民聚居区，尽管现在这些地方已经被泰族或其他民族居住，但在石宫新建和昌盛的年代，其主体民族是真腊王国统治下的吉篾族，恐怕是没有疑义的。

笔者曾多次到泰国武里喃府的帕侬诺石宫进行实地考察，撰成《帕侬诺石宫和真腊古史考证》一文。①其中罗列了一些证据证明真腊的祖先发轫于此。帕侬诺石宫的准确位置是北纬14°31′56″，东经102°56′42″。在柬埔寨语里，帕侬（Phanom）是山的意思，诺（rong）即伟大，帕侬诺是“伟大的山”。其实这座山并不高，海拔仅383米。之所以被誉为伟大，恐怕跟山上建了神圣的石宫有关。泰国艺术厅在修复石宫时发现了一些古代碑铭，将其编入《泰国碑铭集》。其中第2号碑铭是古吉篾文，镌刻于公元989年，第一次提到“帕侬诺”这个名称，说明起码从公元10世纪起，这个地方就一直被称为帕侬诺。碑铭里提到几位爵位很高的大人物，购买土地，用来修建石宫。

古吉篾碑铭

第3号碑铭是梵文和吉篾文，大约镌刻于公元968—1001年。碑铭的第一句话就是婆罗门教的赞颂：“哦姆，拉摩湿瓦（向湿婆致敬）。”文中提到真腊国王Rajendravarmen Ⅱ（公元944—968年在位）和Jayavarmen Ⅴ（公元968—1001年在位）。这两位国王都向帕侬诺石宫捐赠了土地和奴隶。这段时期真腊的首都在吴哥，而二位国王却不辞辛苦到现今泰国武里喃府来捐赠，只可能解释为因其祖先发轫于此，所以不惮千里来祭祖。

第7号和第9号碑铭是吉篾文和梵文碑铭，约镌刻于公元12—13世纪。文中提到两位重要人物的名字即纳梨塔拉蒂（Naritnatip）和喜拉雅（Hinraiya），他们出身太阳系的王族。②但是柬埔寨历代国王世系里没有他们的名字，说明他们是统治帕侬诺地区的侯王。喜拉雅在碑文里谈到他的身世，

① 段立生：《帕侬诺石宫和真腊古史考证》，载《世界历史》1999年第5期。

② 真腊王族分为太阳系和月亮系（太阴系）。

他的父亲是纳梨塔拉蒂，后出家修行，擅长预言，是婆罗门的领袖。喜拉雅从15岁起学习诵读经书和宗教礼仪，16岁完成学业。18岁去猎象，表现得十分英勇，临危不惧。20岁那年，他为其父刻了一尊石雕像，置于帕依诺山上，和湿婆的神像一起供奉。文中以无限崇敬的语气，赞美湿婆神的伟大，特别是提到湿婆神在盖拉雪山居住的那段历史，因为盖拉雪山是婆罗门教湿婆教派心目中的圣地。由上述碑铭材料可以知道，真腊国王或地方侯王之所以捐献土地和钱财来修建作为宗教活动场所的石宫，是因为他们必须依靠神权来维护其统治。换言之，他们要证明神把统治权通过宗教领袖交给世俗领袖。有的时候，宗教领袖和世俗领袖合为一体，石宫就兼有寺庙和王宫两种职能。

早期真腊王朝世系

真腊的开创者，即第一代国王名叫拔婆跋摩一世，意思是"被湿婆神保护的人"，约公元550—600年在位。根据柬埔寨碑铭和中国古籍的记载，拔婆跋摩在公元540年前后发动了征服扶南的战争。扶南不敌，节节败退。扶南的首都原在特牧城，位于今柬埔寨波萝勉省之巴普农地区。《新唐书》卷222下扶南传说："（扶南）治特牧城，俄为真腊所并，益南徙那弗那城（即婆罗提拔城）。武德（公元618—626年）、贞观（公元627—649年）时，再入朝，又献白头人二。白头者，直扶南西，人皆素首，肤理如脂，居山穴，四面峭绝，人莫得至，与参半国接。"从这段记载可以看出，扶南受到真腊攻击被迫迁都后，并未亡国，只是疆域缩小了，武德、贞观年间依然遣使入贡中国，还送来2个"白头人"，大概是白布裹头的伊斯兰教徒，因其皮肤白皙如脂，不同于东南亚人，故被视为稀奇之人。文中说到，白头人居住的地方"与参半国接"，而"参半"（changban）在泰老语中是"大象之家"的意思，"参（chang）"是大象，"半（ban）"是家或村子。参半国在今老挝万象西部50公里。现今泰国东北乌隆府的班菩（Ban Phu），即菩村，发现一批史前壁画和佛教文化遗址，笔者曾和泰国学者一同去那里考察，发现班菩就是参半国故地，①而所谓"白头人"当是巴基斯坦、孟加拉的伊斯兰教徒。

真腊第一代国王拔婆跋摩死后，由其弟摩诃因陀罗跋摩继位，因陀罗跋摩的意思是受因陀罗神保护之人。在中国古籍中，他被称为质多斯那。《隋书》

① 见段立生：《班菩文化遗址源流考》，载《华学》第1期，泰国华侨崇圣大学、清华大学、中山大学联合主办，广州中山大学出版社1995年8月出版。

卷82真腊传说："真腊国……其王姓刹利氏，名质多斯那。自其祖渐已强盛，至质多斯那，遂兼扶南国而有之。"这里说的"其王姓刹利氏"，其实不是他的姓，而是指他是刹帝利阶层，他的真名叫质多斯那。他的祖先已使真腊逐渐强盛，到了他的手上，才真正兼并了扶南。

这里，中国史籍的记载与柬埔寨碑铭的记载发生了冲突。按照碑铭的说法，兼并扶南的大业是由真腊第一代国王拔婆跋摩完成的。而中国古籍则说："至质多斯那，遂兼扶南国而有之。"质多斯那就是拔婆跋摩的弟弟因陀罗跋摩。究竟是拔婆跋摩还是因陀罗跋摩（质多斯那）完成了对扶南的兼并？柬埔寨碑铭和中国古籍孰说为是？法国学者伯希和提出一种解释，他认为柬埔寨碑铭的记载无疑是可靠的，而中国古籍的记载也有其道理。他说："其兼并扶南者，应为质多斯那之兄拔婆跋摩。"① 中国史籍为什么会记成质多斯那呢？是因为中国人得知此事的时间较晚，是在质多斯那死后他的儿子伊奢那先（吉篾碑铭称为伊奢那跋摩）在隋末公元616年遣使访问中国时，才知道此事的，因而误记为质多斯那。查吉篾碑文，真腊发动兼并扶南的战争确是在拔婆跋摩在位时的公元550年左右，然而统帅大军攻陷扶南的将军则是其弟质多斯那。如今柬埔寨巴扶龙仍保存着质多斯那为庆祝征服扶南胜利而塑的神像。真腊征服扶南的战争是一个长期过程，从公元550年开始，沿袭至公元7世纪上半叶才完成。因此说，无论柬埔寨的碑铭或是中国史籍，都是可信的。

质多斯那死后，"子伊奢那先代立，居伊奢那城"。② 伊奢那先约公元615—635年在位，此时的真腊首都在伊奢那城，其地在今柬埔寨磅同东北的三坡波雷库（Sambor Preykuk）。当时真腊首都伊奢那城的情况是，"郭下二万余家"。以每家平均5人计，则该城已有10余万居民。除首都外，全国还有30座大城，"每城数千家"，全国当有上百万人口。伊奢那先统治时期，对外"与参半、朱江和亲，数与林邑、陀桓二国战争"。即采取北联参半、朱江，向南抗拒林邑、陀桓的外交政策。为了防止王族子弟争夺王位的内讧，确保长子继承制的实行，新王一即位就要对其他兄弟施以酷刑，把他们搞成残废，逐出京城，不得做官。

伊奢那先死后，拔婆跋摩二世继位，在位时间约公元636—656年。在他执政区间，真腊的政局比较稳定，国王热衷婆罗门教，特别提倡湿婆教派。

---

①《史地丛考续编》，商务印书馆1933年版，第39页。

②《隋书》卷82真腊传。

拔婆跋摩二世之后，由阇邪跋摩一世即位。在位时间公元657—681年。他善于用兵，征服了现今老挝的中部和北部，使真腊的疆域北部扩大到中国云南边境，与大理的南诏国相邻。南部到达湄公河下游，包括今天的柬埔寨、老挝南部和越南南部。

阇邪跋摩一世死后无嗣，由其侄女阇耶提黛维继位，在位时间公元681—713年。由于这位女王没有能力掌控朝政，王室的凝聚力下降，遂使真腊分裂为陆真腊和水真腊两部分。

陆真腊和水真腊

关于真腊的分裂，《旧唐书》卷197真腊传是这样记载的：自神龙（公元705—707年）以后，真腊分为二：半以南近海多陂泽处，谓之水真腊；半以北多山阜，谓之陆真腊，亦谓之文单国。文单译自Vientiane，即今老挝之万象，有时译永珍。《新唐书》卷222真腊传说："水真腊，地八百里，王居婆罗提拔城。陆真腊或曰文单，曰婆镂（Poluag王都），地七百里。王号'笡屈'。"专治老挝史的学者申旭认为，"王号'笡屈'"应是"王居'笡屈'"之误，"笡屈"是老挝地名"他屈"的异译。他屈是陆真腊初期的都城，后来迁都文单后，才叫文单国。①

至于水真腊的疆域，《旧唐书》卷197真腊传说："水真腊国，其境东西南北约员八百里，东至奔陀浪州（今越南南部藩朗），西至堕罗钵底国（今泰国佛统），南至小海（暹罗湾）。"根据柬埔寨发现的碑铭记载，水真腊有两个王朝世系：太阳王朝和月亮王朝（又叫太阴王朝）。太阳王朝定都湄公河流域的桑比补罗，即今柬埔寨三坡。月亮王朝的首都是阿迪塔补罗，其城的位置待考。

陆真腊和水真腊分裂的时间，学术界颇多争议。《旧唐书》说"自神龙以后，真腊分为二"，没有说"神龙年间，真腊分为二"。所谓神龙年间指公元705—707年，就是说真腊分裂应在公元707年以后。那么我们要问：究竟后到什么时候呢？根据《册府元龟》记载，唐中宗神龙三年（公元707年）五月真腊国遣使贡方物，这个真腊国，显然指的是尚未分裂的真腊国。但到景龙四年（公元710年）六月，"文单国、真腊朝贡还藩"。这里明确记载分为两国了。所以推断，真腊分裂应在公元707—710年之间。

虽然真腊一分为二，但不妨碍两个国家都同时与中国保持友好睦邻关系。在分裂为陆真腊和水真腊两部分的将近1个世纪的岁月里，贡使往返不

---

① 申旭：《老挝史》，云南大学出版社1990年版，第91页。

绝于途。《新唐书》卷222真腊传说：“(陆真腊)开元(公元713—741年)、天宝(公元742—756年)时，王子率其属二十六来朝，拜果毅都尉。大历(公元766—779年)中，副王婆弥及妻来朝，献驯象十一；擢婆弥试殿中监，赐名宾汉。是时，德宗初即位，珍禽奇兽悉纵之，蛮夷所献驯象畜苑中，元会充廷者凡三十二，悉放荆山之阳。及元和(公元806—820年)中，水真腊亦遣使入贡。”

如果拿陆真腊和水真腊相比，似乎陆真腊跟中国的关系更为密切，不仅遣使中国的次数多，贡使的级别高，王子和副王都来过，而且被封为中国的官爵“果毅都尉”和“试殿中监”，简直就像一家人一样。

外国贡使来到中国，便可以享受优渥礼仪待遇。他们将随船带来的方物土产作为贡品呈送中国朝廷以后，照例会得到丰厚的“赏赐”，包括丝绸、瓷器和金钱，其价值往往是送来贡品价值之数倍。这就是中国历代执行的“怀柔远人”“厚往薄来”的政策。除此而外，使团成员在中国的开销亦由中国历代官方负责。《唐会要》卷100载：“证圣元年(公元695年)九月五日敕，蕃国使入朝，其粮料各分等第给。南天竺、北天竺、波斯、大食等国使，宜给六个月粮；尸利佛誓、真腊、诃陵等国使，给五个月粮；林邑国使，给三个月粮。”古时官吏的俸禄，都是折成粮食计算。

朝贡制度的建立，虽然带有明显的政治目的，但究其实质来说，是王朝政府之间的一种官营贸易。这种贸易方式是互利共赢的。由于历代朝廷方面提供了种种优惠措施，保证了朝贡国方面获益更大。利之所在，趋之若鹜，历代朝廷方面的“筑巢引凤”政策，引来各国商船相望于途，使海上丝路一直保持畅通不衰。

在陆真腊频繁与大唐联系的同时，水真腊与大唐的交往却渐趋冷落，这是因为上层内讧使水真腊又分出几个敌对的小国。大约在公元774—787年间，隔海相望的爪哇岛上的夏连特拉王朝以海盗的方式，不断骚扰进攻中南半岛上的水真腊和占婆，并于公元787年攻陷了水真腊太阳王朝的首都桑比补罗，将水真腊国王摩希婆提跋摩杀害，带着他的头颅及被俘王室成员，以及大量掠夺的财物，返回爪哇。从此，水真腊被置于夏连特拉王朝的控制之下。

水、陆真腊复归统一

阇邪跋摩二世是使水、陆真腊复归统一的真腊国王。关于他的生平事迹，历史记载不详，迄今为止我们还没有找到他统治时期留下的碑铭，也就是说，缺乏当事人留下的记载。虽然有后代的碑铭提到他，也都是后人的追述。尽管如此，从一些零星的记载我们知道，他是从爪哇回来的。学者们推测，他大概是公元787年夏连特拉王朝攻破水真腊首都桑比补罗时被掳往爪哇的王室成员，他出身水真腊阿宁迭多补罗太阴王朝世系，他是尼果波提因陀罗跋摩国王的曾孙，不属于罗贞陀罗跋摩一世的世系。关于他父亲的情况一无所知。他和他的家族居住在商菩补罗，那里大概是他家的世袭封地。因为他是王室后裔，被掳至爪哇后，被夏连特拉王朝作为人质扣留下来。他在被掳之前，便立下统一水、陆真腊的雄心壮志，所以在被扣留于爪哇期间，潜心研习夏连特拉的政治统治，特别是对夏连特拉王朝如何利用宗教来增进王室权威，实现富国强兵的经验感兴趣。他时刻提醒自己不要忘记实现自己立下的政治抱负，并寻找机会从爪哇逃回国内。他被水真腊末代国王摩希婆提跋摩的旧臣们拥戴为王。公元802年，阇邪跋摩二世宣布脱离夏连特拉王朝而独立。

最初一段时间，阇邪跋摩二世所能控制的范围仅限于洞里萨湖周边地区，他派出军队逐一讨伐各省，他的首都也随着战事的发展而不断迁徙，因而在很多地方留下了都城的遗址，直到最后定都吴哥东北30公里的因陀罗山（亦称荔枝山），所以，由他开启的王朝被称为吴哥王朝。

关于阇邪跋摩二世统一水、陆真腊的时间，最初西方学者伯希和（P. Peliot）和马司帛乐（H. Maspero）提出是在公元802年。后来戈岱司（G. Coedes）指出，公元802年是阇邪跋摩二世在因陀罗山建都的时间，并非统一水、陆真腊的时间。中国学者黄盛璋也认为，定都因陀罗山同统一水、陆真腊的行动计划有关，但不等于已经统一了水、陆真腊。中国古籍的记载也充分证明了这个论断的正确。《新唐书》卷222真腊传说：“元和中（公元806—820年），水真腊亦遣使入朝。”《旧唐书》卷197真腊国条说：水真腊于“元和八年（公元813年）遣李摩那等来朝。”从这两条记载看，公元802年之后，至迟于元和年间，水真腊都还单独存在，并遣使中国，说明公元802年不可能是水、陆真腊统一之年。鉴于如此确凿的证据，法国学者杜旁（P. Pupont）否定了伯希和公元802年统一之说，把统一时间推迟到公元813年之后。中国学者陈显泗进一步指出，《册府元龟》中还有更晚的时间提到水真腊的存在。例如《册府元龟》卷972说：元和九年（公元814年）“九月，真腊国遣使朝贡”。这里说的真腊，其实是指水真腊，因为自从水、陆真腊分裂后，《册府元龟》在说到陆真腊时皆称文单，凡言真腊皆指水真腊。然而这还不是最后一次提到水真腊。《册府元龟》卷995说到24年后“开成三年（公元838年）八月甲辰，安南奏，得驩州状申，水真腊国差王子领兵马攻伐环王国，今差兵士赴驩州防遏”，说明迟至公元838年水、陆真腊还并未合并。而阇邪跋摩二世逝世的时间是公元850年，如果统一真腊果真是阇邪跋摩二世的丰功伟业的话，那么统一时间只能定在公元838—850年之间。

作者点评

真腊是继扶南之后在柬埔寨出现的又一个由吉篾人建立的政权，或者说是一个新王朝。它承袭了扶南的全部历史、文化遗产，并将其推向新的辉煌和高潮。

拔婆跋摩一世是真腊的开创者，亦是第一代国王。大约在公元6世纪即隋朝的时候，中国人就已经知道这个国家，并称之为真腊。真腊是中国人加给这个国家的名称，真腊人则自称为吉篾或甘孛智。真腊国的历史很长，前后经历了15个世纪。拔婆跋摩在公元540前后发动了征服扶南的战争，10年后登基为真腊国王，到公元8世纪末，被称为早期真腊时期。公元707—710年之间，阇耶提黛维女王没有能力掌控朝政，真腊分裂为陆真腊和水真腊两部分。陆真腊又叫文单，其政治中心在今老挝万象，统治着柬埔寨北部的山地；水真腊，地八百里，位于柬埔寨南部近海的陂泽，首都是婆罗提拔城。无论是陆真腊或是水真腊都与中国保持着友好的外交关系，贡使不绝，海上丝路保持通畅。公元774—787年间，隔海相望的爪哇岛上的夏连特拉王朝以海盗的方式袭击真腊和占婆，并于787年攻破水真腊太阳王朝的首都桑比补罗，将其国王杀死，王室成员掳往爪哇，水真腊被置于夏连特拉王朝的掌控之下。直到公元802年情况才发生变化，从爪哇逃回的真腊太阴王朝的王室子弟阇邪跋摩二世，被拥戴为真腊国王，宣布脱离夏连特拉王朝而独立。公元838—850年之间阇邪跋摩二世使水真腊和陆真腊复归统一。

早期真腊的历史因缺乏史料记载，梳理起来非常困难，特别是几个重大的历史拐点，比如：真腊灭亡扶南的年代，真腊分裂为陆真腊和水真腊的年代，水真腊被置于爪哇夏连特拉王朝控制之下的年代，陆真腊和水真腊复归统一的年代等，都是很关键的问题，一直众说纷纭。由于中外学者的共同努力，广搜证据，多方考证，才使这些问题变得明晰起来，不能不算是对柬埔寨历史研究的一项重要贡献。

从第一代国王拔婆跋摩一世开始，早期真腊的历代国王的名字后面都加上“跋摩”二字，意为“受神保护之人”。若属湿婆教派，则是“受湿婆神保护之人”；若属毗湿奴教派，则是“受毗湿奴神保护之人”。由此看出早期真腊神权与王权已高度结合，神即是王，王亦是神。宗教在维护国家政治统治方面越来越显示出举足轻重的作用。

公元550年拔婆跋摩一世战胜扶南，创建真腊王国，翻开了柬埔寨历史新的一页，拔婆跋摩一世也因此成为柬埔寨英雄而被载入史册。到了阇邪跋摩一世时期（公元657—681年在位），征服了现今老挝的中部和北部，使真腊的疆域北部扩大到中国云南边境，南部到达湄公河下游，包括今天的柬埔寨、老挝南部和越南南部，奠定了真腊作为东南亚泱泱大国的基础。阇邪跋摩一世的侄女阇耶提黛维女王继位后，缺乏有效的执政能力，上层统治阶级发生内乱，致使真腊分裂为水真腊和陆真腊两个部分。国力的削弱招来爪哇夏连特拉王朝的入侵，并于公元787年将水真腊置于它的控制下。直到公元802年情况才发生变化，从爪哇逃回的真腊王室子弟阇邪跋摩二世摆脱了夏连特拉王朝的控制，重新将水、陆真腊合二为一。早期真腊兴衰交替的历史充分说明，祸福无门，唯人自招，国家的兴衰，取决于自己内部是否团结、统一。

三、吴哥王朝（公元802—1432年）

吴哥地区的开发

阇邪跋摩二世于公元802年建都因陀罗山，开始了对吴哥地区的开发。

从飞机上往下看，蜿蜒曲折的湄公河像一根脐带，浩瀚无垠的洞里萨湖像一个子宫，孕育了震惊世界的柬埔寨吴哥文明。

洞里萨湖

湄公河源于中国的澜沧江，流经东南亚的泰、老、缅、柬、越五国。洞里萨湖在柬语中是“海一样的湖”，它是东南亚最大的淡水湖。雨季的时候，湄公河的水倒灌于洞里萨湖之中，湖的面积扩大到1万平方公里，水深10余米；旱季到来，洞里萨湖的蓄水流入湄公河，使湄公河的河水保持足够的水位和水量，以维持航运和灌溉的需要。这种得天独厚的自然生态环境，滋养了建立在农耕渔牧基础上的柬埔寨古代文明。

吴哥地区，气候炎热，年最高气温32.7℃，最低气温23.7℃，热带森林茂密，土地平衍，良田万顷。洞里萨湖烟波浩渺，航行便利，渔业发达。早在扶南王朝统治时期，这里便是鱼米之乡。真腊初期，阇邪跋摩二世定都因陀罗山，把全国的政治、经济、文化中心移到这里，集中全国的人力、物力，对这一带地区进行新的开发，创造了前所未有的吴哥繁荣。

柬埔寨石宫和泰国的佛寺

吴哥的建设和开发，首先得益于大量寺庙、居民聚居区和城市的建设。从扶南时期开始，吉篾族就有一个不成文的规定，即把神庙建筑在山顶上。即便是没有山的地方，也要用人工堆起一座小山，然后在山顶盖庙。居民则在山下围山而居，形成村落。这种神庙在柬埔寨语里称为“巴刹”，指有尖顶的建筑物，译成英语含有宫殿的意思，华侨称之“石宫”。这种石宫，或者说巴刹，是一种独具风格的吉篾式古建筑，它与被称作Wat（潮州话音译为“越”）的泰式寺庙有明显的区别，虽然同是举行宗教仪式的活动场所，但其建筑形式及内涵却迥然不同。石宫是用巨石堆砌而成，屋顶、塔尖、长廊、门框、窗棂等一切建筑材料都是石材，装饰的图案、花卉、动物、人物等统统是石雕；“越”（Wat）则是砖木结构，庑殿式的大屋顶，再配以木质的雕梁画栋，从外形结构一眼就可以看出前者是古吉篾式，后者是泰族式。再从所祀神祇来看，吉篾式神庙主要信奉婆罗门教，供奉大梵天神、湿婆和毗湿奴；泰式寺庙则信奉佛教，供奉释迦牟尼佛和诸位菩萨。更重要的一点是，石宫的建造者和主人是吉篾族，而“越”的建造者和主人则是泰族。

石宫建筑最显著的特点在于它高耸的塔尖有如一包玉米，或者说像一个菠萝。吴哥寺耸立的五座塔就是最典型的代表，其图案已作为国家和民族的象征而印在柬埔寨国旗上。

吴哥寺的塔

除开柬埔寨国土上随处可见的石宫遗址外，石宫还广泛分布于泰国东部、东北部和中部。据笔者不完全统计，在被称为上高棉三府的武里喃府有石宫9座，素攀府有4座，四色菊府有4座。东部的乌汶府有2座，呵叻府有2座，猜也府有1座。东北部的黎逸府有3座。东南部的巴真武里府有1座。中部华富里府有2座。从石宫的分布可以看出早期真腊时期吉篾人的居住范围及真腊王国的版图。

把神庙建在山上，使之成为居民聚居区或城市的中心，这种建筑习惯和特点的形成，跟吉篾人对湿婆的崇拜，对山的崇拜（湿婆居住在盖拉沙雪山）是分不开的。

当公元802年阇邪跋摩二世把政治中心移到吴哥地区后，依旧按照他们传统的建筑习惯和特点来建设吴哥。在公元9世纪至15世纪近700年的时间里，修建了无数的神庙，仅靠现存遗址就可看出形成了大大小小的居民聚居区。在吴哥城和吴哥寺的建设上，费尽移山心力，用亿万吨巨石，按照婆罗门教和佛教的教义，堆砌出他们心目中的人间天堂，使吴哥成为与埃及金字塔、中国长城、印度尼西亚婆罗浮屠、印度泰姬陵等齐名的世界古代建筑奇观。

吴哥地区地势平衍，只有因陀罗山盛产巨石。要把石材运送到数百公里以外的地方建筑神庙，靠陆路运输是行不通的，因为没有能够运载重达数吨巨石的交通工具，唯一的选择是走水路。于是，国王利用其至高无上的权威，以神的名义感召、调动数万民工，耗时几百年，开凿了纵横交错的运河，用木船运输石材。他们的初衷是盖神庙，无意中则修筑了一个庞大的水利灌溉系统，为农业的发展奠定了基础，也促进了社会经济的发展。近年来，西方学者通过空中摄影、遥感和计算机分析等高科技方法，发现“从市中心向北，田地、道路、土墩和灌溉渠构成了一个巨大的网络。整个吴哥城的面积超过1 000平方公里”。[①]可以想见，在吴哥王朝鼎盛时期，当他们耗费巨大的人力和物力修筑宫殿和神庙的时候，同时也修建了一个庞大和完善的水利灌溉系统，保证了雨季尽量储水，以便旱季使用。1 000多平方公里的土地都被河渠分割成四方形的稻田，一年可以收获三造或四造，有效地控制了洞里萨湖的水患。吴哥文明得以建立在“植物文明”的基础上，保持人和自然的和谐相处，玉成了吴哥王朝经济大国的地位，使之获得“富贵真腊”的美誉。英国著名学者霍尔在《东南亚史》中说：“每一位吉篾国王即位时，人们总是期待他首先实现有关公众利益的工程，特别是灌溉工程，然后经营他自己的陵山（国王的陵墓和神庙是合在一起的）。”[②]实际的情况也可能是，国王为了修自己的陵山，而必须先挖河渠运巨石。这些河渠日后成为农田的灌溉渠。这大概就是马克思所说的亚细亚生产方式。

早期吴哥建筑群

公元9—12世纪吴哥地区出现的宫殿、神庙等建筑被称为早期吴哥建筑群。

阇邪跋摩二世于公元802年迁都吴哥地区后，最初的活动范围是在距今吴哥城东南18公里的罗鲁豪斯（Rolous）一带，从他到他的孙子，祖孙三代都陆续在这里建造了一些砖石结构的建筑，被称为罗鲁豪斯建筑群。因年代久远，这些建筑多数已经坍塌，只有三座神庙保存得比较完好，门楣石雕显示出早期吴哥艺术的风格，主要以婆罗门教的神话故事为表现内容。庙里还保存着毗湿奴的石雕像。另外，还可以看到一个大型蓄水池的遗址，面积很大，边长达4公里，是人工开凿的。

① 利·戴顿：《失落的城市》，载英国《新科学家》周刊2001年1月13日，转引自《参考消息》2001年2月16日。

② D.G.E.Hall, A History of South-East Asia, London, 1981, p.145.

巴孔寺

巴孔寺（Bakong）：位于暹粒市西南15公里，是一座供奉湿婆的婆罗门教神庙。据1935年发现的石碑记载，该庙建于公元881年真腊国王因陀罗跋摩一世（Indravamen）建立的王寺。当时国都在罗鲁豪斯（Rolous）。原寺早已坍塌如废墟，法国远东学院古迹维修专家莫里斯·格莱斯从1936年动手修复，经过7年，至1943年才将其恢复原貌。

巴孔寺的底座是一边长为65米的方形台，台高5层，象征婆罗门教的神山须弥山。平台正中是一座巴刹式的塔，系湿婆神的住所。湿婆以男性生殖器希楞伽的形式出现，插在石盘状的女性生殖器尤尼之中。举行宗教仪式时，信徒用水淋希楞伽，水从石盘状的女性生殖器的凹槽中流出。

巴孔寺原是这座名叫Hanharalaya城市的中心，因为没有自然形成的小山，故筑五层平台为小山，山上建庙，为神的住所，代表婆罗门教义中的宇宙中心。围城的护城河表示海洋。整个建筑反映了他们微缩的宇宙观。

巴孔寺是早期吴哥王朝迁都吴哥城之前所盖的最后一座大型神庙，后被巴肯山取代。

公元9世纪末，耶输跋摩一世（Yasovarman）在位时期，把首都从罗鲁豪斯迁到现今的吴哥城，开始了对吴哥地区的开发和建设。

巴肯山（Bakheng）：在吴哥寺北1 300米，在吴哥城南400米，是位于两者之间的一个小山丘。山上的宗教建筑始建于公元9世纪因陀罗跋摩一世统治时期，到10世纪由其子耶输跋摩一世完成，据说是以传说中的须弥山为蓝图而建的，并反映出古吉篾人对天文历算的理解和掌握。

巴肯山

山上的109座塔，隐藏着特殊的含义。山顶最高一层计有5塔，余下的60座塔分布于5层平台上，每层12塔。另有44座塔围绕着地基而建。塔砖上镌刻着12生肖的动物图像，代表一个黄道周。除开主塔外，104座塔则象征4个太阴周，即每27天为一个太阴周。整个建筑包括顶部和底部共分为7层，与神话传说中的7层天相一致。特别是登上山顶，极目远眺，但见云海翻滚，始于足下，顿时体会到"传闻海上有仙山，山在虚无缥缈间"，此话不假。

《真腊风土记》正朔时序条说："国中亦有通天文者。日月薄蚀皆能推算，但是大小尽却与中国不同，中国闰岁，则彼亦置闰，但只闰九月，殊不可晓。一夜只分四更。每七日一轮。"

巴肯山的设计跟天文历算有关。时至今日，每遇日蚀月蚀，来自世界各地的天文爱好者都喜欢来这里观测天象。

圣牛寺

圣牛寺(Prah Ko)：距吴哥寺4.1公里，修建于公元880年因陀罗跋摩一世(Indravamen)在位时期。这是一座供奉真腊国王祖先亡灵的庙宇。高高的平台上计有6座塔，前面3座供奉男性祖先的亡灵，后面3座供奉女性祖先的亡灵。男女祖先为一对配偶，计分3组，每组塔前跪着一头石雕神牛，共有3头。神牛是湿婆的坐骑，受到婆罗门教信徒的崇拜。神牛的背上隆起一个肉髻，是东南亚地区常见的封牛，属黄牛之一种。神牛的头朝向寺塔，似乎随时等候居住寺塔里的神灵召唤。整个建筑用红砖和泥灰建成，装饰图案系泥灰半浮雕，体现了早期吴哥神庙建筑风格。虽然经过千年风雨的洗礼，许多浮雕依然保存完好。门旁神龛里站立的神像，比真人还高，手执兵器，威风凛凛，十分逼真。平台四角矗立的石狮更是增添了威严的气氛，让人体会到王家园陵的气派无处不在。

豆蔻寺(Prasat Kravan)：建于公元921年，是早期吴哥"巴刹"式的婆罗门教神庙。位于皇家浴池(Srah Srang)之南，现在名叫Cardamon Sanctuang。5座用红砖砌的塔由南向北一字排开。正中的主塔内壁，有一巨型红砖浮雕，画面为毗湿奴骑着大鹏金翅鸟迦楼罗。副塔内壁上，是毗湿奴和其妻拉克湿迷的浮雕像，还有毗湿奴变作侏儒和魔王战斗的场面。反映出公

豆蔻寺

毗湿奴骑大鹏金翅鸟迦楼罗

圣剑寺

元10世纪正是婆罗门教毗湿奴教派盛行的时期，其特点是婆罗门教三神中，以毗湿奴为最大。该寺年久破损，19世纪法国人重新修缮。

圣剑寺（Prah Khan）：圣剑寺位于吴哥城以北，尼奔寺（龙蟠水池）以西。公元12世纪中后期（1191年）阇邪跋摩七世为纪念他的父亲而建。

圣剑寺四周有四座大门，四条大道通往寺庙。大道两边有神和魔鬼抱着纳加蛇搅动乳海的雕像。圣剑寺修建的时间其实比修建吴哥城还早，根据1939年发现的吉篾碑文可知，圣剑寺是nagara-jayacri的一个古老城市。其中名字里的第二个部分jayacri是泰语“神圣的剑”的意思。所谓“神圣的剑”传说是9世纪末阇邪跋摩二世传给他的继承者的一把剑。从此把剑传给继承者便成为一种传统被保留下来。戈岱斯（Coedes）考证这把“神圣的剑”起源于泰国，所以泰国称“神圣的剑”为jayacri。

当修建吴哥城时，圣剑寺曾作为阇邪跋摩七世的临时行宫。

圣剑寺规模宏大，占地56.7公顷，呈长方形，四周是围墙，围墙长800米，宽700米。围墙外又被护城河包围。围墙用铁矾土筑成。这种铁矾土含有铁质，埋在地下时像黏土一样柔软，挖出来做成砖，一旦晾干，则变得异常坚硬，是泰柬地区常用的建筑材料。在周长3公里的铁矾土的围墙上，每隔50米，便有一幅大型金翅鸟和纳加蛇的浮雕作为装饰。东边有三个塔门，中央塔门有一条通道直达庙的中心，通道两侧是石雕窗棂，墙体上镌刻着漂亮的舞姬。

中央殿堂把院子分成两块不平等的部分，主塔有十字形的四个很小的门廊，塔中央是用石头堆起来的圆锥形屋顶。整个建筑以主塔为中心，用两层围墙围起来，犹如一个“回”字。寺门前立一比真人还高的石雕武士，双手拄剑，威风凛凛。

女王宫（Baneay Srei）：女王宫（班蒂斯蕾）意即“女人的城堡”，是一个小巧精致的宫殿，完全用粉红色的砂石构建。位于巴容寺东北25公里处，始建于公元967年罗真陀罗跋摩（Rajendravaman）时期，完成于公元1001年阇邪跋摩五世（Jayavaman Ⅴ）。

女王宫

女王宫大概是由女人们建起来的婆罗门教神庙，因为男人们的手艺不会这样细腻精巧。这个神庙的建筑风格和装饰都是无与伦比的，被誉为吴哥建筑群里的珍珠。中央建筑群的墙上以精美的壁画浮雕覆盖了所有墙面，三角形的门楣上镌刻着印度史诗《罗摩衍那》里的热闹场面，壁龛里站立着栩栩如生的女神和佛像。有些重要的雕像和门楣曾被偷盗，直到盗贼被抓捕后才将部分失窃的东西追回，存放金边博物馆。如今现场展示的是复制品。

女王宫规模不大，小巧玲珑，面积约500平方米，却依然有围墙和护城河。主体建筑由三座主塔和两座藏经阁组成。三座并排的主塔象征神的住所，藏经阁相当于古代的图书馆。

南边的门楣上，镌刻着十首魔王摇动盖拉雪山的画面，湿婆端坐在山顶的王座上，其妻巴拉瓦底依偎着他。山里的动物表现出惊慌的模样，湿婆用定力镇住山不让其摇晃。

西边的门楣上，爱神伽摩坐在盖拉雪山顶上，用箭射向湿婆。湿婆的妻子巴拉瓦底手持玫瑰花坐在湿婆旁边，试图勾引冥想中的湿婆。在湿婆下面，有一群苦行僧，还有各种动物的头像。

东边的门楣上，毗湿奴骑着三首象，正为居住在森林里的动物降雨。周围被风和云所包围。一条蛇在雨中直立起来。

这些浮雕壁画，仿佛一本画册，通过生动逼真的画面，图解着婆罗门经典里的教义，演绎着诸神的故事。

崩密列

崩密列（Beng Mealea）：崩密列的意思是荷花池，位于吴哥城东40公里。虽说是一座婆罗门教神庙，但有的雕塑也反映出佛教的主题。建于公元11世纪末至12世纪初。

崩密列的范围很大，几乎与吴哥城相埒。护城长1.2公里，宽0.9公里，因荒废已久，现被密林覆盖。庙宇坍塌，断壁残垣，杂草丛生，几乎无路可行。偶尔露出一些精美的雕塑，令人感慨不已。凄凉之中，笼罩着一种神秘的气氛。

茶胶寺

茶胶寺（Ta Keo）：是一座金刚宝塔式的寺庙，位于吴哥城东1 000米。公元10世纪阇邪跋摩五世建造。准备用于收藏国王的尸骸，但因故没有完工。正因为没有完工，所以我们能够看到它的建筑工序：先用巨型石块堆砌成塔，然后在石头上镂刻雕塑各种装饰。茶胶寺在进入装饰阶段便被迫停工了，所以现存茶胶寺遗址显得朴素简洁。但我们可以发现施工过程中的要求是十分严谨的。每块巨石都切割得方方正正，打磨得非常平整，一层层垒起来，无须用泥灰粘接，仅凭石块本身的重量，便可把塔垒得很高很结实，不会坍塌。

茶胶寺的整个呈正方形，在依次收进的五层须弥台上建造了五座塔，五塔如梅花瓣形分布。整个建筑高22米，气势恢弘，有石阶直通塔顶。爬到塔顶，可以鸟瞰吴哥平原。它象征佛教里的须弥山。寺庙由两道四方形的围墙包围，四方皆有塔形门入口，门楣上的石雕尚未完工。最外层照例是一条护城河，用以防范外敌的入侵。

茶胶寺沿袭吴哥王朝甫建之初建设巴肯山的理念和传统工艺，用砂石堆成小山，在山顶建五座塔，中央主塔的四面皆有抱厦和回廊。由于历经千年风雨，缺乏妥善的保护和维修，出现许多坍塌损毁。主体建筑亦存在安全隐患。

周萨神庙（Chau Say Tevada）：位于吴哥城东门外，跨过托玛侬神庙南边的公路500米即是。建筑于公元12世纪初期素亚跋摩二世（Suryavarman）统治时期。关于周萨神庙名字的来源是这样的：Chau是印地语的“王”，Say是柬埔寨的人名，Tevada是神。整个的意思是萨王的神。萨王究竟是谁，不得而知。此庙为何而建，也是一个谜。但是，可以明显看出的是，周萨神庙遵循了自扶南时期就形成的一个传统原则，将一座高19米的圣殿主塔建在层层垒起的高台上，高台象征须弥山。整个建筑用砂岩建成，岩石上镂刻的装饰图案，诸如莲花、天鹅尾，尤为精致，独具特色。

周萨神庙

周萨神庙是中国援助柬埔寨保护和修复吴哥古迹工程计划的第一期工程，从2000年开始施工，现已基本竣工。修复前周萨神庙曾发生大面积坍塌，主要是因为地基不够牢固。4 000余件从各个建筑物上掉下来的石块散落一地，修复过程中要将这些散落件归置复位，是一件颇费周章的事情。中国工程队对被毁损部分的修复持慎重态度，知多少修复多少，修旧如旧，保持原貌，受到柬埔寨和国际专家组的好评。

综上所述，从公元9—15世纪，在吴哥地区近400平方公里广袤的土地上，勤劳勇敢的柬埔寨人民修建了600余座寺庙、宫殿和城市，堪称人类建筑史上的奇迹。这些宝贵的人类文化遗产迄今尚不能全部整理和介绍，这里只能举其荦荦大者。除了上面介绍的十来个早期建筑群以外，还有必要专门介绍最重要的吴哥寺和吴哥城。

吴哥寺（Angkor Wat）：吴哥寺最初的名字是毗湿奴神殿（Viah Vishnulok），

吴哥寺

中国古籍称之为桑香佛舍。位于暹粒市北5.5公里，公元12世纪苏利耶跋摩二世（Suryavaman Ⅱ）花了35年修成，是世界上最大的宗教建筑。

吴哥寺大门向西，而吴哥的其他建筑则一律大门朝东，如周达观《真腊风土记》宫室条所说："国宫及官舍府第皆面东。"为什么会出现这样的不同？究其原因为吴哥寺不仅是供奉毗湿奴的寺庙，而且是苏利耶跋摩二世的陵墓。吴哥寺四周由围墙和沟壑围绕，以沟壑外围计，东西1 500米，南北1 300米。寺建在大石平台上，凡三层：第一层高出地面3.5米，东西长215米，南北宽187米，由刻满浮雕的长廊围绕。第二层平台高出第一层7米，东西长115米，南北宽100米。第三层又比第二层高13米，为边长75米的正方形。此平台上筑有五塔，中间一塔最高，距地面65.5米。

周达观在《真腊风土记》城郭条中将吴哥寺称作鲁般（班）墓："鲁般墓在南门外一里许，周围可十里，石屋数百间。"

明人严从简在其著作《殊域周咨录》真腊条里曾提出这样的疑问："真腊有鲁般墓在其南门外一里许，其城甚方整，四方各有石塔一座，俗传鲁般一夜造成。然鲁般本鲁人，安得有墓在真腊？今以般仙若常存世间，靡处不到，凡宫殿塔桥之奇巧者，必指为般造，不惟中国，而外夷亦然，又何妄哉！"其实这里的鲁般，非指中国的能工巧匠鲁班，而是指婆罗门教中的创造之神毗湿奴。吴哥寺最初不是叫毗湿奴神殿吗？毗湿奴是婆罗门教信徒心中的创造之神，世间很多东西都是由他创造的；鲁班是中国的能工巧匠，创造了许多东西，死后亦被中国百姓祀奉为神。鲁班是中国妇孺皆知的创造之神，而毗湿奴并不为当时的中国人所知，所以周达观把吴哥寺称作鲁般墓，他用的是意译。再者，真腊国王为了强化其政治统治，往往自诩为神转世。苏利耶跋摩二世死后尸骨存于吴哥寺，吴哥寺成了苏利耶跋摩二世的陵墓，而苏利耶跋摩二世又自诩是毗湿奴转世，吴哥寺变成了毗湿奴之墓。毗湿奴相当于中国的鲁般，所以周达观将吴哥寺称作鲁般墓，这就是个中的缘由。

吴哥寺原为毗湿奴神殿，为什么后来又被称作寺呢？是因为从公元13世纪起，吴哥王朝的国王阇邪跋摩七世崇信大乘佛教，所以将它变成大乘佛寺。15世纪初暹罗入侵柬埔寨后，因暹罗信奉上座部（小乘）佛教，吴哥寺又变成上座部佛寺。

从第一层台基回廊的西门进去，是一个名为“千佛阁”的田字阁，四周环绕回廊。田字中央的十字走廊，把空间隔成四个院落，院落地面低于走廊一米，原是四个蓄水池，现已干涸。蓄水池的西北角和西南角各有一个藏经阁，这种古代的图书馆建于水池中，其目的是便于防火，但要去看书，需得乘小船。

第二层台阶高于第一层台基5.5米，四周也环绕长方形回廊。回廊没有石柱，两壁分布竖葫芦形窗棂。窗棂是竖葫芦形连成的石柱，每条大小规格一样，显然是将石材旋转雕刻而成。这种旋转雕刻的工具，其原理相当于现代的车床。可见古吉篾工匠的聪明才智。第二层回廊四角的塔门，顶部各立一座宝塔，因年久失修，宝塔顶部大多破损。第二层围墙院内，有两座小型藏经阁。

登上第三层台阶，是最里面和最高一层台阶，呈四方形，称为巴甘，高12米，比一二两层高度的总和还高出一倍。台阶四周有12个石阶，东西南北各三个，十分陡峭，几成80°，攀登者需手足并用，匍匐而行，象征登天之艰难。台阶四周重檐围廊，60米见方。台阶上耸立5塔，中间主塔最高，达65米，周围又有4塔，五塔排列为5点梅花式。这些塔的图案，已被作为国家的象征，绘制于柬埔寨国旗上。

吴哥寺的浮雕极为精致，浪漫主义和现实主义风格兼备。举目所见，墙壁、梁柱、栏杆、基石、窗棂、门楣，皆有浮雕。或花卉，或神仙，或舞娘，或动物，活灵活现，栩栩如生。特别是众多的舞娘，头戴金冠，身着筒裙，璎珞花环，金钗玉簪，神情娇媚，丰乳肥臀，面带吴哥式微笑，且笑不露齿，显得含蓄。唯有一尊舞娘，露齿一笑，十分开心。这些浮雕使人觉得皆有生命，各有个性。第一层回廊的浮雕，场面恢弘，气势磅礴。计有8幅巨型浮雕，每幅高2米，长近百米，总长700余米，绕寺一周。内容表现印度史诗《罗摩衍那》和《摩柯婆罗多》的故事和吴哥王朝的历史。浮雕壁画如连环图书一样由西北角沿逆时针方向展开。有罗摩王子在猴王的帮助下战胜魔王的场面，有佧拉婆族和班度族之间血雨腥风的战争，也有吴哥王朝苏利耶跋摩二世盘腿坐在宝座上，侍者宫女随伺在侧的图像。这些浮雕精致逼真，服饰器物具有鲜明的时代特征，雕工精湛，比例恰当，知道采用重叠层次表示远近空间，算得上是世界雕塑艺术史中的奇葩。

从建筑艺术的角度看，吴哥寺布局规模宏大，均匀对称，整体设计庄严简洁，细节部分精雕细刻。全部用砂石砌成，砂石打磨规整，接触面平滑，不用泥灰粘结，全凭石头本身的重量维持平稳。对石材的应用，达到炉火纯青的地步。

吴哥城（Angkor Thom）：柬埔寨语称之为吴哥通，吴哥（Angkor）是城的意思，通（Thom）是大的意思。吴哥通（Angkor Thom）就是大城。公元802年，阇邪跋摩二世将陆真腊和水真腊合并，在洞里萨湖东北，今柬埔寨暹粒省，建立了一座宏伟的新首都，取名吴哥通。吴哥作为吴哥王朝的首都长达630年，中间经历的国王有姓名可考者就有42位，还不算无名可考的国王。历代国王对城市皆有增建，遂使吴哥成为一座名副其实的大城。

吴哥城位于吴哥寺之北1 700米。公元9—15世纪，这里是真腊国王的王宫所在地，在周达观的书里被称为州城。此地的景物在《真腊风土记》有详细的描述：

“州城周围可二十里，有五门，门各两重。唯东向开二门，余向开一门。城之外皆巨濠，濠之上皆通衢大桥。桥之两旁，共有石神五十四枚，如石将军之状，甚巨而狞，五门皆相似。桥之栏皆石为之，凿为蛇形，蛇皆九头。五十四神皆以手拔蛇，有不容其走逸之势。城门之上有大石佛头五，面向四方。中置其一，饰之以金。门之两旁，凿石为象形。”

吴哥城

令人惊叹不已的是，历史仿佛被凝固在周达观的书里。七百年前周达观所描述的景物，如今活生生地展现在眼前。

吴哥城呈四方形，由每边长3公里、高8米的城墙围绕。城内面积共145.8公顷。城墙外是一条宽8米的护城河，堤宽25米，相当于一条环城公路。四周共五座城门，除东面有两门外，西、南、北各一门。城门入口处是一长通道，一通衢大桥横跨护城河。桥之两侧各有石雕人像27尊，左边是神仙，右边是魔鬼，共54尊。“五十四神皆以手拔蛇，有不容其走逸之势”，实际上是以蛇为绳，搅动乳海。婆罗门教认为，名叫纳加的七头蛇（有时为五头，周达观误记为九头。）是毗湿奴神之坐骑，毗湿奴居住在乳海中，搅动乳海可以从海中获得长生不死药和金银财宝。现今泰国东北部武里喃府的帕依诺石宫亦保存着众神和魔鬼用纳加蛇搅动乳海的石雕。石雕的画面是这样的：一个乌龟，龟背上驮着一个代表摩耽山(Mount Mandara)之宇宙中心轴的圆柱，纳加蛇缠在圆柱上，其头尾呈水平状一字展开，两端各有众神和魔鬼扯着纳加蛇搅动乳海。画面生动地再现了婆罗门教一个古老的神话传说：众神搅动乳海以求长生不死药。他们搅动了1 000年，以至精疲力竭，一无所获，因为他们必须不停地跟魔鬼斗法。众神向毗湿奴求助，毗湿奴告诫众神，要联合魔鬼一道工作。于是众神和魔鬼团结一致搅动乳海，结果使摩耽山的宇宙中心轴发生震颤。毗湿奴赶来救援，他变成一只乌龟，用龟背驮住宇宙中心轴。魔王瓦苏吉(Vasuki)变成一条绳，缠在宇宙中心轴上，众神和魔鬼各拉着绳子一端，再搅动乳海。1 000年后，果然得到长生不死药。同时还从乳海里得到许多财宝，包括三首象爱勒湾(Elephant Airavata)、天堂的舞姬(Celestial Dancers)、美丽女神拉克斯迷(Laksmi)。可见搅动乳海的传说，在吴哥时期十分盛行。

整座吴哥城充满宗教文化的色彩，或者说，该城为宗教目的而建。这是吴哥城市建设的第一个特点。

城门之内，恰当市中心，有一座小山，山上建寺，称为巴云寺（Bayon）。这就是《真腊风土记》所说的金塔：“当国之中有金塔一座，旁有石塔二十余座。石屋百余间，东向有金桥一所。”实地考察结果显示，巴云山距城门1 500米，是城中最高点，仿须弥山而建，代表宇宙中心和天地连接点。环绕吴哥城的城墙，就像环绕须弥山的群山。护城河是群山之外的大海。吴哥城实际是宇宙的缩影。按照当时人的宇宙观来建吴哥，这是吴哥城市建设的第二个特点。

据戈岱司（G. Codes）考证，吴哥城的城墙和护城河是阇邪跋摩七世（Jayavarman Ⅶ，公元1181—1219年在位）所建，这是他释读了在城墙角楼发现的吉篾文碑铭后得出的结论。我们将巴云寺与城门的建筑风格相比较，不难看出两者的一致。城门顶上的大石头像与巴云山上的头像一模一样，有四张脸，面向四方。面部表情也有共同特征：眼睛往下看，嘴角向上翘，露出一种“吴哥式的微笑”。塔的建筑式样也都是被称为“巴刹”的吉篾式古塔，外观像一包玉米，或者说像一个菠萝。这就是周达观于公元1296年见到的吴哥城，也是我们今天见到的吴哥城。它以一座小山作为城市中心，山上盖有神庙，这是吴哥城建设的第三个特点。

吴哥城建设的第三个特点，并非始于吴哥王朝时期，早在公元1世纪扶南立国时就已经是这样了。扶南的国名从吉篾语Phanom译音而来，即山的意思。陈序经教授说：“扶南都城的规划可能是与越南半岛的其他印度化国家的都城差不多，在国都的中心是神庙，神庙往往在一座小山上，如没有小山的地方，也把土堆成小山，然后盖庙其上。”①

吴哥城市建设的这三个特点，充分说明吴哥城是以宗教为中心理念而形成的。城市的中心建筑是神庙，城市里的主要建筑群是王宫和宗教建筑，商店和民居统统在城外。东南亚早期城市大多采取这种建筑模式。泰国的古都素可泰城和阿瑜托耶城皆是如此。城市建设明显以神权和王权为中心。城市是人类文明的象征，“文明”（Civilization）这个词，源于拉丁语“市民的生活”（Civilians）。因此，由吴哥城反映出来的吴哥文明，毫无疑问是一种宗教文明。

在吴哥王宫的地下曾挖出一块吉篾文的石碑，是公元12世纪阇邪跋摩七世建造吴哥城时留下的。这块石碑只有一句话：“吉篾国宛如天堂国度。”充分说明吴哥城是当时的吉篾人按照他们理想中的天堂为蓝图而建造的。

世界上，除了吉篾人，还有哪个国家、哪个民族能够把宗教理念中的天堂变成生活中的现实？这是一个多么富于想象，又多么敢于实践的伟大民族！这种文化创举，可以说前无古人，后无来者。

周达观和他的《真腊风土记》

元人周达观的《真腊风土记》是世界上仅存的最早全面记录柬埔寨吴哥时期的政治、经济、宗教、文化、社会、风俗等各方面情况的专著，据作者亲身经历而录，以其记载的翔实可信而成为不朽的传世之作。全文仅8 500字，字字珠玑。吴哥文明之所以能够保存至今，并为世人所重新认知，首要归功于元人周达观写的《真腊风土记》。

周达观是何许人？他为什么写《真腊风土记》？

---

① 陈序经：《东南亚古史研究合集》上卷，海天出版社1992年版，第583页。

元朝成宗元贞年元年（公元1295年），元成宗铁穆尔遣使真腊，使团途经温州的时候，温州人周达观因为懂一些柬埔寨语，遂作为翻译随使团而行。次年（公元1296年）至该国，居住一年许始还。周达观回国后，根据亲身见闻写了《真腊风土记》。周达观无疑是一位奇人，《真腊风土记》无疑是一本奇书。

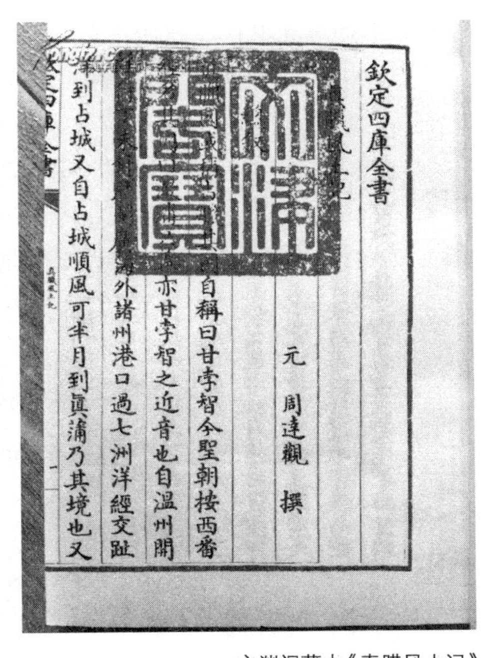
欽定四庫全書
元　周達觀　撰
自稱曰甘孛智今聖朝按西番
亦甘孛智之近音也自温州開
外諸州港口過七洲洋經交趾
到占城又自占城順風可半月到眞蒲乃其境也又

文渊阁藏本《真腊风土记》

关于奇人周达观，我们知道的情况甚少。《四库全书总目提要》只有一句话：“达观，温州人。”清人吴翌凤手写本《真腊风土记·跋》说：“达观，一作建观，元人，自号草庭逸民。其表字、官爵，不可得而详也。”关于周达观的身世，所知仅仅如此，显然跟他的卓越贡献是不相称的。因此，笔者穷搜典籍，挖掘史料，尽量能够对周达观多一些了解。

周达观的原名应叫周达可，达观是他从柬埔寨归来撰写《真腊风土记》后才改的名。达观，按照《辞海》的解释，除了有“一切听其自然，随意而安”，“对不如意的事情看得开”的意思外，还有“遍观”之意。《书·召诰》曰：“周公朝至于洛，则达观于新邑营。”蔡沈集传：“遍观新邑所经营之位。”周达观于公元1296年7月到达真腊，在那里逗留了一年，“其风土国事之详，虽不能尽知，然其大略亦可见矣”①。他用达观之名题署《真腊风土记》，意即遍观真腊风土。书成之后送交当时寓居杭州的著名诗人和学者吾丘衍过目，吾丘衍备加推崇，作诗三首以赠。因周达观新名尚不为时人所知，所以吾丘衍仍称他的旧名周达可。

周达观的生卒年月史无明载，我们可以根据现存材料推测一个大概。据周达观自己叙述，他随使赴真腊是在公元1296年，这个时间是不会错的。关键是当时他有多大年纪。吾丘衍赠周达观诗提供了一条重要线索：“异域闻周化，奇观及壮年。”可见周达观的真腊之行正当壮年时期。因而，公元1296年倒退30年，周达观当生于公元1266年左右。至于卒年，公元1340年他还为林坤《诚斋杂记》亲笔作序，说明此时他尚在人世，但已是八十左右的老翁，周

① 周达观：《真腊风土记·总叙》。

达观辞世当在此后不久。

关于周达观的家世亦无直接材料，西人潘德《读真腊风土记》(H. W. Ponder, *Rinding The Customs of Combodia*)说："周达观出自浙江永嘉望族。"虽然该文没有提示必要的依据，但我们可以从周达观为林坤《诚斋杂记》所作的序言中得到印证。序言开头说："余家藏《诚斋杂记》，记事甚奇，目所未见者什九，第不著集者姓名。近览《孤穴余编》，有会稽林太史载卿者，少好程朱之学，以诚意为人道之要诀，故额其斋曰诚。"试想，一个拥有藏书的家庭，怎会是寒素人家？周达观出身望族是很有可能的。可以肯定的是周达观本人没有当过官，他出使真腊是以钦使随员(翻译)的身份，并非朝廷命官。后来自号草庭逸民，正好反映他结庐草庭，无官无职，以逸民自居的生活情况。

从周达观与吾丘衍的交往，可知他们的政治倾向是一致的。吾丘衍"号贞白处士，性放旷，高不事之节，自比郭忠恕，倨傲玩亵一世，遇人巧官善富如虫蛆腐臭，将噬染已。其所厌弃者诣门请谒，从楼上遥与语，吾出有间矣。顾吹洞箫，抚弄不辍。"① 这样一位孤高自傲的吾丘衍，却十分看重周达观，"推挹甚至"，说明他们之间意气相投。有关吾丘衍习性品格的记载，同样可以视作对周达观的写照。

通过上面对史料的挖掘和分析，我们对周达观的情况有了较多的了解，虽不敢持为定论，但有参考价值。

那么我们会问：为什么周达观要不辞辛劳地撰写《真腊风土记》？这就要从中国知识分子传统的人生观和价值观来分析。中国的传统文化要求知识分子一生要做三件大事：立功、立德、立言。立功就是要为国家作出贡献。周达观早在动身去真腊之前，就有立功异域的大志。吾丘衍在赠周达观的诗中把他比作张骞、徐黼、王傲，这些都是历史上建功异域的人。立德就是要有高尚的品德，不同流合污。所以周达观及一帮朋友都品性高傲，做道德的楷模，立言就是要有著作传世。宋代著《岭外代答》的周去非是周达观的同乡，周去非的成就对周达观不无影响。周达观还认真阅读过宋赵汝适的《诸蕃志》，在《真腊风土记》中征引了《诸蕃志》关于真腊地广七千里的条文。事实证明，周达观用自己的行动实现了立功、立德、立言的人生抱负。

奇人周达观用他的奇书《真腊风土记》保存了吴哥文明和辉煌。

继周达观访问吴哥一百多年后，即公元1431年，暹罗人攻占了吴哥城，吴

① 陆友仁：《闲居录·跋》。

哥王朝从此走向衰亡。公元1433年真腊迁都斯雷桑托。第二年再度迁都四岔口（后称金边）。公元1528年又被迫迁都到金边西北40公里的洛韦。公元1594年暹罗又攻陷洛韦，城中保存的吴哥王朝的重要文献、文物、图书统统被焚烧殆尽，《真腊风土记》遂成为全世界仅存的由当时人记当时事的珍贵文献，是前无古人后无来者的关于吴哥文明的千古绝唱。

公元19世纪，沉睡于热带丛林中数百年的吴哥遗迹才重新被唤醒，而《真腊风土记》则是打开吴哥之谜的金钥匙。

亨利·穆奥是法国的一位博物学家和探险家。公元1858年他受巴黎地理学会的委托，到湄公河流域考古探险。西方汉学家对包括《真腊风土记》在内的中文古籍的翻译，使亨利·穆奥相信吴哥文明的存在不是天方夜谭式的神话。在暹粒向导的带领下，他们用砍刀劈开密林，在一块被树根和藤蔓包裹的石头上，发现了文字，捕捉到遥远文明的影子。沿着一条石头铺就的大道，终于看到吴哥寺高耸的塔尖。亨利·穆奥说："看到这些塔尖的一刹那，我感到心在战栗。此时，你除了能够怀着敬慕的心情默默地凝视外，没有办法再组合一个词去赞美这建筑史上奇妙的景物了。"

亨利·穆奥是把吴哥遗址信息传递出去的第一个西方人。

亨利·穆奥

随着吴哥遗址被逐步清理修复，吴哥慢慢恢复了旧有的容貌，吴哥文明之谜被一个个破解，而破解的依据正是周达观的《真腊风土记》。

光辉灿烂的吴哥文明

公元9—15世纪的吴哥王朝时期，是柬埔寨历史上最辉煌的年代，国家富足，政治安定，军事强大，文化昌盛，创造了光辉灿烂的吴哥文明。

所谓文明，包括物质文明和精神文明两个层面。物质文明是精神文明的基础，没有物质文明便没有精神文明。同时，物质文明的程度，决定了精神文明的高度。另一方面，精神文明也能对物质文明产生影响，也能提升物质文明的档次。

光辉灿烂的吴哥文明必然是建立在高度发达的农业经济基础之上的，或

纵横交错的沟渠

者说建立在绿色生态文明的基础之上。柬埔寨得天独厚的自然条件——炎热的气候，肥沃的土壤，明显的旱季和雨季，充沛的雨量，都为农业发展做出了铺垫，但唯有浩瀚的水利工程，才是确保农业丰收的关键。从飞机上往下看，一马平川的吴哥平原沟渠纵横，有如网络，把大大小小的天然湖泊和人工湖泊连接起来，形成一个旱涝保收的灌溉体系。涝时，沟渠将水倒灌于洞里萨湖和其他湖泊储存起来；旱时，通过沟渠引湖水灌溉。让我们匪夷所思的是，修筑这些沟渠的初衷，并非完全为着发展水利，而是为着运输笨重的石材去修筑诸多的神庙。对宗教信仰的狂热，使每位刚登上吴哥王朝王位的国王，都要调动巨大的人力物力去修建他的神庙，树立他像神一样的权威，确保他的专制独裁统治，同时神庙亦可作为他死后的陵寝。对他来说，这才是最重要的事。在吴哥地区1 000平方公里的土地面积上，分布着600余座神庙，可以说，神庙修在哪里，沟渠就开到那里。从这个意义上说，对神的信仰带来了预期之外的农田水利的长足发展。正如西方学者格罗斯利埃所评价的："吉篾社会的基本宗教，虽然披着华丽的印度外衣，却是对水和土地的崇拜。"① 普遍存在于吉篾艺术中的纳加，也就是水神，是民间宗教的重要形象。

旱涝保收的水利灌溉系统，使肥沃的土地能够发挥最大的效益。周达观《真腊风土记》耕种条说："大抵一岁中，可三四番收种。盖四时常如五六月天，且不识霜雪故也。其地半年有雨，半年绝无。四月至九月，每日下雨，午后方下。淡水洋中水痕高可七八丈，巨树尽没仅留一杪耳。人家滨水而居者，皆移入山后。十月至三月，点雨绝无。洋中仅可通小舟，深处不过三五尺，人家又复移下，耕种者指至何时稻熟，是时水可渰至何处，随其地而播种之。耕不

① 格罗斯利埃：《16世纪的吴哥和柬埔寨》，第116页。转引自霍尔《东南亚史》上册，中山大学东南亚历史研究所译，商务印书馆1982年版，第174页。

用牛，耒耜镰锄之器，虽稍相类，而制自不同。又有一等野田，不种长生，水高至一丈，而稻亦与之俱高，想别一种也。”

洞里萨湖水上人家

周达观所记述的柬埔寨稻米的栽种情况，真实而生动。一年可三四番收种，就是说一年之中可栽种三四插：早稻、中稻和晚稻等。四季炎热如夏，没有霜雪，半年雨季，半年旱季。四月至九月，每天午后下雨。洞里萨湖里的水暴涨七八丈，把大树都淹没。滨水而居的人家都搬迁到山上。到了10月至来年3月，点雨绝无，洞里萨湖水浅到只能通小船，水最深的地方也不过三五尺。移居山上的人家又搬回水边居住。种稻的人知道稻熟的时刻水会淹到什么地方，选择恰当的地势播种。他们耕地不用牛，使用的农具与中国相似，但制作方法不同。还有一种野田，不用人工播种便会自然生长，稻会随着水涨而长高，水退则稻熟。

据瑞士学者亨利·斯蒂宁（Henri Stierlin）估计，在吴哥1 000平方公里的土地上，每年可收获15万吨大米，除供80万人食用外，还可余40%运往外地。①

公元1296年周达观随元使乘船到达真腊边境港口真蒲，②一路行来，“弥望皆修藤古木，黄沙白苇，仓卒未易辨识，故舟人以寻港为难事。自港口西北行，顺水可半月，抵其地曰查南，乃其属郡也。又自查南换小舟，顺水可十余日，过半路村、佛村，渡淡洋（洞里萨湖），可抵其地曰干傍，取城五十里”。这就到了吴哥地区。这里的情况怎么样呢？周达观的描述十分清晰：“自如真蒲以来，率多平林丛木，长江巨港，绵亘数百里。古树修藤，森阴蒙翳，禽兽之生，杂遝其间。至半港而始见有旷田，绝无寸木，弥望芃芃禾黍而已。野牛以千百成群，聚于其地。又有竹坡，亦绵亘数百里。其竹节间生刺，笋味至苦。

---

① 转引自陈显泗：《柬埔寨两千年史》，中州出版社1988年版，第435页。

② 真蒲在今越南南部的巴地或头顿一带。

四畔皆有高山。山多异木，无木处乃犀、象聚养之地。珍禽奇兽，不计其数。细色有翠毛、象牙、犀角、黄蜡，粗色有降真、豆蔻、画黄、紫梗、大风子油。”

就是说，周达观沿途所见，长江巨港，绵亘数百里；山区林密，多奇禽异兽；平原沃野，禾黍茂密。农、林、牧、副、渔，一派兴旺。

周达观还详细记载了当地的物产。

草木：唯石榴、甘蔗、荷花、莲藕、羊桃、蕉芎与中国同。荔枝、橘子，状虽同而味酸，其余皆中国所未曾见。树木亦甚各别，草花更多，且香而艳。水中之花，更有多品，皆不知其名。至若桃、李、杏、梅、松、柏、杉、桧、梨、枣、杨、柳、桂、兰、菊、芷之类，皆所无也。其中正月亦有荷花。

飞鸟：禽有孔雀、翡翠、鹦鹉，乃中国所无。其余如鹰、鸦、鹭鸶、雀儿、鸬鹚、鹳、鹤、野鸭、黄雀等物皆有之。所无者，喜鹊、鸿雁、黄莺、杜宇、燕、鸽之属。

走兽：兽有犀、象、野牛、山马，乃中国所无者。其余如虎、豹、熊、罴、野猪、麋、鹿、獐、麂、猿、狐、狖之类甚多。所不见者，狮子、猩猩、骆驼耳。鸡、鸭、牛、马、猪、羊在所不论也。马甚矮小，牛甚多。生不敢骑，死不敢食，亦不敢剥其皮，听其腐烂而已，以其为人出力故也，但以驾车耳。在先无鹅，近有舟人自中国携去，故得其种。鼠有大如猫者；又有一等鼠，头脑绝类新生小狗儿。

蔬菜：蔬菜有葱、芥、韭、茄、西瓜、冬瓜、王瓜、苋菜。所无者萝卜、生菜、苦荬、菠薐之类。瓜、茄虽正二月间亦有之。茄树有经数年不除者。木棉花树高可过屋，有十余年不换者。不识名之菜甚多，水中之菜亦多种。

鱼龙：鱼鳖唯黑鲤鱼最多，其他如鲤、鲫、草鱼亦多。有吐哺鱼大者重二斤以上。更有不识名之鱼亦甚多，此皆淡水洋中所来者。至若海中之鱼，色色有之。鳝鱼、湖鳗，田鸡土人不食，入夜则纵横道途间。鼋鼍大如合苧，虽六藏之龟，亦充食用。查南之虾，重一斤以上。真蒲龟脚可长八九寸许。鳄鱼大者如船，有四脚，绝类蛇，特无角耳。蛏甚脆美。蛤、蚬、蛳螺之属，淡水洋中可捧而得。独不见蟹，想亦有之，而人不食耳。

酝酿：酒有四等，第一种唐人呼为蜜糖酒，用药麴，以蜜及水中半为之。其次者，土人呼为朋牙四，以树叶为之。朋牙四者，乃一等树叶之名也。又其次，以米或剩饭为之，名为包稜角。盖包稜角者米也。其下有糖鉴酒，以糖为之。又入港滨水，又有茭浆酒；盖有一等茭叶生于水滨，其浆可以酿酒。

盐醋酱麴：醝物国中无禁，自真蒲、巴涧滨海等处，率皆烧。山间更有一等石，味胜于盐，可琢以成器。

土人不能为醋，羹中欲酸，则著以咸平树叶。树既生荚则用荚，既生子则用子。

亦不识合酱，为无麦与豆故也。亦不曾造麴，盖以蜜水及树叶酿酒，所用者酒药耳，亦如乡间白酒药之状。

周达观在吴哥待了一年，对那里普通民众的生活观察得细微深入，方物土产、林木禽兽、水中鱼鳖、瓜果菜蔬、油盐酱醋、酿酒制糖等，都记录得十分详尽：哪些东西中国有，哪些东西中国无，中国与柬埔寨的物产有何异同。这除了说明周达观是一位体恤民情，关怀民生的知识分子外，更重要的是周达观著《真腊风土记》还有着重要的商业目的，为着方便中国商人与柬埔寨做买卖。不仅周达观如是，中国古代有关中外交通的著作，无一例外都要记载当地的方物土产。比如宋赵汝适的《诸蕃志》，元汪大渊的《岛夷志略》，明严从简的《殊域周咨录》，明黄省曾的《西洋朝贡典录》，明张燮的《东西洋考》，明巩珍的《西洋番国志》，明马欢的《瀛涯胜览》，明费信的《星槎胜览》，明黄衷的《海语》，明罗日褧的《咸宾录》，清陈伦炯的《海国闻见录》，清谢清高的《海录》，等等，在说到某国某地区时，都要介绍那里的方物土产，目的是起到通商指南的作用。自从汉代开启了海上丝绸之路以后，一千多年来中国与海上丝路沿线国家的贸易往来一直长盛不衰，充分显现了海上丝路旺盛的生命力。

周达观在《真腊风土记》贸易条中介绍了当时他所见到的贸易情况：“国人交易皆妇人能之，所以唐人到此，必先纳一妇人者，兼亦利其能买卖故也。每日一墟，自卯至午即罢。无铺店，但以蓬席之类铺于地间，各有常处，闻亦有纳官司赁地钱。小交关则用米谷及唐货，次则用布；若乃大交关则用金银矣。”

柬埔寨女性

柬埔寨的女人擅长做买卖，这一点跟泰国很相似。唐人到这里，先要娶一位当地女人，以帮助他经营生意，同时也为其落地生根、成家立业创造了条件。

每天都有一次集市，从早上5—7点开始，到中午11—13点结束。没有店铺，架个蓬支张席便可以做买卖。每家的地点是固定的，听说要向官家交租地钱。小笔买卖则用米谷或中国货充当货币，大一点儿的交易用布当货币，大宗的交易才用金银。

柬埔寨人特别希望获得来自中国的商品。《真腊风土记》欲得唐货条说:“其地想不出金银,以唐人金银为第一,五色轻缣帛次之;其次如真州之锡镴[①]、温州漆盘、泉州之青瓷器,及水银、银朱、纸札、硫黄、焰硝、檀香、草芎、白芷、麝香、麻布、黄草布、雨伞、铁锅、铜盘、水珠、[②]桐油、篦箕、[③]木梳、针。其粗重则如明州之席。”

这些唐货分别是来自中国扬州、温州、泉州、宁波等地的土特产和手工制品,说明依托海上丝路的往来,柬埔寨吴哥王朝与中国东南沿海地区有着频繁的贸易。有的中国商品,运到当地是稀罕的抢手货,比如说雨伞,中国的油纸伞,既可遮阳,又能避雨;用时撑开,不用时闭拢。普通百姓常将雨伞作为晋见国王的礼品,从吴哥浮雕壁画上便可以看到这样的场面。

其实,柬埔寨人最想得到的还是中国人当作主粮的菽麦:“甚欲得者菽麦也,然不可将去耳。”菽麦不便从中国带去,成为一种遗憾。

有些东西原先柬埔寨没有,后来由中国传入,比如说鹅,“在先无鹅,近有舟人自中国携去,故得其种”。在吴哥巴云寺的浮雕壁画上,还保留着百姓抱鹅敬献给国王的图像。

伴随柬埔寨与中国之间私人贸易往来的增多,华人移民柬埔寨的人数也日益增多,以致到了吴哥王朝时期,在吴哥地区形成了一个规模不小的华人社会。《真腊风土记》流寓条说:“唐人之为水手者,利其国中不着衣裳,且米粮易求,妇女易得,屋室易办,买卖易为,往往皆逃逸于彼。”这几句话,道出了华人移民海外的真实原因。本来,中国人具有浓厚的安土重迁观念,“父母在,不远游”,非到万不得已,谁也不愿意离开自己的本乡本土。后来由于种种原因,一部分人在自己的家乡待不下去了,移居异地,称为侨居。“侨”这个词,是指离开原籍到外地居住,但仍在中国的范围内。当然也有少数人跑到国外,或因政治避难,或者去做生意。在元朝以前,也就是说公元13世纪以前,或者说柬埔寨吴哥王朝建立以前,这类人数目不多,被称为“流寓”,即流落寓居外国的意思;也有的被称为“住蕃”,意即居住番邦;也有的人去外国做生意,要在那里过了冬天才回来,被称为“压冬”。到了20世纪末才出现“华侨”这种称呼。所谓华侨,就是指华人侨居外国,保持中国国籍。清政府的国籍法是以血统为依据的,凡父系有中国血统的人,其子子孙孙皆是中国人。1949年后,中国政府不承认双重国籍,凡有中国血统但持外国国籍的人,

① 锡镴是锡和铜或铅的合金,又叫白镴。

② 水珠即水晶珠,或叫琉璃珠。

③ 篦箕是女人梳头发的篦子。

一律称为华裔某国人，简称华人，因此，才出现了华侨、华人和华裔等概念的区分。

公元13世纪柬埔寨吴哥王朝时期，正好迎来中国元代华人移民海外的第一个高潮。周达观在《真腊风土记》异事条中说，他遇见一位姓薛的同乡，“居番三十五年矣”。我们知道，周达观到达吴哥是在公元1296年，上推35年，就是说公元1261年之前就有华人移民吴哥了。蒙古人入主中原，灭了宋朝，政权的更替，使得许多不满元朝统治的人流亡海外。比如宋朝宰相陈宜中就逃往占城，后又移居暹罗。陈宜中是达官名人，所以被记录在案。当然还有许多没甚名气的普通人逃往柬埔寨的，这属于政治移民。除此而外，相当大的一部分人是经济移民。中国东南沿海地区，人稠地窄，土田收入不足供三月粮。多数人靠海为生，形成耕三渔七的局面。青壮年充当水手，走远洋如适市。特别是海上丝路的畅通，中外贸易的频繁，改善了他们的经济状况。他们发现柬埔寨比国内更容易谋生，那里气候炎热，可以不着衣裳。当时的中国人，要解决穿衣问题是不容易的，一年四季，需备冬衣夏装，一般人都是新三年，旧三年，缝缝补补又三年。到了柬埔寨，穿衣的难题便轻而易举地解决了。吃饭的问题，也是一个大难题。在中国要吃饱肚子，养家糊口，是非常不容易的，所以中国人见面打招呼，首先要问：“吃饭了吗？”而东南亚的泰人、高棉人见面就问：“去哪儿玩了回来？”因为对他们来说，填饱肚子并非难事，所要关心的是去哪儿玩回来。米粮易求，对中国人来说充满诱惑。娶媳妇对中国的年轻男人来说，也是一件颇费周章的事，托人说媒，采办聘礼，往往要花去大半辈子的积蓄。到了柬埔寨，当地女人都爱慕中国人，觉得中国男人勤劳节俭，富于责任心，比当地的男人强。对华人移民来说，与当地女人结婚，还可以让她帮忙打理生意。妇女易得，很快便可以成家立业。柬埔寨地旷人稀，盖房子，做买卖，都不是问题。所以华人水手，往往皆逃逸于彼。为什么要用“逃逸”这个词？因为中国历届政府，从元、明、清以降，都是不允许国民移居海外的，移民被视为“自弃王化之人”，一经被抓获，是要被杀头的。尽管这样，逃逸海外的华人，仍旧历代不绝。

吴哥王朝时期的华人移民，无疑是当代柬埔寨60万华族的先民，他们世世代代与当地人民友好相处，繁衍生息，并参与创造了无比辉煌的吴哥文明。这一点从巴云寺的浮雕壁画中便可以得到充分的体现。

巴云寺有一幅航海的浮雕壁画，驾船的老大，留着胡须，其装束一看便知是一位华人。据李约瑟在《中国科技史》中考证，一艘由多块木板拼成之海船，乃

华人船老大

斗鸡壁画

是中国所制。其他浮雕之船，不管大小，几皆为独木舟。① 正如《真腊风土记》舟楫条所述：“小舟却以一巨木凿成槽，以火熏软，用木撑开；腹大，两头尖，无篷，可载数人；止以棹划之，名为皮阑。”令人不解的是，早在纪元之初的扶南人就已经能造大船，为什么到了吴哥王朝时期反而只造独木舟？或许是吴哥时期的吉篾人已远离大海，丢掉了水真腊的传统，比较多地继承了陆真腊的习性。

在战争场面的壁画中，柬埔寨军队的行伍里，也有打扮类似华人的士兵，他们操矛持盾，参与抵抗占城、暹罗军队的入侵，为保卫柬埔寨的家园而流血牺牲。

前文所呈现的巴云寺浮雕壁画——斗鸡，生动地反映了华人与当地民众和谐相处、水乳交融的生活场面。一个蓄着胡须的男人，身后跟一个持钵的女人，与五个耳垂长大的吉篾男人打赌。男人们手里拿着钞票，眼睛看着斗鸡，妇人的钵里盛着鸡食。那个蓄着胡须的男人模样跟当地人明显不同，是个华人。斗鸡斗猪是柬埔寨民间广泛流行的带有赌博性质的娱乐活动，至今长盛不衰。

吴哥时期的医疗卫生保健事业亦很发达，这是维护民众健康长寿，保障社会生活正常运行的必要条件。医疗卫生保健反映了社会的文明程度。从尼奔寺遗址我们可以看到当时的医疗卫生条件。

---

① 李约瑟：《中国科技史》4卷3分册，科学出版社1971年版，第406、408页。

尼奔寺

尼奔寺（Neak Pean）初建于公元10世纪，有两条石蟠蛇相缠于石塔底部，故名尼奔（蟠蛇）寺，在《真腊风土记》被称为北池。“北池在城北五里，中有金方塔一座，石屋数十间。金狮子、金佛、铜像、铜牛、铜马之属，皆有之。”尼奔寺实际是由婆罗门教士主持的医院，精通医术的婆罗门就是医生。婆罗门的医术发轫于印度，古印度的经典《吠陀》（*Veda*）就是僧侣们必学的知识总汇，其中包括医药知识。婆罗门的医学曾处于世界领先的地位，并介绍到中国。《隋书》经籍志载有《婆罗门诸仙药方》20卷，《婆罗门药方》5卷。唐代诗人刘禹锡患眼疾，大概是白内障，经婆罗门僧用金篦术治好，故有赠婆罗门僧诗一首：“三秋伤望远，终日泣途穷。两目今先暗，中年似老翁。看朱渐成碧，羞日

当地人认为从石佛嘴里流出的水可以治病

不禁风。师有金篦术,如何为发朦?”

在尼奔寺,我们可以看到婆罗门僧用圣水为人治病的地方。圣水储于北池中,分别从池四方的石狮、石佛、石象、石牛的口中流出。《真腊风土记》病癞条说:“国人寻常有病,多是入水浸浴,及频频洗头,便自痊可。”这亦是后来佛教浴佛、浴身的滥觞。

据周达观观察,当时吴哥颇多病癞者,大约是麻风病,“比比道途间。土人虽与之同卧同食亦不校。或谓彼中风土有此疾。又云曾有国主患此疾,故人之不嫌”。查柬埔寨史料,果然有一位国王曾经患麻风病,被称为癞王。

观象台

麻风病是由麻风杆菌引起的一种慢性传染病,患者表现为麻木性皮肤神经损害,严重者甚至肢体残废,主要是通过与麻风病人的接触传染。此病到了近现代才得到有效控制。柬埔寨人早在吴哥时期就已开始对这种顽疾的治疗进行探索,实属难能可贵。

吴哥时期有很多的节日庆典,反映了吴哥人国力的强大和生活的富足。吴哥城内的观象台是一座用巨石筑成的看台,台基上镌刻着许多大象和怪兽。看台前面绿草如茵的广场,是国王欢迎外国使团,举行外交仪式的场所。广场侧边,则是招待外国来宾的驿馆。每逢节日庆典,在广场上举办斗兽赛事,斗狮、斗虎、斗大象。场面如古罗马斗兽,惊险刺激。

一年之中,所有的节日庆典都在观象台前举行。《真腊风土记》正朔时序条说:“每用中国十月为正月。是月也,名为佳得。当国宫之前,缚一大棚,上可容千余人,尽挂灯球花朵之属。其对岸远离二三十丈地,则以木接续缚成高棚,如造塔扑竿之状,可高二十余丈。每夜或设三四座,或五六座,装烟火爆仗于其上,此皆诸属郡及诸府第认直。过夜则请国主出现。点放烟火爆仗于其上,烟火虽百里之外皆见之。爆仗其大如炮,声震一城。其官属贵戚,每人分以巨烛槟榔,所费甚夥,国主亦请奉使观焉。如是者半月而后止。”

按照真腊的历法,以中国的十月为岁首,即十月份过年。过年是一年中最隆重的节日。要在观象台前的广场上，搭彩棚，放高升。这些花费当然是由下属各省的官吏负担。放烟火的时候，请国王出来观看，外国使节，亦在被邀之列。百里之外，都可以看到烟火，听到爆仗的爆炸声。如此奢靡的庆典，要持续半月之久。值得注意的是，搭彩棚，放高升，原是婆罗门教与天神沟通的一种方式，是一种宗教祭典，后来变成柬埔寨及东南亚其他国家的民俗。

真腊的节日庆典很多，几乎每个月都会遇到一回。正如《真腊风土记》所言："每月必有一事，如四月则抛球，九月则压猎，压猎者，聚一国之众，皆来城中，教阅于国宫之前。五月则迎佛水，聚一国远近之佛，皆送水来与国主洗身。陆地行舟，国主登楼以观。七月则烧稻，其时新稻以熟，迎于南门外烧之，以供诸佛。妇女车象往观者无数，国主却不出。八月则挨蓝，挨蓝者舞也。点差伎乐，每日就国宫内挨蓝，且斗猪、斗象，国主亦请奉使观焉，如是者一旬。其余月份不能详记也。"

如果将上面一段文言文翻译成现代白话文，则是：每一个月都必有一次活动，如四月抛彩球，九月则"压猎"。"压猎"就是点阅一国人口。届时全国国民都来到京城中，在皇宫前参加点阅。五月迎佛水，将为全国各地浴佛的水聚集在一起，送来给国王洗身。举行划旱船的游行，请国王登楼观赏。七月举办烧稻仪式，此时新稻已经成熟，在南门外焚烧稻谷，供奉诸佛菩萨。无数的妇女乘着车骑和象前往观看，国王却待在宫里不出来。八月举行称为"挨蓝"的舞会，召集舞姬乐工，到宫中表演歌舞，还斗猪斗象，国王亦请外国使节陪同欣赏。这样的活动连续举行十天。其他月份的活动不能详细记载。

吴哥王朝的日常生活，可谓无忧无虑，歌舞升平。他们的民风民俗，展示了多姿多彩的民族文化。因此，我们可知，吴哥文明是无比辉煌的，甚至可以誉为空前绝后。

吴哥文明的失落

世间的万事万物，有生必有死，有盛必有衰，这是亘古不变的定律。柬埔寨的吴哥文明，于公元9—15世纪发展到了顶峰，接之而来的就是衰亡和失落。

关于吴哥文明失落的原因，学术界颇有争议，公说公有理，婆说婆有理。

有人认为，吴哥文明的失落是由于战争的破坏。暹罗阿瑜托耶王朝曾于公元1351年、1393年和1431年三次攻占吴哥，大肆洗劫财物和人力。特别是

出家的年轻人

最后一次攻击，使吴哥受到毁灭性打击，迫使真腊国王不得不放弃吴哥，于公元1432年将首都迁到湄公河东岸的巴桑。1433年又因湄公河泛滥再度迁到金边。

有人将吴哥文明的失落归结为宗教原因。吴哥鼎盛时期正值婆罗门教兴盛之时，但到了公元13世纪末，佛教已在吉篾人中广泛传播，初期流行大乘佛教，继而受暹罗的影响，小乘佛教盛行。大乘的梵文经典被小乘的巴利文经典所取代，婆罗门教的森严等级制度被佛教较为宽松平和的氛围所取代，专制强悍的风气被与世无争的风气所取代。大多数的民众，不事生产，专注于精神方面的追求，放弃现实，追求来世，在追逐真、善、美的同时，也带来了懦弱、妥协和自私。民族的进取精神受到遏制。每个男人都要出家一段时间，造成兵源短缺，国防虚弱。宗教信仰的更迭导致王权统治的削弱，国家领导人没有魄力组织全国人民抵御外族侵略。特别是当时国与国之间的关系，依然遵循着“弱肉强食”的丛林原则，弱就会挨打，就会被强者吞噬。

有人将吴哥城的荒废归罪于瘟疫流行。战争之后，尸骸狼藉，气候酷暑，瘟疫猖獗，十室九空，生者逃亡。遂使一座繁华都市，顷刻之间变成鬼城。

也有人从生态环保的角度，探讨吴哥文明失落的原因。早先吴哥维持着生态的平衡，热带雨林调节着气候，每年分为旱季、雨季，很有规律。洞里萨湖像一个天然的水库，调节着水量。纵横交错的河渠，灌溉着万顷良田。“一岁种，三岁获”，保持五谷丰登。后来由于过度开发，森林被毁，河流淤塞，气候改变，生态失调。辉煌的文明从此衰落，这是因为人们的行为违背了自然规律，所以不可避免地受到大自然的惩罚。

上述种种理论，都有一定道理。其实，吴哥文明的失落，并非由于某种单一的原因，而是多种因素共同作用的结果。前车之鉴，为时不远，吴哥的教训，我们当永远记取。

吴哥遗址的发现、解密和评价

对吴哥遗址的发现、释读和认识，实际就是吴哥文明的重新发现、解密、认识和评价。

穆奥意外发现吴哥

继周达观访问吴哥后175年，即公元1431年，暹罗人攻占了吴哥城，吴哥王朝从此走向衰亡，辉煌的吴哥文明也遽然从人世间消失。直到公元19世纪，沉睡于热带丛林中数百年的吴哥遗址才重新被唤醒，而《真腊风土记》则是打开吴哥之谜的金钥匙。

亨利·穆奥是把吴哥遗址信息传递出去的第一个西方人。公元1858年，亨利·穆奥受巴黎地理学会的委托，到湄公河流域考古探险。他在《日记》中说：当他“看到这些塔尖的一刹那，我感到心在战栗，此时，你除了能够怀着敬慕的心情默默地凝视外，你没有办法再组合一个词去赞美这建筑史上奇妙的景物了”。

随着吴哥遗址被逐步清理修复，吴哥慢慢恢复了旧有的容貌，吴哥文明之谜被一个个破解，而破解的依据正是周达观的《真腊风土记》。于是西方汉学家掀起了一股研究中国古籍的热潮，吴哥文明的研究成为一门显学。1898年法国远东学院成立，组织学者对远东地区的文物遗址进行考古发掘。亨利·马奇尔是一位法国的考古学家和艺术史专家，他从到达吴哥的第一天起，便把自己的全部身心和毕生精力献给了吴哥遗址的保护和修复。他娶了一位吉篾姑娘，在吴哥定居下来。在长达数年的时间里，坚持披荆斩棘，铲除杂草碎石，对遗址进行发掘整理。他还发明了一种修复古建筑的方法，把水泥灌入建筑物底层，使地基变得牢固，然后把古遗址附近散落的大石块重新一块一块地码起来，恢复旧貌，做到修旧如旧。他发明的这种修复古建筑的方法被称作接合法。直到今天接合法仍在吴哥古迹修复的施工中被广泛应用。

对吴哥文明进行探讨和研究的理论也取得了长足的进步。鉴于周达观

西方学者考察吴哥

保罗·伯希和（Paul Pelliot）

的《真腊风土记》是打开吴哥文明之谜的唯一金钥匙，法国著名汉学家伯希和最先致力于对《真腊风土记》的研究，他收集整理了坊间流传的《真腊风土记》的五个版本，认真校勘，撰写了《真腊风土记笺注》一文。伯希和在绪言中首先对真腊国的名称进行了考订，对沙畹、史莱格等诸位西方汉学家的研究成果进行了述评，对《真腊风土记》的作者周达观进行了初步研究："周达观始末无考，惟知其字草庭，为温州永嘉人，与1178年撰《岭外代答》之周去非同为一地之人。"在已知资料极端贫乏的情况下，他进一步考证出"达观之撰述，吾人尚知有《诚斋杂记》一种，曾为《说郛》所收。其中有两条完全与《真腊风土记》所志相符，足证确为周达观所撰也”。[①] 此文载河内《远东法国学校校刊》第二卷。此后，伯希和又写了《真腊风土记补注》，对周达观在书中使用的柬埔寨语进行了释读。冯承钧先生将伯希和的文章译成汉文发表，推动了中国学者对周达观及其《真腊风土记》的研究。

1981年中国著名学者夏鼐先生的《真腊风土记校注》出版。夏鼐先生是史学泰斗，《真腊风土记校注》倾注了他毕生的心血，他根据不同的版本对《真腊风土记》逐字逐句地校勘，剔除误刻错字，恢复其本来的面目。并运用前人和他自己的研究成果，对原著作出注释。应该说这是一部高质量的学术著作。但由于当时条件的限制，夏鼐先生没能亲赴吴哥作实地考察，缺乏直观感受，有的地方难免有纸上谈兵之嫌。

2002年笔者在《世界历史》2002年第2期发表《真腊风土记校注之补注》，对夏鼐先生的部分注释进行增补。笔者在泰国工作生活多年，多次有机会赴吴哥实地考察。又因为笔者通晓泰语，便于使用当地的文献资料，与泰柬学者进行沟通，故能对《真腊风土记》中引用的土语作出新的注解。另外，笔者穷搜典籍，对周达观的原名、生卒年代、家庭情况、政治态度、出使真腊的缘由等问题进行考证，从而加深了对周达观和他的这一部旷世著作的理解。

我们相信，对周达观和《真腊风土记》的研究，有助于加深对吴哥文明的释读和了解。

吴哥文明是一个伟大的文明，它不仅属于柬埔寨，也属于全人类。1992年联合国教科文组织将吴哥列为世界物质文化遗产；2008年柏威夏寺被列为世界物质文化遗产；2003年柬埔寨皇家芭蕾舞，或称仙女舞，被列为世界非物质文化遗产；2005年斯贝克托姆柬埔寨皮影戏被列为世界非物质文化遗产。可以说，重新发现、解密、认识和评价吴哥文明的工作才刚刚开始，方兴未艾。

2016年6月12日，澳洲考古学家达米安·埃文斯（Damian Evans）宣称，运用机载激光雷达探测了大约1 900平方公里吴哥地区的区域，经过图像和数据分析，还原出这片热带雨林下的数座城市遗迹，发现了一些完整的城市，其中一些城市规模可与金边匹敌。事实上，这不是埃文斯团队第一次在柬埔寨

---

① 伯希和：《真腊风土记笺注》，载冯承钧《西域南海史地考证译丛》第二卷，商务印书馆1995年版，第124页。

有所发现。2012年,他们首次采用激光雷达扫描技术,认定荔枝山下面曾经有座城市;2015年,由欧洲研究理事会资助,埃文斯团队在吴哥窟地下发现一大片“由直线组成的”螺旋状沙土结构及8座塔的遗迹。他们的新发现将揭示,高棉帝国建造的吴哥窟的整体规模,比原先预计的还要大很多。因此,这些新的考古发现,将彻底改变我们的理解和观念,并在此基础上,重新认识和评价吴哥文明。

吴哥王朝的国王世系

从公元802到1432年柬埔寨吴哥王朝统治时期,其国王世系如下所示:

阇邪跋摩二世(公元802—850年在位)。阇邪跋摩二世原是水真腊的王室子弟,出身水真腊阿宁迭多补罗太阴王朝世系,他是尼栗波提因陀罗跋摩国王的曾孙,不属于罗贞陀罗跋摩一世的世系。公元787年夏连特拉王朝攻破水真腊首都桑比补罗时被掳往爪哇,作为人质。在爪哇期间他潜心研习夏连特拉的政治统治,作为将来复国安邦的借鉴。多年后终于获得机会从爪哇逃回国内,被水真腊末代国王摩西婆提跋摩的旧臣们拥戴为王。公元802年,阇邪跋摩二世宣布脱离夏连特拉王朝而独立,成为吴哥王朝的开国皇帝。

阇邪跋摩三世(公元857—877年在位)。他是阇邪跋摩二世的儿子,在位期间无大的作为,但国家基本上保持了繁荣稳定。他死后无嗣,由堂弟继位。

因陀罗跋摩一世(公元877—889年在位)。他是阇邪跋摩三世的堂弟,是吴哥王朝历史上一位重要的国王。他即位后开始建造吴哥地区的早期建筑群,著名的巴肯山上的巴肯寺,就是他的大手笔。巴肯山的设计跟天文历算有关,山上的109座塔代表一个黄道周,除去山顶的5塔外,余下的104座塔则象征4个太阴周,即每27天为一个太阴周。整个建筑包括顶部和底部共分为7层,与神话传说中的7层天相一致。另外,他还开启了用巨石作为主要建筑材料的先河。以前的神庙建筑,主要依靠砖和铁矾土来构建,比不上用巨石盖的神庙壮观牢固。为了搬运巨石,开凿了大量的运河,形成纵横交错的灌溉渠,客观上促进了农业的发展。

耶输跋摩一世(公元889—900年在位)。他是因陀罗跋摩一世之子。他继其父之后继续修建水利灌溉系统。在他的任期内,完成了一座大型水库的工程。这座水库长7公里,宽2公里,储水容量超过4 000立方米。这座水库现在称为东巴莱湖。他把首都迁到吴哥地区的耶输陀罗补罗,并以新都为中心,在周边修建了许多大型宗教建筑。他还通过战争开拓疆土,在他执政时期,吴哥王朝的疆土超过了极盛时期的扶南。

曷利沙跋摩一世（公元900—923年在位）。他是耶输跋摩一世之子，在位期间无可圈可点的政绩。

伊屠那跋摩二世（公元923—928年在位）。耶输跋摩一世之子，曷利沙跋摩一世之弟。在位期间政绩平平。

阇邪跋摩四世（公元928—941年在位）。他是耶输跋摩一世的弟弟，曷利沙跋摩一世和伊屠那跋摩二世的叔叔。

曷利沙跋摩二世（公元942—944年在位）。幼年即位，仅二年后就被罗贞陀罗跋摩推翻。

罗真陀罗跋摩（公元944—968年在位），在位期间大兴土木，在吴哥修建了许多宗教建筑。

阇邪跋摩五世（公元968—1001年在位），是一位颇有才干的国王，他主持修建的一些建筑物一直保存至今。

优陀耶迭多跋摩一世（公元1001—1002年在位），在位仅有短短一年的时间。

苏利耶跋摩一世（公元1002—1050年在位）。他皈依了大乘佛教。在他推动下，出现了大乘佛教逐渐取代婆罗门教的趋势。他在位期间，修建了披梅那卡寺和茶胶寺。并将国家版图扩大到今泰国南部的大部分地区。

乌迭蒂耶跋摩二世（公元1050—1066年在位）。他是苏利耶跋摩一世的长子，骁勇善战，多次战胜占婆的军队。在他执政时期增建了许多宗教建筑，修建了西巴莱湖作为储水池。

曷利沙跋摩三世（公元1066—1080年在位）。他是乌迭蒂耶跋摩二世之弟。在位期间一直处于内忧外患的境地，外有强敌占婆军队的入侵，内有非皇族成员觊觎王位。公元1074年，占婆军队攻入吴哥，致使吴哥王朝损失惨重。4年之后曷利沙跋摩三世的统治被非王室成员推翻。

阇邪跋摩六世（公元1080—1107年在位），非王室成员，通过宫廷政变夺取政权。在他统治期内，国家战乱频仍。他没有子嗣，死后由其兄长继位。

陀罗尼因陀跋摩一世（公元1107—1113年在位）。他是阇邪跋摩六世的兄长，在位6年后，被其侄孙苏利耶跋摩二世推翻。

苏利耶跋摩二世（公元1113—1150年在位）。他是一位颇有作为的君主，自称“太阳护卫神”。即位以后，统率大军东征西讨，曾一度并吞占婆，公元1145—1149年间将占婆置于其直接统治之下。他率领军队远征越南李朝，一直打到现今越南的清化地区，占据湄南河流域，使其势力深入影响到马来半岛，成为东南亚地区的霸主。从他开始征调人力物力修建著名的吴哥寺，一直到他去世后半个多世纪的公元1201年才由他的后代完成这项旷世工程。西哈努克亲王赞誉他为“柬埔寨的拿破仑”。

陀罗尼因陀跋摩二世（公元1150—1160年在位）。苏利耶跋摩二世末年，由于连年征战和修建吴哥寺，使得国家财政捉襟见肘。占婆不仅摆脱了吴哥王朝的统治，而且兴兵攻入柬埔寨腹地。因此，陀罗尼因陀跋摩二世面临的处境不妙，勉强支撑了10年的统治。

耶输跋摩二世（公元1160—1166在位）。

特里布婆那迭多跋摩（公元1166—1177年在位）。他在位期间一直面临占婆的军事威胁。公元1177年占婆在此攻陷吴哥，并对吴哥持续统治了5年。

阇邪跋摩七世（公元1181—1219年实际在位）。阇邪跋摩七世是一位复兴之主，在他一生之中曾有三次登上王位的机会，但前两次都被他放弃了。直至他六十岁时，外敌入侵、国土沦陷才使他为了复兴帝国而登上王位。他即位后，亲率大军抵御外敌并进攻占婆，一直攻进占婆的佛逝城，迫使占婆于公元1203—1226年臣服吴哥王朝长达23年。其疆域超过了苏利耶跋摩二世在位的时代。至此，吴哥王朝发展成为一个统辖54个省的强大帝国，吴哥城中所建的54座巨型四面佛像就代表了吴哥王朝在鼎盛时期所统辖的54个省。他还修建了方圆12公里的吴哥通王城和大量的寺庙。其中就有他为母亲建造的

阇邪跋摩七世塑像

吴哥的微笑

塔普伦寺，为父亲建造的圣剑寺，为百姓建造的能治病救人的尼奔寺以及为自己重建的巴戎寺。同时，他一改以往对印度教的信仰，皈依大乘佛教。至此，佛教元素开始出现在吴哥建筑群中。例如在巴戎寺中，莲花、四面佛像等佛教元素成为重要组成部分。他的丰功伟业使他受到百姓对他像佛一般的崇拜，迄今还保留着他的如同佛一般的真人塑像，说明了那时王权和神权的高度统一，佛是天上的人，人是地上的佛。巴戎寺的49座巨石塔上的四面佛像以及吴哥通王城的5座城门上的四面佛像，就是以阇邪跋摩七世的面容为蓝本的，其嘴角露出了举世闻名的“吴哥的微笑”。

因陀罗跋摩二世（公元1226—1243年在位），过度的征战和大量的建筑工程耗费了国力。公元1238年泰人摆脱吴哥的统治建立素可泰王朝，并对柬埔寨形成来自外部的军事威胁。

阇邪跋摩八世（公元1243—1295年在位），南传上座部佛教成为占统治地位的宗教。

因陀罗跋摩三世（公元1295—1307年在位），来自泰人的威胁更加严重。公元1296年素可泰的军队首次攻陷并洗劫了吴哥城。

1350年阿瑜托耶王朝取代素可泰王朝后，更加频繁地进攻吴哥。1351年阿瑜托耶王朝军队围困吴哥一年后将其攻陷。此后，1369年和1392年阿瑜托耶王朝军队又两度攻占吴哥，掠夺了大量人口和财物。1431年阿瑜托耶对吴哥的占领，迫使吉篾人不得不迁都。

蓬黑阿・亚特（公元1432—1467年在位）。面对泰人的入侵，甫即位的蓬黑阿・亚特国王迁都湄公河东岸的巴桑，次年又迁都至金边。吴哥王朝到此结束。

作者点评

公元802—1432年的吴哥王朝，历时630年，经历了25位国王。在这些国王中，有奋发有为、雄才大略、经国济世之才，也有庸庸碌碌、浑浑噩噩、无所作为之辈，他们在一定程度上决定了吴哥王朝的时盛时衰。这是在世袭世禄条件下难以避免的规律。但总的来说，吴哥王朝还是柬埔寨历史上的一个鼎盛时期，创造了举世瞩目的吴哥文明。

吴哥文明涵盖着物质文明和精神文明两个层面。柬埔寨得天独厚的自然条件，优越的生态环境，完善的灌溉系统，为农业生产打下了坚实的基础，而光辉灿烂的吴哥文明正是建立在高度发达的农业经济基础之上的，或者说建立在绿色生态文明的基础之上。“一岁种，三岁获”，每年皆能保证粮食丰收，不但解决了国民吃的问题，而且还有盈余。富饶的风物土产为柬埔寨对外贸易和手工业的发展提供了物质基础。吴哥时期的对外贸易十分发达，除了与周边国家越南、泰国和马来半岛有农业和手工业产品的贸易往来之外，更主要的是通过朝贡贸易与中国保持着重要的贸易关系。因而其经济十分发达，有“富贵真腊”之誉。所以说，吴哥的物质文明在当时的东南亚处于领先地位。

在政治上，吴哥王朝实行君权和神权相结合的政治统治。国王具有像神一样的绝对权威，这使他能调动大量的人力物力进行宗教建筑和皇家宫殿、陵寝、园林的建设。这就是马克思所说的亚细亚生产方式。由于搬运大量作为建筑材料的巨石的需要，他们广泛开凿运河，客观上形成了一个庞大的水利灌溉体系，并反过来促进了农业生产的发展。这种由于宗教狂热而兴起的大规模建筑活动又导致了宗教艺术的长足发展，使其建筑、绘画、雕塑、美术、音乐、舞蹈等都达到了那个时代的顶峰，创造了前所未有的精神文明。

吴哥文明，于公元9—15世纪发展到了顶峰，接踵而来的就是衰亡和失落。吴哥文明衰亡和失落的原因众说纷纭，有人认为，吴哥文明的失落是由于战争的破坏，特别是公元1430—1431年间暹罗人对蓄水池和水利工程的蓄意破坏，使吴哥地区不再适宜居住了。有人将吴哥文明的失落归结到宗教原因，有人将吴哥城的荒废归罪于瘟疫流行，也有人从生态环保的角度，探讨吴哥文明失落的原因。凡此种种，皆有一定的道理。但是，一种文明的失落，必然是多种因素联合作用的结果。世界上的许多古代文明，除了中国文明保持了几千年的延续性以外，其它一些古代文明，如埃及文明、两河流域文明和吴哥文明等，都曾一度失落。这是值得我们深入探讨研究的。

吴哥遗址在原始密林中沉睡了几百年以后，到19世纪中叶才被重新发现。而周达观的《真腊风土记》则是我们重新认识和解密吴哥文明的金钥匙。《真腊风土记》是世界上现存最早全面记录吴哥时期各方面情况的专著，据作者亲身经历而录，系当时人记当时事，故十分可信。全文仅8 500字，字字珠玑。所以，对周达观和《真腊风土记》的研究与对吴哥文明的研究密切相关。西方学者和中国学者都进行了大量的工作，取得了可喜的成就。但还有许多工作需要进一步深入。因为周达观作为一位历史文化名人，不仅是中国的骄傲，其文献也是全人类的精神财富；吴哥文明博大精深，它不仅属于柬埔寨，也属于全世界人民。

四、晚期真腊（公元1432—1595年）

内忧外患的真腊晚期历史

从公元15世纪初—15世纪末，柬埔寨历史进入晚期真腊时期。这个时期的特点是内忧外患频仍，国力由盛转衰。在此情况下，首都被迫迁离吴哥。迁都固然是为了避开泰人入侵的锋芒，但也包含着使首都靠近沿海地区，便于发展和控制海上贸易等因素。

统治集团上层为了继承王位，相互厮杀，纷争不断，这是造成柬埔寨内忧频仍的主要根源。由于对最高权力的渴望和追求，极大限度地调动了每一位王室成员的私心和野心，同室操戈，亲属间相互杀戮，长子继承制受到了颠覆和威胁，权力传承的规章遭到破坏，阴谋和虐杀泛滥。

公元1431年，柬埔寨首都吴哥再一次被暹罗阿瑜托耶王朝的军队占领以后，真腊国王蓬黑阿·亚特（公元1432—1467年在位）被迫于1432年将首都迁至湄公河东岸的巴桑，后来又再度迁到四岔口，即今天的金边。几度迁都，疲于奔命，劳民伤财，使蓬黑阿·亚特国王感到疲惫不堪。内外交困的处境亦使他心灰意冷，苟延残喘的35年执政生涯，使他不再眷恋王位，加之年事渐长，他便于公元1467年将王位禅让于长子诺雷。

诺雷（公元1467—1472年在位）执政仅5年，便于1472年逝世，其弟拉马蒂菩提继位。

拉马蒂菩提（公元1472—1473年在位）刚上台，便爆发了宫廷内乱。诺雷之子索里约太拥兵自重，控制斯雷山托地区闹独立。拉马蒂菩提的弟弟达摩罗阇也觊觎王位。暹罗乘机插手，支持索里约太。拉马蒂菩提对面临的形势分析判断失误，命心存异志的弟弟达摩罗阇坐镇金边，自己率兵征讨索里约太。达摩罗阇立即投靠暹罗，许诺割让大片北方土地，自己只掌控柬埔寨中部和南部，换来暹罗军队的支持。结果，达摩罗阇登上王位，拉马蒂菩提在与暹罗军队交战中兵败被俘，索里约太乞降不成，两人均被掳往暹罗，最后死于暹罗狱中。

达摩罗阇（公元1468—1504年在位）是柬埔寨历史上第一个被暹罗控制的傀儡国王。他把原来属于柬埔寨的呵叻和尖竹汶割让给泰国。1504年达摩罗阇死后，传位长子丹卡素空托，丹卡素空托未能有效控制政局，不到一年，又出现争权夺利的内讧。达摩罗阇的弟弟安赞，一位名叫乃坎的神奴，皆纷纷起兵。最终乃坎获胜，登基为王（公元1505—1516年在位）。安赞失败后逃往暹罗，在暹罗的庇护下图谋再起。乃坎执政期间，采取措施发展经济，旨在富国强兵，引起暹罗的警惕。暹罗支持流亡暹罗8年的安赞起兵打回柬埔寨，并于公元1516年夺取王位。

安赞（公元1516—1556在位）执政期间，非但没有依附暹罗，向暹罗称臣纳贡，反而暗中谋求柬埔寨的自主独立。这样，难免引来暹罗的军事干涉。公元1510年暹罗和柬埔寨的军队在吴哥附近开战，安赞的军队击败来犯的暹军，这对柬埔寨来说是近些年来罕见的胜利，军心民心大受鼓舞，遂将这个地方命名为暹粒，意即战胜暹罗的地方。迄今，暹粒是柬埔寨的一个省。公元1528年，安赞把首都迁到金边西北40公里的洛韦（Lovek）。1531年安赞反守为攻，主动袭击了暹罗的巴真武里。《暹罗编年史》也提到了这次柬埔寨军队对巴真武里的袭击。安赞被誉为柬埔寨短暂的中兴之主。

安赞的继位者是巴隆·拉嘉一世（公元1556—1567年在位）。巴隆·拉嘉一世统治柬埔寨期间，适逢暹罗阿瑜托耶王朝面临缅甸军队的入侵，自顾不暇，放松了对柬埔寨的军事威胁。巴隆·拉嘉一世乘机出兵攻打暹罗，以图收复失地。公元1557年、1559年和1562年，巴隆·拉嘉一世三次出兵暹罗，都取得了胜利，成功地将呵叻收回。

巴隆·拉嘉一世之后，萨塔一世即位（公元1567—1594年在位）。此时，正值缅甸和暹罗之间进行着旷日持久的白象战争，萨塔一世曾应暹罗之邀出兵援助暹军对缅作战。公元1569年暹罗首都阿瑜托耶第一次被缅军攻陷，暹罗国王马欣及王族成员被掳往缅甸，暹罗成为缅甸附庸国长达15年。因此，柬埔寨获得一个喘息的机会。1571年在缅甸充当人质的纳黎萱王子回到暹罗，重振旗鼓，恢复独立，并打败缅甸，1593年夺回被缅甸占领的土瓦和丹那沙林。随后又攻占了毛淡棉和马都八。在取得对缅战争胜利的同时，他又把矛头对准柬埔寨，于1594年调动十万大军攻占柬埔寨首都洛韦。萨塔一世及其子吉·哲塔一世仓皇出逃，其他王室成员和九万柬埔寨居民被俘往暹罗阿瑜托耶。从此，结束了真腊晚期的历史。

与中国的朝贡贸易和海上丝路

真腊把首都从吴哥向南迁徙，几经辗转，最后定都金边，其中一个重要的原因就是要发展海上贸易。因为从地理位置来看，金边比吴哥更靠近海，坐落在洞里萨湖和湄公河之间的三角洲地带，是一个重要的内河港口，海船沿湄公河南下可进入南中国海。

真腊晚期与中国的朝贡贸易进入了一个新的历史拐点，这是因为从15世纪伊始，公元1405—1433年，明朝政府派中官郑和率领庞大的舰队七下西洋，把中国连接东南亚、印度、欧洲和非洲的海上丝路推向了极盛的顶峰时期。柬埔寨金边作为海上丝路在东南亚的一个重要中转口岸，自然从中获得巨大的经济利益。

郑和的七次航海，对保障海上丝路的畅通起到至关重要的作用。因为海上丝路沿途国家一旦发生政治纠纷，将在一定程度上影响丝路的畅通。比如说，公元1419年，暹罗出兵攻打满剌加（马六甲），明朝派使节去对暹罗国王说："两兵对斗，势必俱伤"，"彼若有过，当申理于朝廷"，并委婉地劝解说，对满剌加采取军事行动，"此必非王之意，或者王左右假王之名，弄兵以逞私忿。王宜深思，勿为所惑。辑睦邻国，无相侵越，并受其福，岂有穷哉"①。

郑和下西洋

郑和屯兵的三宝山

公元1431年郑和第七次航行时，奉命到暹罗递交国书，诏谕暹罗不要阻止满剌加到中国朝贡。②

公元1438年明朝政府通过暹罗贡使，转告爪哇国王约束其属国三佛齐，不要阻拦各

① 《明实录》永乐实录卷140。
② 《明实录》宣德实录卷76。

三宝井

国派往中国的使臣和商旅。①

公元1410年，明成祖命郑和封拜里米苏拉为满剌加国王，从此满剌加不再隶属暹罗。郑和船队带有2万士兵，在满剌加屯兵守护，以保障马六甲海峡的通畅。如今，马六甲三宝山还保存着当年郑和屯兵的遗址和一口郑和军士挖的水井三宝井。

郑和的船队除了为海上丝路沿途国家排解纷争外，还通过军事手段缉捕海盗，以保障商旅安全，维持海路通畅。当时在马六甲海峡盘踞着一个以陈祖义为首领的海盗集团，最多时其成员超过万人，拥有战船百艘，扼守海道要冲，抢劫各国商船。明朝的50多座城镇先后被其攻陷抢劫。明政府悬赏重金索其首级。后来陈祖义率众投奔三佛齐，继而又成为巴邻邦国王。周边小国奈何他不得，只得忍气吞声，纳贡称臣。郑和的船队，通过激战，剿平海盗，生擒陈祖义，押送回北京，当着许多外国使臣的面将其斩首示众，从此海盗绝迹，海疆遂平。

15—16世纪的晚期真腊，虽然在军事方面受到邻国暹罗和越南的侵扰，只有招架之功，并无还手之力，国土沦丧，国力衰竭。但在经济方面，却受惠于海上丝路。迁都金边后，反而促进了海上贸易的发展。从公元1432—1594年100多年间，晚期真腊一直都和中国保持着朝贡贸易关系。根据中国古籍的记载，这种朝贡往来十分频繁，两国关系十分密切，真腊贡使经常受到中国方面的关照。公元1435年，明政府敕谕满剌加国王，当广东布政司派船送他回国的时候，同船还要载搭古里、真腊等十一国使臣，到达满剌加后，满剌加方面必须负责将古里、真腊等国的使臣送回他们自己的国家。②公元1436年6月"遣……真腊使臣葛卜满都鲁牙等同爪哇使臣郭信等回国"。③公元1409年明朝政府规定，为了接待各国使节，"四夷一十八处额设通事（翻译）六十员名，

①《明实录》洪武实录卷254。
②《明实录》英宗实录卷4。
③《明实录》英宗实录卷19。

朝鲜国五员名……真腊国一员名”。成化二十年（公元1484年）又添一名真腊通事，说明接待真腊使节的任务日益加重。

真腊通过与中国的朝贡贸易获得了许多好处。首先真腊及东南亚地区的土特产品获得了出口中国的机会。据史料记载统计，郑和七下西洋所输入中国货物计185种，其中香料29种、珍宝23种、药材22种、五金17种、布帛51种、动物21种、颜料8种、食品3种、木材3种、杂品8种。① 在这些输入中国的货物中，真腊产品占有相当的比重。正如周达观在《真腊风土记》出产条里所列举的：“珍禽奇兽，不计其数。细色有翠毛、象牙、犀角、黄蜡，粗色有降真、豆蔻、画黄、紫梗、大风子油。”至于从中国输入真腊的货物更是五花八门，不计其数。所以，通过丝绸之路而进行的朝贡贸易，是一种互通有无，双向共赢贸易。

除了官方的朝贡贸易外，民间私人贸易也很兴盛。公元15世纪，正当中国的明朝时期，商品经济有了很大发展，出现了资本主义的萌芽。加上郑和七下西洋的推动和促进，中国东南沿海的商民纷纷出海贸易。据闽粤地方志载，沿海居民大多靠海为生，形成“耕三渔七，商舲贩舶往来如蚁”的局面。② 伴随着海上丝路的繁荣和商旅的增多，一些人便在东南亚定居下来，从而引来华人移民柬埔寨的又一次高潮。

晚期真腊的华人移民与华人社会的形成

公元15世纪的晚期真腊，由于大力提倡海上贸易，吸引了许多华人船商来这里做生意，其中不少人就在当地娶妻安家，图谋发展，形成了继吴哥王朝时期之后的又一次华人移民高潮。这次华人移民高潮与上次华人移民高潮不同的第一个特点是：吴哥王朝时期（公元802—1432年），华人移民柬埔寨的主要原因如《真腊风土记》所言：“唐人之为水手者，利其国中不着衣裳，且米粮易求，妇女易得，屋室易办，买卖易为，往往皆逃逸于彼。”③ 就是说，9—14世纪的华人移民基本上都是劳工移民，他们看重柬埔寨易于谋生的环境和条件，去那里打工挣钱。15世纪以后则不同了，中国社会内部商品经济的发展，孕育了一批较为富裕的市民阶层，他们携带资本移民柬埔寨，目的是经商求发展。这些

① 王更红：《从郑和下西洋话海上丝路的崛起》，见2014年8月22日人民网。

② 嘉靖：《澄海县志》卷之五。

③ 周达观：《真腊风土记》流寓条。

华人商贩

华人移民相当于现代所说的"投资移民"，他们带动了柬埔寨社会的就业和经济发展。随着华人"投资移民"的不断增多，他们在当地逐渐形成了大大小小的华人聚居区，在那里保持着本民族的语言、文化和生活习惯，从而构成柬埔寨的华人社会。这就是柬埔寨各地"华侨城"的起源，这些华人移民亦是当代柬埔寨60万华族的先民。

15世纪以后华人移民柬埔寨的第二个特点是批量移民。移民的规模不仅仅局限于一人一户，而是一个家族，或者是数十人、上百人一起移民，他们因政治避难或战争的缘故，移民到柬埔寨的荒僻地区，在那里立命安身，胼手胝足，创家立业，最终将那里开发为鱼米之乡。这样的事例很多，略举荦荦大者道来：

事例1：莫玖父子对河仙的开发

明清交替之际，中国社会经历了一次社会动乱，一些不愿意接受清朝统治的明朝遗民，相继携家带口，流寓海外。公元1671年广东雷州人莫玖因不满清朝的统治，率领族人来到河仙，建立起一个名叫本底国的华侨自治政权。最初隶属于柬埔寨，柬语称为"本奠"，即"本底"的对音；继而归顺暹罗，泰语称为"菩泰玛"；最后被安南所占，越语称为"茫坎"；华侨一般称它为"港口"，据说其地河口常现仙踪，因而又名河仙。

莫玖变卖家产，偕族人南渡河仙，之所以选择这里，是因为这里地处安南、柬埔寨、暹罗三国之间，三国势力鞭长莫及。"其地附山沿海，可以聚商生财。"莫玖"越海南投真腊为客"，"国王信焉，凡商贾诸事，咸委公办理"。从公元1671—1688年，河仙莫氏在政治上依附柬埔寨。①

公元1688年柬埔寨首都洛韦被暹罗那莱王（公元1656—1688年在位）攻陷，柬埔寨堕为暹罗属国，莫玖也作为战俘被掳往暹罗，从此转而投靠暹罗。

① 张登桂：《大南列传》前篇卷六《莫玖传》。

莫玖用钱财贿赂暹王周围幸臣，获准迁往泰南靠海的万佛岁居住。1690年暹罗国内发生政局变动，柯叻和六坤发生叛乱，暹王帕碧罗阇（公元1688—1073年在位）自顾不暇，莫玖乘机走脱，次年回到河仙。

公元1714年安南和暹罗在柬埔寨激烈争夺，安南获胜。在这种情况下，莫玖采取谋士苏君北附安南的主张，亲诣富春称臣。莫玖的目的在于“以结盘根之地，万一有故，依为极援之助”。① 这一错误决定，正中安南阮主下怀。安南早有觊觎河仙之心，遂乘机向南扩张势力。

公元1715—1720年，河仙莫氏参与安南对抗暹罗、柬埔寨的战争，结果使河仙多次蒙受战火洗礼，成为一片焦土。西人A. Hamiltion在他的旅行记中说：“于1720年余曾亲睹若干残破之船及菩泰玛（河仙）之废墟。”②

繁荣的河仙，一度陷于凋零。

公元1735年莫玖逝世，其子莫天赐（莫士麟）继立。莫天赐率领华侨和当地居民重建河仙，在短期内使本底国再度繁荣起来。《嘉定通志》城池志描述当时河仙的情况：“关帝庙左为钩鱼铺，东为旧市铺，又东，祖师市铺继之。以大铺皆莫琮公（莫天赐）旧时经营，胡同穿贯，店舍络绎。”在积极开展商品贸易的同时，河仙地区的农业也有所发展，成为一个重要的大米产地。《清史档案》里不乏这样的记载：“外洋之暹罗及港口（河仙）等处产米颇多，价亦平贱。”③“南洋凡三十余国，大抵土旷人稀，各有余米。如暹罗、柬埔寨、港口（河仙）、旧港、安南、柔佛、六昆、丁加奴等八九国余米尤多。”④ 河仙的水产亦很丰富。“多大鱼、海参、鳖、玳瑁、蚌、蛤、虾米、咸鱼、海镜、象耳螺之类。”⑤ 经济繁荣为文化发展奠定了物质基础。莫天赐“招徕四方文学之士，开招英阁，日与讲论唱和……自是河仙始知学焉”。⑥

在本底国日益强盛的情况下，莫天赐又重蹈其父故辙，与安南阮氏沆瀣一气，参与安南同暹罗、柬埔寨的角逐。虽一时获得些小利益，如公元1751年扶植亲越的柬王匿尊返国，得到真森、柴末、灵琼、芹勃、奉贪五处土地的酬谢，却

① 武世营：《莫氏家谱》。

② A. Hamiltion:A New Account of The East Indianes. Vol. 1,p.196-198,Edinbourg,1727；转引自陈荆和：《清初郑成功残部之移植南圻》下。

③《清史档案》乾隆七年八月二十九日左都御史管广东巡抚事王安国奏折。

④《清史档案》乾隆八年十二月十四日内阁学士兼礼部侍郎李清植奏折。

⑤ 郑怀德：《嘉定通志・山川志》。

⑥ 张登桂：《大南列传》前编卷六《莫天赐传》。

埋下了使本底国灭亡的祸根。

公元1767年暹罗阿瑜托耶王朝被缅甸灭亡，王孙昭萃、昭世昌亡命河仙，莫天赐遂萌生了立昭萃为王，逐鹿暹罗的野心。1769年他在安南的支持下发动了对暹罗的攻势，派其胜丑才侯陈大力率领3万水步兵攻打尖竹汶，广南定王派张德魁举5营兵前往援助。这时，暹罗方面已由华裔郑信建立了吞武里王朝。郑信派陈联带3 000人驰援尖竹汶。暹军闭城坚守，河仙军力攻不克。迁延二月余，瘴疠突作，河仙军病死战死无数，主将陈大力亦身染重疾。莫天赐闻讯，只得下令撤兵。陈大力死于途中，3万人马生还仅万余。

尖竹汶一役消耗了本底国的实力。接着又发生两次内乱：1769年潮州人陈太聚党于白马山，密结莫氏族人谋袭河仙；1770年河仙逃兵范儘纠集800余人，船15艘，分水陆合袭河仙。虽然这两次内乱都先后被莫天赐平息，但本底国已“兵食虚耗，民心骚动”①，开始走下坡路了。

公元1771年暹罗吞武里皇郑信亲率大军征讨河仙，莫天赐败走朱笃道，昭萃被俘处死，郑信派部将陈联占领河仙。

公元1773年莫天赐遵从广南定王旨意，“遣人入暹，以讲和为名，探其动静。天赐遣舍人莫秀賫书及礼币如暹。暹王大喜，送回所掳子女召陈联还”。②莫天赐派其子莫子潢重新进驻河仙，自已仍留驻镇江。

这段时期，安南爆发了轰轰烈烈的西山农民起义，很快摧毁了南、北方的阮氏、郑氏政权。1777年3月，阮文惠率义军南下，广南定王逃到河仙依附莫天赐，并禅让给新政王。新政王屯守巴越，8月城破被杀。西山起义军乘胜进军镇江。定王逃到龙川，亦被义军捕杀。莫天赐保护定王弟尊室（王子）春，流亡富国岛，打算南渡爪哇。这时，暹王郑信派4艘海舶来迎，莫天赐一行遂投奔暹罗。

莫天赐虽然亡命暹罗，却仍然打着辅佐尊室春的旗号，伺机再图恢复。他说：“我臣事天南，已二世矣。心如铁石，不易其志。”③这跟过去拥戴昭萃在暹罗复国的做法一脉相承。莫天赐总是跟被推翻的没落势力搅在一起，决定了他最终必然失败的结局。

公元1780年，郑信截获一封阮福映写给莫天赐的密信，内有“若东山战船

① 张登桂：《大南实录》前编卷十一。
② 张登桂：《大南实录》前编卷十一。
③ 李文雄：《越南文选》，1972年版。

到时，宜里应外合”之语，遂将尊室春、莫天赐等人逮捕下狱。尊室春不堪鞭笞，供认谋反。莫天赐自知不免，吞金自杀。①

公元1801年阮福映在法国帮助下镇压了西山起义，重建阮氏王朝。安南改称越南。莫天赐的后代子孙曾被任命为地方官，但河仙已入越南编户，本底国早已不复存在矣。本底国作为一个华侨自治体，对河仙的开发和建设起了十分重要的作用。这当作为东南亚华侨华人的卓越贡献而载入史册。

事例2：杨彦迪、陈上川对美湫、边和的开发

明朝灭亡以后，南明将领杨彦迪、陈上川曾率部抵抗满清，失败后流亡安南。他们共有3 000余人，分乘50艘帆船，抵达岘港。安南阮氏将这批人安置到巴地盛和当奈省定居，尽了收容之情。《嘉定通志》疆域志载“高蛮国（高棉）东浦地区沃野千里，朝廷未暇经理，不如因彼之力委之辟地以居，斯一举而三得矣”，充分反映了安南阮主所采取的策略。但明人不满意这样的安排，杨彦迪率领部下去到美湫，其他人则去到边和，3 000余名中国士兵和家属便在这片不毛之地落地生根。通过他们的辛勤劳动，将这一带建成“商旅辐辏”“舳舻相衔”的大都会和盛产粮食的谷仓。②

事例3：明乡社对南圻、中圻的开发

越南南圻、中圻原是真腊领土，后被安南蚕食。明末清初，一些士大夫名流，不甘事虏，流亡毗邻中国、水陆相通的南圻和中圻。鱼贯而入，人数众多。如著名学者朱舜水（1600—1682年），明亡以后，“不甘薙发事虏”，移居中圻会安，“海外经营”达13载。广南王阮福澜曾下令征召，他不肯应聘，后来老死日本。③

又如《嘉定通志》编纂者郑怀德的祖父郑会，承天明乡社陈氏始祖称养纯，著名中医蒋渐远，著名画家林明卿等，都是这段时期移民南圻、中圻的。他们以明朝遗臣自居，依靠经商、

西贡明乡社

① 李文雄：《越南文献》，1972年版。
② 郑怀德：《嘉定通志·城池志》。
③ 陈荆和：《朱舜水〈安南供役记事〉笺著》，1968年版。

行医、教书、卖艺为生。虽然身处异邦，仍保持明朝衣冠发式和风俗习惯。他们希望有一天能够匡扶明室，所以组织明乡社，以维持明代“香火”。①明乡社实际是维护华侨正当权益的早期华侨社团组织。时至今日，西贡（胡志明市）还保存着明乡社遗址。

综上所述，公元15世纪以后，大批华人移民柬埔寨和南圻地区，形成华人社会，对当地的经济开发、文化建设和政治发展起到了至关重要的作用。

作者点评

公元1431年，柬埔寨首都吴哥再一次被暹罗阿瑜托耶王朝的军队攻陷，真腊被迫于1432年将首都迁至湄公河东岸的巴桑，后又迁到洛韦，最后定都金边。自此开启了晚期真腊的历史。

放弃吴哥，标志着吴哥王朝的终结，也是晚期真腊衰败的开始。这一阶段的历史特点是，内忧外患接踵而至。内忧主要源于上层统治集团对最高权力的争夺，兄弟阋于墙，各自引入外部势力作为自己的后台，结果暹罗、越南乘机介入，通过培植傀儡，达到肢解真腊的目的。内忧加剧了外患，内忧外患的合力，促成了真腊的衰败。

迁都金边，主要是为着避开暹罗入侵的锋芒，但客观上造成国家政治经济中心的南移，使首都靠近河道海湾，有利于组织和控制海上贸易的发展。真腊通过与明朝的朝贡贸易获得了巨大的经济利益，这是它维持国家经济运作的一个重要动力。公元1409—1433年郑和七下西洋，把海上丝路的贸易活动推向一个新的高潮，出现明朝与沿线国家互利双赢的新局面。除开官方的朝贡贸易外，私人贸易也很兴盛。扬帆捆载而来者，不可胜数。因此，尽管晚期真腊在军事上不敌暹罗、安南，但在经济方面依靠外贸的利润，收入丰厚，实在令人垂涎。

伴随着海上贸易的发展，公元15世纪开始出现一个华人移民的新高潮，并在柬埔寨和东南亚地区形成了大大小小的华人社会。这段时期华人移民有两个特点：一是出现了相当数量的“投资移民”。他们多是船商，携带着一定的资本来柬埔寨和东南亚地区谋求发展，不再像过去那样单纯是劳动力的移植。二是移民人数众多，常常是一个家族，如河仙莫氏；一支部队，如杨彦迪率领的3 000南明将士。此外，还有知识分子阶层的医生、画家、教师、官吏等高层次的移民，他们不仅是人口的移植，同时也带来了文化的移植。这些华人移民与当地人民相结合，

---

① 陈荆和：《承天明乡社陈氏正谱》，1964年版。

对河仙、西贡、美湫、边和等地的开发作出了不可磨灭的贡献。这些地区虽然现在划归越南,但在当时属柬埔寨领土,故将其列入柬埔寨华人移民的范畴。

五、柬埔寨王国(公元1595—1863年)

从公元16世纪末开始,中国古籍不再使用真腊的称呼,而是改称柬埔寨。张燮《东西洋考》卷三西洋列国考柬埔寨条说:"柬埔寨即古真腊国也。其国自呼甘孛智,后讹为甘破蔗,今云柬埔寨者,又甘破蔗之讹也。"成书于公元16世纪的两种海道针经《顺风相送》和《指南正法》,是中国明代航行于海上丝路的船家水手的航海指南,其中详细记载了由福建往柬埔寨的针路;赤坎(今越南归仁港)往柬埔寨针路;柬埔寨毛蟹洲出浅针路;柬埔寨往大泥针路;柬埔寨南港往笔架并彭坊西针路;柬埔寨往乌丁礁林(柔佛)针路等,除了说明中国水手熟悉柬埔寨往返中国和东南亚各地的水路之外,也说明了从那时起不再用真腊的旧称,而是一概称作柬埔寨。因此,我们把公元16世纪末至1683年法国正式占领柬埔寨的这段历史定为柬埔寨王国时期,它标志着柬埔寨中古史的结束,近代史的开端。

西班牙对柬埔寨的干涉

公元16世纪,西方殖民主义者来到柬埔寨,最先到达的是葡萄牙人和西班牙人。

公元1555年,葡萄牙多明我会的修道士加斯巴·达·克鲁兹到达柬埔寨首都洛韦,他是第一位来到柬埔寨的天主教传教士。由于柬埔寨是一个信奉佛教的国家,从国王至民众大多数是佛教徒,佛教势力很大,天主教无容身之地,所以加斯巴·达·克鲁兹只在柬埔寨待了短短一段时期,便不得不离开。

多明我会传教士

公元1583—1584年,又有两名葡萄牙多明我会的修道士洛波·卡多索和若昂·马德拉来到柬埔寨，他们得到的待遇跟1555年到达的加斯巴·达·克鲁兹修道士一样。所不同的是，此时柬埔寨国王萨塔一世（公元1567—1594年在位）出于商业方面的考虑，希望与占领了马六甲的葡萄牙人建立联系，故特别恩准1584年刚刚来到柬埔寨的多明我会修道士西尔韦斯特雷·德·阿泽沃多留居柬埔寨，以照看一个由占婆人、马来人、日本人和一些葡萄牙商人组成的天主教团体。从此，天主教可以公开合法地在柬埔寨的外籍侨民中传播。

当葡萄牙传教士开始在柬埔寨立定脚跟后，一批葡萄牙和西班牙的军人也尾随而来。在葡萄牙人迪奥戈·韦洛索的率领下，组成一支雇佣军，受雇于柬埔寨国王萨塔一世，成为国王的禁卫军，负责守卫王宫。奥戈·韦洛索本人深得萨塔一世的信任，被收养为义子。这段时期，雇佣葡萄牙和西班牙军人充当国王的卫士成为一种时尚。除柬埔寨外，暹罗也一样。因为16世纪的东南亚尚处于以刀枪棍棒为主的冷兵器时代，而西方的洋枪洋炮则具有更大的杀伤力。如今我们在曼谷还可看到作为王宫卫士的持枪的葡萄牙和西班牙士兵的塑像，或者他们被当作门神，画在王宫的大门上。

西班牙雇佣军塑像

泰国王宫的葡萄牙门神

柬埔寨国王萨塔一世为了对抗来自暹罗阿瑜托耶王朝的威胁，努力争取控制着马六甲海峡的葡萄牙人的支持，然而他的种种努力未能如愿以偿，因为马六甲的葡萄牙人既无人力，亦无钱财给予他实质性的帮助，所以萨塔一世转而祈求占据马尼拉的西班牙人。西班牙人早在公元1564年就派黎牙实比率领远征军占领了菲律宾群岛，并在那里建立了西班牙的第一个殖民地。当柬埔寨国王萨塔一世向马尼拉发出求救信号时，正遇上西班牙殖民势力打算进军东南亚。1593年两名西班牙冒险家冈萨雷斯和马丘卡从马尼拉来到柬埔寨，他们途中虽然经历了一番冒险，最终还是成为萨塔一世的座上宾。此时正逢暹罗军队准备大举进犯洛韦之前夕，萨塔一世马上派他的王宫卫队长奥戈·韦洛索同马丘卡去马尼拉会见西班牙驻菲律宾总督，带去一封表示臣服的金叶表文，请求西班牙出兵抵御暹罗入侵，作为交换条件，许予西班牙人在柬埔寨自由传教，自由经商，并拥有一些商业特权。奥戈·韦洛索在马尼拉会见了西班牙总督，并带回西班牙总督给萨塔一世的回信。在回信中西班牙当局没有做出实质性的承诺，而这封信最终也没能交到萨塔一世的手上，因为奥戈·韦洛索返回柬埔寨时，洛韦已被暹罗军队占领。他本人也和许多欧洲人一起，被暹罗人俘虏到阿瑜托耶。

奥戈·韦洛索到了暹罗后发现，暹王纳黎萱（公元1590—1605年在位）同样十分渴求与西班牙人修好。因为此时的暹罗，除了要应付柬埔寨外，还面临着缅甸的军事威胁。1592年缅甸王储率领25万大军进犯阿瑜托耶，暹王纳黎萱亲自带兵迎战，在素攀进行象战。暹王纳黎萱把缅甸王储杀死在象背上。缅军遭到惨败。纳黎萱乘胜扩张领土。1593年暹罗控制了马都八以南的下缅甸，次年又攻陷柬埔寨首都洛韦。面对来自缅甸和柬埔寨两方面的敌人，暹王纳黎萱亦希望与西班牙人结盟。他派出暹罗使节出使马尼拉，并让奥戈·韦洛索充当随使的翻译。暹罗使节和翻译奥戈·韦洛索一行于1595年6月到达马尼拉。在那里奥戈·韦洛索遇见了他的老搭档——西班牙冒险家冈萨雷斯和马丘卡，他们两人在洛韦沦陷时被暹罗军队逮捕，在被押往暹罗的途中得以逃脱，也逃回马尼拉。三人会合在一起，决定还是要帮助柬埔寨萨塔一世。他们自称是萨塔一世的使节，于1595年8月同马尼拉当局签订一份条约：承认西班牙对柬埔寨的宗主权；西班牙可以在柬埔寨建立一支驻军；柬埔寨国王和王后改信基督教。

1596年1月，一支由马尼拉的西班牙人组成的远征军出发去干涉柬埔寨，120名士兵分乘一艘巡洋舰和两艘帆船，在胡安·朱阿雷斯·加利纳托将军

西班牙军人

和一些多明我会修道士的率领下，泛海而来。可是在航行途中，大风吹散了这支船队，只有布拉斯·鲁伊斯率领的那艘船直接驶到柬埔寨。由韦洛索率领的那艘船在湄公河三角洲的南面搁浅，于是船上的人员弃船上岸，步行到金边。加利纳托率领的巡洋舰被吹到遥远的新加坡海峡，直到次年5月才辗转抵达柬埔寨。

当布拉斯·鲁伊斯和韦洛索的人马到达金边时，发现萨塔一世已经不在位了，一位名叫崇佩（公元1595—1596年在位）的人夺取了王位。崇佩原是萨塔一世的远房亲戚。1594年1月暹罗军队攻陷洛韦时，萨塔一世和王子吉·哲塔仓皇出逃，不知所终。其他王室成员和9万柬埔寨居民被掳往暹罗。崇佩乘暹军主力撤出洛韦之际，带领一支由占婆人和马来人组成的军队将洛韦夺回，并自立为王。崇佩获悉布拉斯·鲁伊斯和韦洛索统领的西班牙军队到达金边，便命令他们驻扎在金边的外国人居住区。在这里，西班牙人和华人侨民发生冲突，西班牙人抢劫华人停泊在金边港的船只和财物，并恣意屠杀华人，引起柬埔寨国王崇佩的不满，他命令西班牙人赔偿华人的损失，然而这一纸命令无法执行，因为崇佩掌控的部队当时不在首都，没有武力作后盾。相反，韦洛索的人马夜袭王宫，杀死国王崇佩和他的一个儿子，炸毁柬埔寨的弹药库，焚烧了军事堡垒，夺回了他们被柬埔寨人扣留的船只。韦洛索的暴行激起了柬埔寨人民的义愤，他们群起反对西班牙人。在这场冲突的最后一天，由加利纳托率领的被吹到新加坡海峡的巡洋舰出人意料地出现在金边，更加引起柬埔寨朝廷的惊恐。幸而加利纳托没有站到韦洛索一边，他归还了从华人那里抢来的财物，答应赔偿柬埔寨人所受到的损失，并于当年7月率西班牙船队返回马尼拉。

然而，事情尚未结束。布拉斯·鲁伊斯和韦洛索在返程途中，说服加利纳托把他们留在越南的会安港，以便他们去老挝寻找流亡的萨塔一世。他们辗转找到了萨塔一世的次子昭·庞埃阿·敦，才知道萨塔一世及其长子均已去世，便准备辅佐次子昭·庞埃阿·敦为王。金边方面获知这个消息，十分慌乱，本来他们已经立崇佩的儿子为新王。新王害怕遭受杀身之祸，悄悄逃跑

西班牙战船

了。最后，由西班牙的傀儡昭·庞埃阿·敦回柬埔寨继承王位，即巴隆·拉嘉二世（公元1597—1599年在位）。

在韦洛索等人的鼓动下，巴隆·拉嘉二世与菲律宾的西班牙殖民统治者继续保持联系，以图寻求政治支持。西班牙驻菲律宾前总督唐·鲁伊斯卸任后，以个人的名义出钱资助一次远征柬埔寨的军事行动，他开出的条件是，一旦西班牙吞并柬埔寨，则由他担任西班牙驻柬埔寨总督。1598年9月，这支由三艘战船组成的远征军从马尼拉起航，驶往柬埔寨。然而天公不作美，途中遇上暴风，一艘战船损坏；另一艘被吹回菲律宾，后经过修理，于同年10月抵达金边；远征军总指挥唐·鲁伊斯乘坐的那艘船则在中国沿海失事，幸存者逃到澳门。

在柬埔寨国内，王室权贵正策划废黜巴隆·拉嘉二世，准备拥戴萨塔一世逃亡在外的一个兄弟索里约波为王；曾作为新王的崇佩的儿子虽然逃匿在外，也四处游说寻求支持。整个柬埔寨的局势犹如一个火药桶，只要一点儿小火星就会引起爆炸。侨居柬埔寨的马来人袭击西班牙人的事件成为这场危机的导火线，西班牙人动用武力抢劫马来人的营地，柬埔寨人支持马来人，在人数上占绝对优势。西班牙人几乎全部被杀光，两个西班牙冒险家鲁伊斯和韦洛索也在这次事变中丧命。这场大屠杀发生于公元1599年，结果使西班牙殖民柬埔寨的企图化为泡影。史学家将这次事件称为柬埔寨历史上的“西班牙插曲”，以揶揄西班牙对柬埔寨事务的干涉。

走马灯式的王位争夺和暹罗、越南的介入

公元1599年的“西班牙插曲”后没几个月，马来人的首领拉沙马那杀了巴隆·拉嘉二世，王室权贵立萨塔一世和索里约波的幼弟蓬黑阿·安为王，称巴隆·拉嘉三世。但是，这位国王在位仅仅几个月，就被人谋杀了。谋杀者是他的一个男管家。此后，萨塔一世的儿子昭·庞埃阿·诺姆登上王位（公元1600—1603年在位）。他继续向西班牙驻菲律宾的总督谋求支持，并欢迎

多明我会的传教士来金边传教。他企图利用西班牙的力量来对抗亲暹罗的势力。但是，西班牙方面觉得“保护”柬埔寨付出的代价太高，没有太多理会。1603年流亡暹罗的索里约波亲王在暹罗军队的簇拥下，返回金边，夺取了王位，成为巴隆·拉嘉四世（公元1603—1618年在位）。自此巴隆·拉嘉四世成为暹罗的傀儡，柬埔寨成为暹罗的属国。

公元1618年，巴隆·拉嘉四世让位给他的儿子吉·哲塔二世（公元1618—1628年在位）。吉·哲塔二世不甘受制于暹罗，改变其父王推行的使柬埔寨暹罗化的各项政策，恢复高棉传统文化，提倡柬埔寨民族服饰和风俗习惯。他把首都迁往金边西北30公里的乌东，强兵习武，成功击退了暹罗军队的进攻。为了抗衡暹罗，他与越南阮氏结盟，娶阮氏王朝的公主为妃。正如泰、柬语的一个谚语所说：“躲过老虎，却又遇见鳄鱼。”越南在吞并占婆以后，正想向柬埔寨扩张，恰好此时吉·哲塔二世有求于越南，就好像瞌睡遇见枕头，越南趁机向柬埔寨境内派驻军队和大量移民。

越南与暹罗在柬埔寨的争夺，集中表现在他们各自在柬埔寨上层统治集团内寻找自己的代理人，努力培植自己的傀儡，假傀儡之手达到鲸吞或蚕食柬埔寨之目的。这样，不可避免地造成柬埔寨王位争夺的频仍，内讧和政变迭起。这些内讧和政变，实际上反映了越南和暹罗势力在柬埔寨的消长。

公元1628年吉·哲塔二世逝世，其子波尼·笃继位，但由乌迭亲王摄政，并掌控实权。波尼·笃是名义上的国王（公元1628—1630年在位），在位仅2年，就被乌迭亲王杀死，罪名是他与乌迭亲王的妻子通奸。接下来继位的是波尼·努（公元1630—1640年在位），他是波尼·笃的兄弟。波尼·努在位10年，大权依然掌控在乌迭亲王手中。1640年波尼·努逝世，乌迭亲王立自己的儿子安依一世为王（公元1640—1642年在位）。此举引起其他王室成员强烈不满。1642年吉·哲塔二世的第三个儿子安赞在占婆和马来人组成的雇佣军的帮助下，发动政变，处死乌迭亲王，囚禁安依一世，自立为王。安赞（公元1642—1659年在位）为了回报占婆和马来人，改信他们信仰的伊斯兰教，使用易卜拉欣为教名，娶了一位马来女子为妻，企图借助伊斯兰教来维持其统治。这对于柬埔寨这样传统信奉佛教的国家来说，无疑是石破天惊之举。安赞王所采取的保护穆斯林商业利益的措施，驱逐荷兰商人的举动，必然引起国内宗教势力和其他政治势力的反弹。1659年安赞王被乌迭亲王之子巴东·拉嘉杀死，巴东·拉嘉登上王位（公元1659—1672年在位）。巴东·拉嘉恢复佛教为国教，实行亲越政策。1672年吉·哲塔三世发动政变，夺取王位（公元

1672—1673年在位)。执政不到一年,巴东·拉嘉之子安季又夺回王位,接着安季和其弟安丹又为争夺王位互相厮杀,安季战死,安丹病死。巴东·拉嘉的弟弟安侬在越南军队的支持下,杀回国内,一度占领首都乌东。但安季的另一个弟弟安索率柬埔寨军队赶走越南人和安侬,自己称王,即吉·哲塔四世(公元1675—1695年在位)。与此同时,战败的安侬在越南军队的庇护下,也在柴棍(今胡志明市)称王,号安侬二世(公元1675—1691年在位)。这段时期柬埔寨王国出现了南北对立的两个政权,吉·哲塔四世投靠暹罗,安侬二世投靠越南。北部吉·哲塔四世管辖的范围相当于古代的陆真腊;南部安侬二世管辖的范围相当于古代的水真腊。安侬二世在越南的支持下多次向北方发动进攻,但直到1691年他去世时都没有什么结果。北部吉·哲塔四世在暹罗的扶持下保持了中央王朝的地位。

从公元1699—1775年计76年的时间内,柬埔寨换了12位国王,你方唱罢我登场,反认外国当亲娘。其中吉·哲塔四世曾四次登位又四次下台,托摩·拉嘉曾三次即位,安东曾两次即位。同一国王多次粉墨登场,又多次被赶下台,城头变幻大王旗,实权则操纵在暹罗和越南手中,领土被肢解蚕食。

公元1693年,越南占领柬埔寨的东浦,改设嘉定府,由越南军队长期驻守。

公元1699年,吉·哲塔四世被迫将西贡、边和、巴地三省割让给越南。

公元1708年,开发并统治河仙的华裔莫氏家族脱离柬埔寨,归附越南。从河仙至嘉定之间的广袤的湄公河三角平原遂被越南所控制。

公元1733年,越南阮氏出兵占领嘉定西部的美荻、沙沥地区,后来变成越南的定祥省。

公元1739年,柬埔寨军队被越南打败,被迫将嘉定以南至湄公河沿岸的大片土地割让给越南。

公元1747年,柬王安东为了获得越南的承认,又把茶荣、巴色(塑庄)双手奉献给越南。

公元1775年,即乌迭二世(公元1758—1775年在位)的最后一年,整个湄公河三角洲都落入越南手中。这是最富裕的稻米产地,从根本上动摇了柬埔寨借以立国的农业经济。

当然,面对越南的侵略,柬埔寨人民也并非束手待毙,毫不反抗。亲越政权萨塔二世(公元1722—1738年在位)统治时期,柬埔寨菩萨省爆发了农民起义,推翻萨塔二世,给其越南主子一次沉重的打击。

柬埔寨安侬二世（公元1775—1779年在位）统治时期，历史给了柬埔寨一个喘息的机会。因为1771年越南爆发西山农民大起义，阮氏政权自身难保，无暇顾及柬埔寨；暹罗方面从1760年开始一直疲于应付缅甸的入侵，没有精力对付柬埔寨。安侬二世整顿人马，出兵收复了被越南占据的美荻、永隆。然而，上层的内乱使柬埔寨失去了这次难得的复兴机会。1779年柬埔寨德良地方官牟氏发动政变，推翻安侬二世，拥戴安侬二世的年仅6岁的侄子安英为王（公元1779—1796年在位）。安侬二世原本是亲暹罗派，暹罗方面肯定不会坐视他的垮台。此时的暹罗已由华裔郑信驱逐了缅甸侵略军，建立了吞武里王朝。吞武里王郑信派昭披耶却克里带兵去干涉柬埔寨，未及开战，便与越南军队的统帅阮有瑞阵前议和，因为这时传来消息，暹罗发生内乱，郑信被囚，昭披耶却克里率部匆匆返回吞武里，建立却克里王朝（即曼谷王朝）。

安英王6岁登基，实权由权臣掌握。掌权的牟氏、卞氏及苏斯之间又相互倾轧。1782年苏斯联合卞氏杀了牟氏，不久卞氏又杀苏斯。苏斯残部起兵反叛，卞氏携安英逃亡暹罗，安英王在暹罗宫廷里长大成人。暹罗曼谷王朝拉玛一世（昭披耶却克里）于1794年在曼谷为安英加冕，暹罗成了柬埔寨的宗主国。暹罗军队在护送安英回国登基的时候，顺便将马德望、吴哥、蒙哥比里、诗梳风和呵叻等地据为己有。此时柬埔寨的国土已比吴哥王朝时期缩小了一半。

公元1796年安英病逝，其子安赞年仅5岁，不能继承王位，其他王室成员亦无合适人选，结果由朝臣波克受命管理国务。王位一直虚设，直到1806年波克去世，暹罗才抢在越南之前安排尚未成人的安赞（公元1806—1834年在位）承继大统。

公元1812年安赞的兄弟安斯农要求被提名副王，并得到一块封地，但遭到安赞的拒绝，于是他发动政变，暹罗拉玛二世派兵支援他。安赞逃到西贡，寻求越南的庇护。次年越南嘉隆帝派出一支庞大的军队帮助安赞回国恢复王位，暹罗方面知趣地选择退兵，把安斯农带回暹罗。安斯农于1822年死于暹罗。为防止再次发生叛乱，安赞同意一支越南军队常驻金边。

这段时期，暹罗和越南的力量对比发生了变化。公元1802年越南阮朝建立后，与暹罗曼谷王朝争夺对柬埔寨的控制权。1811年和1833年越暹之间发生了两次军事冲突，结果都是越南方面获胜。在这种情况下，柬埔寨国王安赞二世不得不向越南纳贡称臣。1813年越南军队开进柬埔寨境内，大军压城，使柬埔寨沦为越南的保护国。

越南对柬埔寨的军事占领和大力推行越南化的措施，激起了柬埔寨人民的愤慨和反抗。1828年和1840年发生了两次柬埔寨人民的反越民族起义，使越南驻军受到重创。

公元1841年暹罗军队进占金边，将安眉女王（公元1834—1840年在位）推翻，立安东（公元1841—1859年在位）为柬埔寨国王。

越、暹两国在柬埔寨的激烈争夺，此消彼长，各有胜负，对他们来说，既是一种考验，也是一种负担。为了寻求平衡，利益均沾，1845年越、暹签订合约：越南承认安东的王位合法，从柬埔寨撤出越军；安东同意向越、暹两国同时纳贡称臣，作为对暹罗的报答，正式将1814年被暹罗夺走的莫卢波雷和洞里叻勒普等地割让给暹罗。

安东是一位具有强烈民族意识的国王，虽然他是在暹罗的扶植下登上王位的，但他竭力摆脱暹罗和越南的控制。为此，他在柬埔寨大力推行行政司法改革，发展柬埔寨经济，力图使这个日渐式微的文明古国恢复生机。他向西方国家求援，幻想依靠西方势力来节制暹罗和越南。1854年安东通过法国驻新加坡领事馆向拿破仑三世发出一封求援信，但法国是不会真正帮助柬埔寨的，而是在"帮助"的借口下将柬埔寨变成他的殖民地。1856年10月法国驻上海领事德·蒙提尼通过法国传教士，试图诱骗安东签署一份《法柬条约》。安东看出这是一份丧权辱国的条约，断然拒绝签署。

法国殖民军

公元1859年安东王逝世，由长子诺罗敦继位（公元1859—1904年在位）。他是诺罗敦·西哈努克的曾祖父。在王位继承问题上，王室内部成员发生了龃龉，诺罗敦之弟西伏塔亲王不服，并在一部分贵族的支持下发动叛乱。诺罗敦不得不逃亡暹罗，并于1862年借助暹罗的力量平定了这场叛乱，回国复位。法国乘柬埔寨国内政局动乱的机会，插手柬埔寨事务。1863年法国驻交趾支那（越南南圻）总督、海军上将拉格兰迪埃尔率领军舰朔湄南河而上，抵达柬埔寨首都乌东，向诺罗敦国王提出：法国军队可以向柬埔寨提供"保护"，以保障柬埔寨脱离暹罗"独立"，条件是必须签订《法柬条约》。诺罗敦国王被迫于当年8月11日草签《法柬条约》。该条约规定，柬埔寨接受法国“保护”，法国派领事进驻柬埔寨；未经法国允许，柬埔寨不得接纳其他国家的领事；法国人有权在柬埔寨自由居住、经商和传教；法国商品可以免税进入柬埔寨；等等。暹罗对此条约非常不满，在该条约正式签字以前，就胁迫柬埔寨与它秘密签订《柬暹条约》，用法律的形式将柬埔寨定格为暹罗的属国。1864年3月，当诺罗敦前往曼谷参加拉玛四世为他举行加冕典礼的时候，法国军队占领了乌东，在柬埔寨王宫前升起了法国国旗。诺罗敦急忙返回乌东，于4月12日同法国正式签署了《法柬条约》，承认法国对柬埔寨的保护权。法国为了安抚暹罗，强迫柬埔寨将诗梳风、暹粒、马德望三省割让给暹罗，以换取暹罗对《法柬条约》的认可。从此，柬埔寨沦为法国的殖民地，开启了柬埔寨丧权辱国的近代史。

作者点评

从公元16世纪末开始，中国古籍不再使用真腊称呼此地，而是改称柬埔寨，历史进入了柬埔寨王国时期。这不仅仅是国名的变更，而且是柬埔寨历史的一个转折点，它标志着以真腊王国为代表的中古时期的结束，以吴哥文化为代表的高度发展的巅峰时期的结束，柬埔寨开始走下坡路，从此步入了一个衰败的过程。

西方殖民主义势力的东渐，是造成东方国家堕入苦难深渊的开始。最早来到柬埔寨的西方人是葡萄牙的传教士，他们于公元1555年到达柬埔寨，以传播天主教为借口，企图在这里立定脚跟。但由于柬埔寨是一个传统的佛教国家，佛教拥有众多的信众和强大的势力，天主教一时无法容身，因此第一批到达柬埔寨的葡萄牙传教士不得不以失败告终。

葡萄牙多明我会修道士西尔韦斯特雷·德·阿泽沃多等人是第二批到达柬埔寨的传教士，于公元1583—1584年间抵达柬埔寨。一开始他们同样遭到冷遇，后来以照看一个由占婆人、马来人、日本人和一些葡萄牙商人组成的天主教团为名，获准在柬埔寨长期居住，并公开合法地在柬埔寨的外籍侨民中传教。以后又逐渐把天主教传播到柬埔寨民众之中。

以一支由葡萄牙、西班牙军人组成的雇佣军充当柬埔寨王宫卫士，是西方殖民主义势力控制柬埔寨王室的一条有效途径。这种办法在邻近的暹罗也屡试不爽。柬埔寨国王萨塔一世将雇佣军头目韦洛索收养为义子，并派他前往马尼拉向西班牙驻菲律宾总督寻求支持，以对抗暹罗的威胁，结果引狼入室。

韦洛索以西班牙军事力量为依托，干尽坏事，不仅干预柬埔寨王位的争夺，而且抢劫侨居柬埔寨的华人和马来人，引起柬埔寨民众的暴力反抗，韦洛索等人被杀死，西班牙对柬埔寨的政治干涉以失败告终，这段历史成了一支不光彩的“西班牙插曲”。

除开来自葡萄牙、西班牙西方殖民主义势力的侵略外，柬埔寨还面临来自邻国暹罗和越南的威胁。柬埔寨内部争夺王位继承权的内讧，给暹罗和越南的干涉带来机会，他们在柬埔寨王室内培植自己的傀儡，通过傀儡肢解和蚕食柬埔寨。柬埔寨王位走马灯式地更迭。它实际反映了暹罗和越南势力在柬埔寨的消长。到了柬埔寨王朝后期，国土已被暹罗、越南瓜分掉一半，国土面积仅相当于吴哥王朝时期的二分之一。

面对暹罗、越南的威胁，柬埔寨转而向法国寻求保护，结果无异于饮鸩止渴。1864年《法柬条约》的签署，使柬埔寨正式变为法国的殖民地。法国为了安抚暹罗，强迫柬埔寨将诗梳风、暹粒、马德望三省割让给暹罗，以换取暹罗对《法柬条约》的认可。柬埔寨国王企图依靠法国来掣肘暹罗、越南，最终落得个“偷鸡不着蚀把米”的下场。

第三章
近代时期

一、法国殖民统治时期(公元1863—1953年)

公元19世纪中叶，正当中南半岛两个强大国家暹罗和越南为争夺柬埔寨的宗主权而明争暗斗，甚至兵戎相见的时候，法国殖民主义者来到这个地方，借“保护柬埔寨独立”为名，参与了这场控制、瓜分、肢解柬埔寨的强盗式角逐，并最终将柬埔寨纳入他的殖民统治。

法国将柬埔寨沦为他的殖民地的过程，大体上分为如下几个步骤：

以传教为先导，敲开柬埔寨的国门

基督教是西方人普遍信仰的一种宗教，包括天主教、基督教新教、东正教三大教派和一些小教派。基督教诞生于公元1世纪，以耶稣的诞生日为纪元的开始，耶稣是基督教的创始人。基督教的核心教义就是一个“爱”字，耶稣临死前几小时对其门徒说：“我赐给你们一条新命令，乃是叫你们彼此相爱。你们若有彼此相爱的心，众人因此就认出你们是我的门徒了。”①

基督教所说的爱，不是简单用中文的一个“爱”字，或用英文的Love所能表达的，它有很多层次。基督教的精髓乃是实践基于原则而甘愿自我牺牲的爱。②这意味着基督徒甚至应该爱仇敌，虽然他们憎恶仇敌所作的恶，但他们不主张以恶制恶，而是用爱去感化。人不能光替自己着想，也要替自己的对手着想，这就是基督教所说的“爱你的敌人”的道理。

---

①《新约·约翰福音》13：34，35。

②《新约·马太福音》22：37—40。

基督教和其他宗教一样，说白了，是一种信仰，也是一种生活方式。基督教是以耶稣基督为中心的一种生活方式。这种生活方式包括：如何观察和理解世界，如何认识人类自身，如何理解世界和人类的起源，如何看待上帝和耶稣，人生在世必须遵循哪些基本原则，人死后的最后归属在哪里，有没有天堂和地狱，等等。正是这一系列的核心信仰，奠定了基督徒生活方式的基础，并支撑着这种生活方式。

同时，基督教在长期的传播过程中，逐渐掌握了大批的信徒，形成了由基督教组成的社会和国家。从这个角度上说，基督教不仅仅是一种生活方式，也成为一种政治文化形态和社会制度，或者说，成为一种政治集团和势力。

基督教是在公元16世纪伴随着西方殖民者的东来而传入东方各国的。当公元15世纪末到16世纪初，欧洲相继完成了工业革命之后，为了进一步寻找廉价的原料、劳动力和推销商品的市场，同时也为了获取东方的香料、黄金和财富，欧洲人才开始了寻求海外航路的冒险行动。在西方各国政府的提倡和赞助下，一批冒险家、探险家、航海家应运而生。

最先探寻通往印度航路的是葡萄牙人。1497年7月，达·伽马率领的船队从里斯本出发，绕过好望角，驶入印度洋。次年3月到达非洲东岸。以后由阿拉伯人领航，于1498年到达印度。他们在印度购买了大批香料、丝绸、象牙、珠宝运返欧洲，获得暴利，利润多达航行费用的60倍。此后，葡萄牙人又组织了13只船的远航队，由卡伯拉尔率领，1500年3月离开葡萄牙，途中遇到风暴，船被吹到南美洲的巴西。他们在那里停留了10天，宣布他们所到达的土地为葡萄牙所有。然后又继续前往印度。这次航行，同样带回了让人垂涎的财富。值得注意的是，在达·伽马的航海过程中，就已经和摩尔人进行宗教战争了。说明从一开始，宗教传播就与经济掠夺结缘了。

葡萄牙人达·伽马

当葡萄牙人沿着非洲海岸向印度航行的时候，西班牙人却朝另一个方向航行。基于对地圆说的认知，他们相信朝大西洋一直西行，也可以到达印度和东方。1492年，在西班牙国王斐迪南二世的资助下，意大利航海家哥伦布（公元1451—1506年）率领90名水手，分乘3艘航船，从西班牙南端的巴罗斯港出发，经过70多天的航行，到达巴哈马群岛中的一个小岛，将其命名为圣萨尔瓦多（救世主），标志着基督教的影响已经到达那个人迹罕至的地方。以后又三次西航，终于发现了美洲新大陆。

意大利航海家哥伦布

葡萄牙贵族斐儿南多·麦哲伦（公元1470—1521年）怀着与哥伦布相同的信念，试图绕过南美洲前往东方。遗憾的是葡萄牙国王没有采纳他的计划，使他不得不转而求助于西班牙国王。西班牙国王依哥伦布之例给他资助。1519年，麦哲伦率领265名水手分乘5艘帆船，从西班牙出发，次年抵达南美洲南端的海峡，即日命名为麦哲伦海峡，以彰显冒险家和征服者麦哲伦的业绩。麦哲伦一行在太平洋继续航行3个多月后，于1521年3月到达菲律宾群岛。麦哲伦以武力征服了菲律宾群岛中的一些小岛之后，在征服马克坦岛的战斗中，遭到当地岛民的迎头痛击，麦哲伦中毒箭身亡，这就是早期西方殖民者的悲惨下场。事后，麦哲伦的船队继续航行，于1521年11月到达摩鹿加群岛。他们采购了大量的香料，经印度洋，绕过非洲，于1522年9月回到西班牙。整个船队，出发时有265名水手，生还仅18人。这是人类有史以来的第一次环球航行。

葡萄牙航海家麦哲伦

麦哲伦乘坐的维多利亚号

麦哲伦1521年到达菲律宾群岛的时候，将它命名为圣拉扎罗群岛，并宣布对该地的占领。直到1542年西班牙政府为了表示对菲力普王子的尊敬，才将这一群岛改名为菲律宾群岛。最初一段时间，西班牙对菲律宾的占领只限于名义上的占领。1565年西班牙殖民主义者黎牙实比率领船队在宿务岛登陆，才在那里建立起西班牙殖民地。

西班牙的基督教以天主教的势力为大，黎牙实比率领的远征军中就有6名天主教传教士。他们在宿务岛建起天主教教堂，短短十几年的时间里，菲律宾的天主教教徒就迅速达到10万之众。菲律宾成了西方在东方传播天主教的中心。

最早一个到达柬埔寨的传教士是葡萄牙多明我会的修道士加斯巴·达·克鲁兹，他于1555年到达柬埔寨首都洛韦，由于受到当地佛教徒的反对，他在那里只待了一段短暂的时期，便不得不离开。第二批到达柬埔寨的传教士是西尔韦斯特雷·德·阿泽沃多等人，于1583—1584年间到达，同样遭受冷遇，但最后还是争取到留下一名传教士照看柬埔寨外籍侨民中的基督徒的许诺，这才开始有葡萄牙传教士在柬埔寨定居。

葡萄牙政府把天主教传教士取得在柬埔寨的定居权视作在柬埔寨立定脚跟的第一步，接踵而来的是军事和政治的渗透。葡萄牙军人兼冒险家韦洛索竭力取得柬埔寨国王萨塔一世的信任，成为王宫卫队的头目，并说服萨塔一世派他前往马尼拉向西班牙驻菲律宾总督寻求支持，以对抗暹罗的威胁。韦洛索以西班牙军事力量为依托，干尽坏事，激发柬埔寨民众动乱，最终在动乱中被杀死，使西班牙对柬埔寨的政治干涉以失败告终。

追寻葡萄牙、西班牙脚印来到柬埔寨的是法国殖民主义者，他们亦以传教、探险作为开辟道路的手段。法国政府十分重视天主教的传教工作，授权法国驻上海总领事德·蒙提尼兼管法国对暹罗、越南、柬埔寨的事务，同这些国家谈判商务、传教事宜。法国政府在给德·蒙提尼的指令中强调说，要他全力支持法国天主教在这些地区的传教活动。在整个东南亚地区，法国天主教首先在暹罗立定脚跟，这是因为暹罗的拉玛四世正在推行学习西方的行政制度改革，对西方的宗教、文化持比较宽容的态度。当时在曼谷的天主教传教士也承认："在他们（传教士）向人民传教的过程中，他（拉玛四世）从未设置障碍。"①

① 乔治·霍斯·费尔塔斯：《暹罗塞谬尔·雷诺斯免费诊所——传教医生先驱》，纽约1924年版，第180页。转引自［泰］姆·耳·马尼奇·琼赛：《泰国与柬埔寨史》，曼谷查伦尼书店1970年版，第90页。

法国米希主教获得拉玛四世的同意，来到柬埔寨创立新的传教点。因为当时暹罗是柬埔寨的宗主国，法国到柬埔寨传教需要获得暹罗方面的认可。米希主教到达柬埔寨后，通过各种途径接近柬埔寨国王安东，并取得他的信任，成为国王的顾问。与此同时，他迅速发展教会，在短短两三年的时间内，使教会信徒增加到500余人，在柬埔寨建立起以米希为首的特别牧师会。

米希利用宗教作掩护，充分发挥他作为国王顾问的特殊作用，为法国殖民主义势力谋求最大的利益。他迎合安东国王力图摆脱暹罗控制的心理，竭力说服柬埔寨发展同法国的“友谊”。安东国王虽然对法国抱有同情和好感，只是害怕暹罗而“绝不敢有所表示”。①事实上，安东王是1841年暹罗军队推翻原安眉女王后才将他立为国王的，出于感恩，或者因为身为暹罗的傀儡，安东是不敢轻易得罪暹罗的，尽管他内心有着摆脱暹罗而实现独立的民族意识。

公元1853年米希主教成功地说服柬埔寨国王安东给法国皇帝拿破仑三世写了一封信，主动向法国示好，赠送了礼品，对法国皇帝说了许多赞颂之词，请求这位仁慈的皇帝帮助他索回过去被越南占据的柬埔寨领土。但安东没有表示要寻求法国的“保护”，也没有表示出要脱离暹罗的意图。

1856年法国驻上海总领事德·蒙提尼亲自出马，对暹罗和柬埔寨进行访问。这位兼管法国对暹罗、越南、柬埔寨事务的殖民者，施展外交伎俩，穿梭于暹罗、越南和柬埔寨之间，进行分化瓦解，挑拨离间，以达到在柬埔寨实行殖民统治的最终目的。他首先访问暹罗，亲自对暹罗拉玛四世表示法国承认暹罗对柬埔寨的宗主权。离开曼谷后他便到了柬埔寨。他和米希主教通过信件密谋，指令米希对柬埔寨国王安东施加影响，在他抵达柬埔寨后希望安东国王主动会见他。1856年10月德·蒙提尼到达贡吥，柬王安东并没有去那里会见他，理由是身体欠安，疔疮发作。实际是安东不想去，只派了昭披耶昭华作为代表，邀请德·蒙提尼来柬埔寨的首都，但遭到德·蒙提尼拒绝。在这种情况下，米希主教去到贡吥，与德·蒙提尼策划，由德·蒙提尼起草一份《法柬条约》，送交安东签字画押。

《法柬条约》表面上写了一些支持柬埔寨独立的冠冕堂皇的词句，实际上是要让柬埔寨沦为法国的殖民地。按照这个条约的规定，法国人可以在柬埔寨自由居住、通行、迁居、建房、盖教堂、信奉和传播天主教。甚至有权在柬埔

① 查理·梅尼阿尔：《印度支那第二帝国》，巴黎1891年版，第357页。转引自［苏］捷缅茨也夫《法国侵占柬埔寨的过程》，载《东南亚研究资料》1962年第1期。

寨买卖土地，因为在此之前柬埔寨土地属于王室所有，不准买卖。法国有权在柬埔寨的任何地方设领事或代理领事。门户开放，法国人享有经商自由。法国军舰可以在柬埔寨任何港口出入和停泊。承认天主教是柬埔寨的国教之一，传教士的活动不受限制。作为法国承认柬埔寨"独立"的回报，在条约的附录里规定柬埔寨将富国岛割让给法国。

在没有征得柬埔寨国王签字的情况下，德·蒙提尼自己单方面在文本上签了字，并把这个文本交给法国传教士艾斯特勒斯特，让他带给安东，胁迫安东签字。他自己则离开贡吥，转赴越南。

对于这样一个让柬埔寨丧权辱国的《法柬条约》，无论艾斯特勒斯特如何施压，安东都不能接受。他在同年11月写给德·蒙提尼的信中表白，他之所以不能在条约上签字，是"因为签订条约是关系到规定相互利益的一件大事，而且对今后也有长远影响。法国和柬埔寨贵族之间迄今没有召开会议，讨论各自的得失，而后在这个基础上达成协议"。①

法国人无可奈何，只好迁怒于暹罗。他责怪暹罗派密使去柬埔寨，从中作梗，不让柬埔寨就范。他们威胁暹罗必须促成安东在《法柬条约》上签字，否则将动用武力。1857年8月，德·蒙提尼从上海写信给暹罗国王拉玛四世说："指挥帝国强大海军的司令官现在正在中国和交趾支那执行任务，他奉命讨伐交趾支那，同样将奉命解决柬埔寨悬而未决的问题。到时候，柬埔寨国王就会懂得，作为一国之君，他将被迫用自己的名誉在条约上签字。"② 实际上，当时法国在远东并没有什么强大的武装力量，他不过是使用流氓的手段进行威胁和讹诈而已。

法国人利用传教士没有达到其预期目的，就采取第二步措施。

以继承越南对柬埔寨的宗主权为口实，来达到殖民柬埔寨之目的

公元1859年2月法国军队占领了越南的西贡。1861年法国控制了整个交趾支那。1862年5月越南皇帝嗣德派两名使者向法国求和，在西贡签署了一个条约草案，将交趾支那东部三省割让给法国，以十年为期向法国付出巨额赔款，允许天主教在越南自由传教，开放岘港、巴叻、广安三个港口给法国通商。

在法国将越南纳入其殖民统治的同时，法国又利用越南曾经是柬埔寨的

---

① 查理·梅尼阿尔：《印度支那第二帝国》，巴黎1891年版，第428页。
② 查理·梅尼阿尔：《印度支那第二帝国》，巴黎1891年版，第417页。

西贡的天主教堂

宗主国作为借口，进一步将柬埔寨置于它的保护之下。这就是法国提出的“宗主国继承权”的谬论。

法国驻曼谷领事德·卡斯特诺伯爵通知暹罗政府，要求法国和暹罗共同对柬埔寨实行保护权，其理由是“法国已经占领交趾支那，因此取得了越南皇帝的权利”①。而越南皇帝的权力之一就是拥有对柬埔寨的宗主权，这个权力应该由法国来继承。

此时，柬埔寨国内的政局动乱也给法国带来了机会。1859年甫登上王位的柬埔寨国王诺罗敦（诺罗敦·西哈努克的曾祖父，公元1859—1904年在位），执政不到两年，于1861年陷入沉重的危机。他最小的弟弟西伏塔发动军事叛乱，迫使他逃到马德望避难。诺罗敦期望得到暹罗的军事支持以恢复王位。法国驻柬埔寨教区代理主教米希获悉这个情报，就写信给法国驻曼谷的领事找暹罗政府商谈此事。暹罗政府用汽船将诺罗敦送到哂吓。其实法国政府并不愿让暹罗染指柬埔寨王位争夺之事，故对米希主教的做法十分不满。米希主教自以为得计，结果弄得两面不是人。幸好暹罗也没有提供武装部队，造反的西伏塔的军事指挥不当，也让支持诺罗敦的另一个兄弟安索率领柬埔寨政府军反败为胜，掌控了局势。加上法国派到金边保护传教士的炮舰的帮助，使诺罗敦经历了短时间的磨难后，顺利返回首都。

掌控着交趾支那的法国海军上将夏纳派了一名军官去见诺罗敦国王，表示出对柬埔寨问题感兴趣，并告诉诺罗敦，法国决定永久占领交趾支那，愿意帮助柬埔寨维持独立。诺罗敦国王告诉法国使节，亏得暹罗的帮助，他的王国才得以维持下去，是暹罗人把柬埔寨人从越南人的统治下拯救出来的。尽管诺罗敦在内心也希望摆脱暹罗人，但由于害怕暹罗安插在他身边的驻扎官，所

① [泰]姆·尔·马尼奇·琼赛：《泰国与柬埔寨史》，厦门大学外文系译，福建人民出版社1976年版，第207页。

以才这样回答法国使节。

1862年9月,接替夏纳掌控交趾支那的法国海军上将博纳德亲自访问了柬埔寨,当面向诺罗敦国王提议:既然现在法国已经征服了交趾支那,那么法国有权接受柬埔寨献给越南的贡物。赤裸裸地提出法国继承越南对柬埔寨宗主权的主张。

1863年4月博纳德任命海军中尉杜达尔·德·拉格里为法国驻柬埔寨的驻扎官,对柬埔寨进行监控。这位新任驻扎官向博纳德的继任者拉格兰迪埃尔密报说,在乌东暹罗国王的力量比柬埔寨国王的力量还大。这引起拉格兰迪埃尔的警惕。同年7月,拉格兰迪埃尔亲赴乌东,面见诺罗敦国王,表示法国愿意对柬埔寨提供保护,以保障他脱离暹罗的控制而独立。诺罗敦国王犹豫不决,因为他当时的处境非常危险。他担心帮助他平定叛乱的兄弟安索觊觎王位,还有来自叛乱煽动者波贡博的威胁,一旦将来法国撤离交趾支那,他将无所适从。拉格兰迪埃尔最终说服了诺罗敦,让他在一份接受法国保护的条约上签名。这份条约立即被送往巴黎,交给拿破仑三世签字。

该条约尚未公开宣布,英国就在暗中支持暹罗提出异议。暹罗表态说:柬埔寨是暹罗的属国,诺罗敦与法国的交往只能通过暹罗作中介,不能绕过宗主国暹罗。

暹罗赶在柬埔寨与法国的条约正式生效前,就命暹罗驻柬埔寨的驻扎官与软弱的柬埔寨国王签署一份文件,让柬埔寨承认附属于暹罗。而且还声明,暹罗驻扎官真正的头衔是“柬埔寨总督”。暹罗国王拉玛四世表示,他将亲临柬埔寨为诺罗敦主持加冕礼,以示柬埔寨是暹罗的附属。

法国方面的反应是,暹罗国王的这个行动不仅宣示了暹罗对柬埔寨的占领,也包含暹罗对柬埔寨的新的领土要求,这个要求是没有道理的。在法国的压力下,暹罗作了让步,但坚持要诺罗敦到曼谷接受加冕。实际上柬埔寨国王举行加冕礼的各种仪仗和服饰,都在诺罗敦流亡曼谷时期,交由暹罗王室保管。

诺罗敦决定1864年3月3日启程前往曼谷加冕。法国军方威胁要用武力占领柬埔寨首都。诺罗敦不顾一切坚持出行,法国海军就在乌东王宫前升起了法国的三色旗。心慌意乱的诺罗敦赶紧折返回国,回到王宫后面临的第一份文件就是已经由拿破仑三世签好名的《法柬条约》。无奈之下,诺罗敦只得于1864年4月完成了该条约的批准工作。根据这个条约规定,法国正式成为柬埔寨的保护国。

法国和暹罗在柬埔寨问题上进行了漫长的讨价还价，最后法国让暹罗同意恢复柬埔寨的国徽，诺罗敦的加冕礼在柬埔寨本土举行。而暹罗开出的条件是暹罗和法国各派代表一起为诺罗敦加冕。1864年6月3日在乌东举行了诺罗敦国王的加冕礼，但法国代表不允许暹罗代表把王冠戴在诺罗敦国王的头上。暹罗代表在加冕仪式举行后的第二天便取道回国，不久正式宣布：暹罗国王拥有对柬埔寨的宗主权，并占有柬埔寨西部的马德望和吴哥。

诺罗敦疲于在暹罗和法国二者之间周旋。加冕礼后不久，他便亲自到西贡进行国事访问，受到法国驻西贡的拉格兰迪埃尔海军上将的接待；1865年4月，诺罗敦又到喷吓履行他的许诺，向暹罗拉玛四世表示敬意。上演了一出“一仆二主”的闹剧。

法国和暹罗之间，此时也就柬埔寨的地位问题举行了多次谈判。公元1867年法柬双方缔结了一个条约：暹罗放弃对柬埔寨的全部宗主权，作为回报，法国代表柬埔寨放弃马德望和暹粒的领土要求。这两个省自1795年以来就被暹罗“非正式地”占有，现在则实现了公开合法地占有。法国作为柬埔寨的新主人，为了清除作为竞争对手的暹罗在柬埔寨的势力，达到独霸柬埔寨的目的，公然和暹罗作出这样肮脏的交易。柬埔寨国王诺罗敦无权参与法国和暹罗之间的磋商，只能徒劳无益地表示一番抗议。

从“保护国”到殖民地

法国成功地取代越南和暹罗对柬埔寨的“保护国”的地位后，并不仅仅甘心于将柬埔寨作为它的被保护国，它最终的目的是把柬埔寨变为它的殖民地。

公元1864年后，法国通过《法柬条约》将柬埔寨变成它的被保护国之后，大约经过了30年，才最终将柬埔寨变成它的殖民地。

在柬埔寨被法国保护的初期，柬埔寨国王还享有一些有限的行政权。当时的柬埔寨国王是诺罗敦，他是柬埔寨历史上一位颇为明智的君主，他思想开放，锐意进取，不甘亡国，力图变革，努力和越南、暹罗的入侵势力抗衡，与贪婪狡诈的法国殖民主义者周旋。他年轻的时候，曾到过香港、澳门、广州、马尼拉等地参观考察，接受了西方文明的洗礼，萌生了变法图强的念头。然而，柬埔寨的客观现实条件，又使他不得不顾虑重重。国家经济凋敝，民众文化落后，王室成员和官吏思想保守，法国殖民主义者又处处掣肘。尽管如此，他还是利用手中有限的行政权，从1877年1月起，颁布法令，实行改革。

诺罗敦国王的改革涉及下述几方面内容：

取消王室等级中的三个爵位：乌巴尤瓦腊、乌巴腊、王太后。这是王室中地位最高最容易掌控实权的人。取消这三个爵位，废除他们免征赋税和其他封建特权，在某种程度上减少了王位继承问题上的内讧可能性。

继续进行其父王安东在位时就已经开始的行政区划的改革，减少全国省份的数目，便于中央集权。

改革吏治，要求各级各部门官员必须掌握一定的专业知识。官吏实行薪俸制，官吏的薪俸从地方税收中提取一部分支付。

废除柬埔寨延续了几个世纪的奴隶制。规定奴隶（特别是债务奴隶）获得解放后不必对奴隶主进行经济赔偿。同时，规定了奴隶分批获得解放的期限。

诺罗敦的改革远不及暹罗拉玛五世改革的内容广泛和深远，但却遭到柬埔寨统治阶级内部保守势力的强烈反抗。关键的问题是他在王室里的地位不像拉玛五世那样稳固和强势。被触动个人利益的柬埔寨王室成员和官僚对改革百般阻挠，对诺罗敦国王群起而攻之。他们有意挑拨诺罗敦和法国的关系，让法国殖民主义者对诺罗敦产生疑虑，最终导致法国人出面逼宫。

1884年6月24日，法国驻交趾支那总督夏尔·汤姆逊率领一支法国军队闯进柬埔寨王宫，用刺刀对准柬埔寨国王诺罗敦的喉咙，对他进行威胁，如果不答应法国人要求的话，就将他绑架，或者流放到国外去。刀架在脖子上的诺罗敦国王只得跟法国人签署协议，放弃全部政治权力，交由法国摆布。根据这个条约规定，诺罗敦必须承认法国人提出的对柬埔寨行政、财政、司法和商业制度的一切改革意见；国家海关、税务、邮政、农林、卫生及公共工程部门皆置于法国留守使的监管之下；法国将对各省会及人口密集的城市派驻扎官和副驻扎官；柬埔寨国王除了每年从法国当局那里得到一定数额的款项作为经费外，不经法国同意，不得向外国借债。这个条约与20年前的《法柬条约》相比，最大的不同是：如果说20年前的《法柬条约》还留给柬埔寨国王某些行政权的话，那么1884年的条约则把这些残余的权力统统剥夺殆尽。法国对柬埔寨殖民化的程度更加深了一步。

柬埔寨国王诺罗敦是噙着眼泪签署1884年条约的，他悲愤欲绝，但万般无奈，因为法国人是用刺刀逼着他签字的。他想反抗，却又无能为力。恰好此时发生了柬埔寨人民反抗法国殖民主义者的大起义，他便利用他的政治智慧，巧妙地借用人民的力量，给殖民主义者以沉重的打击。他表面上做得让法国人相信，此事与他无关。背地里支持起义部队，给他们提供有效的援助。他让法国人抓不到把柄，无法对他施加压力。他给人们留下这样的印象，这是柬埔寨人民自发反抗外国侵略的民族运动，跟柬埔寨王室没有直接关系。正如《柬埔寨与柬埔寨人》一书所说："他（诺罗敦国王）将这样来安排这场战争：尽可能使这场战争从表面上看来是人民自发的起义，他不需要为此负任何重任。只有如此，战火才不会烧到他身上。尽管这是一种困难的冒险，但他以稀有的才干把这场战争指挥得很出色。他以亚洲人那种特有的气质行事，他的这种行动常常瞒过了最精明的人，使他们也被弄得手足无措。他把战役指挥得十分出色。相反，当战事越深入，他越能设法保护自己。最后，他如愿以偿了，人民在支持这场起义的人的准备和指导下，配合得很好，始终给这场战争赋予了民族起义的色彩。"①

在人民起义的压力下，法国人不得不作出一些让步，同诺罗敦国王签署了一个协定：处理了导致这场起义事故的直接责任人法国殖民者朱尔·费里，撤销其职务。部分归还被法国人夺去的柬埔寨国王的行政权力。从今以后法国只派一名高级专员在柬埔寨国王身边帮助处理政务，这名专员只能向国王提出建议，不能直接发号施令。所有政令必须由国王亲自签署方能生效。国家行政机构中重新启用柬埔寨人担任官员。法国只能在贡吥、桔井、磅同、菩萨等地派驻留守专员，他们不能指导当地的行政事务，并须尊重当地居民的宗教信仰和风俗习惯。

诺罗敦国王在得到法国有限的让步承诺以后，也不得不向法国作出一些妥协。他下令起义部队停止战斗，放下武器，一些自发参加起义的人员被遣返回乡，重操旧业，或经商，或务农。只是在某些规定的日子里，由国王接见起义的领导人，以表示他们还维系着旧有的联系和友谊，并表明起义人员对王室和政府的拥护和效忠。

然而，让诺罗敦国王始料未及的是，法国人的有限让步是虚假和暂时的，当人民起义的风潮被平息以后，他们又原形毕露，变本加厉地推行殖民主义政策。

公元1887年10月，法国政府颁布法令，将越南的东京、安南和交趾支那3个地区与柬埔寨一起组成法属印度支那联邦，其后1899年老挝也被并入法属印度支那联邦，正式开始对法属印度支那联邦的各成员国实行殖民主义统治。

法属印度支那联邦实行总督集权统治。总督由法国政府首脑任命，向法国政府殖民地部负责。从1888年9月至1945年，法国共任命了33名总督。其

---

① 威·贝却敌：《沿湄公河而上》，世界知识出版社1958年版，第712页。

中1890—1902年任职的总督保罗·杜美在职期间，将殖民统治制度完善化。他规定，总督有权决定联邦成员国的财政预算，遴选和管理文武官员，负责内政、治安和对外防务，拥有使用和调动驻法属印度支那的法国海军的权力，并且具有与法国驻远东各国的外交代表或领事磋商外交事务的权力。总督府设一名总务长官协助总督处理日常事务，还设立财务、工务、卫生保健、农、林、关税、邮电、矿山、地质和教育等16个部局。在总督主持下，建立政务评议会、财政经济最高会议和国防会议。总督是这些会议的当然主席。虽然上述机构名义上只具有咨询性，但总督拥有对任何提案的否决权，因此实权还是掌握在总督手中。

柬埔寨作为法属印度支那联邦的成员国，法国在柬埔寨首都派驻首席殖民官，各省会派驻地方驻扎官，这些地方驻扎官统统由首席殖民官领导。

法国殖民当局还在柬埔寨实行"以越制柬"的政策。虽然越南和柬埔寨一样，同是法国的殖民地，同是印度支那联邦的成员国，但是法国殖民当局利用越南人来治理柬埔寨人。这是因为从历史上看，越南曾经是柬埔寨的宗主国，从公元15世纪的晚期真腊王国以来，越南就不间断地对柬埔寨实行军事侵略，利用它扶植的柬埔寨傀儡政权，控制柬埔寨的内政，侵吞柬埔寨领土。特别是到了公元16—19世纪的柬埔寨王国时期，越南和暹罗在柬埔寨进行激烈的争夺，双方各有胜负，但都以柬埔寨的利益作为他们的战利品。1811年和1833年越暹之间发生了两次军事冲突，结果都是越南方面获胜。在这种情况下，柬埔寨国王安赞二世不得不向越南纳贡称臣。1813年越南军队开进柬埔寨境内，使柬埔寨沦为越南的保护国。越南在柬埔寨实施"越南化"的措施，大批越南人移居柬埔寨。正如民主柬埔寨外交部1978年9月的《黑皮书》所说："数以万计的越南人来到这个地区定居，占领了佩戈、巴地和磅斯罗卡德雷（边和）地区的土地。他们驱逐了在那里居住的高棉人，并迫使他们迁移到较偏远地方居住。"① 当法国人将越南变为它的殖民地以后，就承袭了越南对柬埔寨的宗主国的地位，并把越南人变成他们手中的棋子，推行"以越制柬"的政策。根据1904年的统计，柬埔寨的46名省级印支籍官员中，有22名是越南人；金边市政府中16名非法国籍官员中，有14人是越南人；在1866年的殖民军队中，法国籍官兵为1 164人，越南籍官兵则有1 468人。

法国人加紧了让柬埔寨全盘殖民化的步伐。公元1897年法国殖民主义

① 民主柬埔寨外交部1978年9月的《黑皮书》。

者强迫诺罗敦国王修改1884年签订的《法柬条约》,剥夺了柬埔寨国王最后拥有的一点行政权力,成为一个完全徒具虚名的傀儡。国王只是名义上的国家元首和佛教的保护人。没有法国首席殖民官的批准,国王的命令、枢密院的决议、对政府大臣的任命,统统都是无效的。柬埔寨军队的领导权亦掌握在法国人手中,柬埔寨人在军队中的最高官职只能担任到排长。

当时担任法国驻柬埔寨首席殖民官的是威尔尼维尔,这是一个臭名昭著的殖民主义者,他专横跋扈,目中无人。诺罗敦国王对他的言行表示谴责和不满,他公然粗暴地说:国王疯了,要将其监禁,砍掉他的脑袋,或流放到昆仑岛。正是在他的胁迫下,诺罗敦国王才不得不在1897年的条约上签字。1897年的《法柬条约》使柬埔寨彻底丧失了主权和领土的完整,变成了法国名副其实的殖民地。

从1864年的《法柬条约》到1897年的《法柬条约》,法国完成了将柬埔寨从被保护国变为完全的殖民地的全过程。

法国对柬埔寨的经济掠夺

1897年的《法柬条约》的签订,是柬埔寨正式沦为法国殖民地的标志。所谓殖民地是指被他国剥夺了政治、经济的独立权利,并受其控制和掠夺的国家或地区。从这个定义出发,我们应该把柬埔寨沦为法国殖民地的时间定在1897年。过去许多学者把1862年视为柬埔寨沦为法国殖民地的时间,似乎不太妥当。因为1862年5月越南皇帝嗣德派使者向法国求和,签署了《西贡条约》草案,将交趾支那东部三省割让给法国。法国以继承越南对柬埔寨的保护权为由,强迫诺罗敦国王于1863年8月11日草签《法柬条约》,根据该条约规定,柬埔寨接受法国“保护”。被保护国和殖民地是两个概念,受保护的国家国王还保存一定的政治经济权力。直到1897年的《法柬条约》,柬埔寨国王的剩余权力才被剥夺殆尽。因此,柬埔寨正式沦为法国殖民地的时间应是1897年。

殖民地的形成是西方国家推行殖民主义政策的结果。所谓殖民主义(colonialism),是指一个比较强大的国家采取军事、政治和经济手段,占领、奴役和剥削弱小国家,将其变为殖民地、半殖民地的侵略政策。资本主义发展有不同阶段,因而殖民主义也有不同的表现形式:在资本原始积累时期,殖民主义者大都采取赤裸裸的暴力手段,如武装占领、海外移民、海盗式的掠夺、欺诈性的贸易、血腥的奴隶买卖等;在自由资本主义时期,殖民主义者主要通过“自由贸易”形式,把不发达国家变成自己的商品市场、原料产地、投资场所,以及廉价劳动力和雇佣兵的来源地；在帝国主义时期，资本输出成为剥削这些国家的主要形式。19世纪末20世纪初，世界基本上形成了帝国主义的殖民体系。

19世纪末法国将柬埔寨变成它的殖民地，正是将柬埔寨纳入世界帝国主义殖民体系的一个重要步骤。

马克思1853年在《不列颠在印度统治的未来结果》一文中提出，殖民地及殖民主义有“双重使命”，即破坏性使命和建设性使命，两者都是既有积极方面又有消极方面。

对殖民地的“破坏性使命”主要表现在对殖民地传统社会经济结构的破坏上。柬埔寨成为法国的殖民地以后，传统经济结构的瓦解和破坏是巨大的。什么是柬埔寨传统的经济结构？就是自给自足的小农经济，或者说，是一种以农业生产方式为主的自然经济。在这种经济条件下，农民（农奴）仅仅是为了向封建地主（农奴主）缴纳土地租税和维持自己的温饱而生产，不是为了交换而生产，商品经济不发达。他们不需要追求市场，寻求先进的生产工具和知识，因而劳动者闭塞无知，劳动生产力低下，社会发展停滞。农民（农奴）被束缚在土地上。从公元9世纪开始，统一的真腊王国出现，一直到19世纪中叶，1 000余年的柬埔寨社会发展，基本上是维持了这种模式。19世纪末柬埔寨成为法国的殖民地以后，这种传统的社会结构遭到破坏，柬埔寨逐步变成法国的原料产地和商品推销的市场，被纳入世界资本主义的生产体系之中，成为世界资本主义产链中的一环。它所带来的消极结果是，使柬埔寨广大的农业和手工业者破产，成为雇佣劳动者；贫富悬殊加剧，社会矛盾加深；国家主权和独立丧失，民族尊严受到践踏，堕入被压迫、被奴役的深渊。

殖民地的“建设性使命”，即积极意义，通常表现在宗主国向殖民地输出资本、技术，进行建设；提供了现代化的港口、道路等基础设施；促进了殖民地的商品经济发展；使城市化步伐加快，出现铁路、公路、电信、电话、医院、学校等现代设施；推动了社会发展进程，把原本落后的殖民地地区带入市场经济领域。在这方面，柬埔寨在法国殖民主义统治下的90多年的时间里，受益不算多，现今我们除了能够看到一些老旧的法式建筑和陈旧的殖民时代的设施留下来之外，唯一能见到的是法国的硬壳面包还出现在柬埔寨人的日常生活中。

如果清算殖民主义统治时期法国对柬埔寨经济的掠夺的话，则可以说是罄竹难书。

首先，法国殖民主义者对柬埔寨的自然资源垂涎已久。柬埔寨土地肥沃，气候温和，盛产稻米、棉花、生丝、黄蜡、柚木、水果、甘蔗、橡胶、虫胶、树脂、香料等，许多农副产品可以作为工业生产的原料。当时法国工业生产布局以轻工业为主导，其中又以生产奢侈品和服装为主。柬埔寨价廉物美的农副产品，跟法国的轻工生产十分对路，一拍即合，遂成为法国不可或缺的原料供给地。柬埔寨成为法国的殖民地以后，更加方便法国对它进行残酷的资源掠夺。仅生丝一项，就占法国进口原料的六分之一。[①]在此以前，法国需要的生丝主要从中国进口，而英国人垄断了生丝的贸易，法国人必须从英国人手中转购。法国每年输入生丝的数额相当大，据公元1856年的统计，当年法国人购买生丝花了2亿法郎，其中通过英国人转手近占一半，即9 500万法郎。[②]通过英国中间商的转手，必然提高了生丝原料的价格，大大影响了法国生丝产品的成本和竞争力，对法国十分不利。法国将柬埔寨变成殖民地以后，直接从柬埔寨进口生丝，便能减少中转环节，获取巨额利润，降低生产成本，推动了以生丝为原料的有关工业部门的迅速发展。

19世纪法国的时装

除生丝之外，法国还从柬埔寨获取优质棉花、毛皮来支撑他的纺织业和制衣业。进

① CH.拉阿来:《法国的对外贸易》，巴黎1859年版，第988页。转引自陈显泗:《柬埔寨两千年史》，中州古籍出版社1990年版，第555页。

②《法国贸易十年表：1847—1857年》卷一，巴黎1857年版，第116页。转引自陈显泗:《柬埔寨两千年史》，中州古籍出版社1990年版，第556页。

口各种香料来进行食品加工和肉类腌制，有的香料则用来制造著名的法国巴黎香水和高档奢侈品。特别值得一提的是胡椒，本来柬埔寨不产胡椒，19世纪初大批华人移居柬埔寨后才给他们带去胡椒的种植技术。来自中国海南岛的移民，最先在贡吓省种植胡椒。那里的气候和土壤很适宜胡椒的种植。他们用中国式的种植技术来栽培胡椒，在田畦上插枝、压枝、除草、浇水、施肥、培土等，从而取得胡椒的丰收。这套技术很快被高棉人掌握，并将胡椒种植推广到柬埔寨的其他地方。这就大大增加了柬埔寨胡椒的年产量，给法国提供了充足的货源。

柬埔寨自古以来就盛产珍禽异兽，这些动物的毛皮，运到巴黎，就被加工成太太小姐们身上穿戴的毛裘衣帽。巴黎不是以衣着的光鲜亮丽、奢华时髦著称于世吗？来自柬埔寨的原材料成就了巴黎的奢华和时髦。那时候人们还不知道保护自然资源和珍奇动物，柬埔寨很多稀有的自然资源和珍奇动物，在法国人的掠夺下几近灭绝。

可以说，19—20世纪法国发达的轻工业，完全是依靠包括柬埔寨在内的法属殖民地和半殖民地支撑起来的。法国对柬埔寨各种资源的掠夺，几乎到了"竭泽而渔"的程度。

另外，对殖民地廉价劳动生产力的掠夺，是法国殖民主义者对柬埔寨经济掠夺的又一个重要组成部分。在法国殖民主义者到来之前，柬埔寨社会长期处于农奴制的发展阶段。这个阶段的特点是什么？列宁在《论国家》一文中说："农奴制的基本特征，就是农民（当时农民占大多数，城市人口极少）被束缚在土地上，由此就有农奴制这一概念。"① 在封建农奴制度下，国王和封建主占有生产资料和不完全地占有生产者——农奴，构成了这种生产关系的基础。"普天之下莫非王土，率土之滨莫非王臣。"国王是全国土地的所有者，他把土地再

柬埔寨胡椒种植

① 《列宁全集》第2版第4卷，第46页。

分给皇亲国戚和各级官吏，农奴则随着土地依附国王、贵族和官吏。农奴是土地的实际耕种者，他们必须向土地的主人缴纳实物地租和劳役地租。

在与柬埔寨毗邻的泰国，公元15世纪开始实行“萨克迪纳制”，就是把全国的土地，按贵族的爵位、官吏的官衔和职务以及平民百姓不同的级别进行分配，使其占有“职田”或“食田”，然后由国家征收劳役地租或实物地租。在泰语里“萨克迪”意为权力，“纳”是土地，“萨克迪纳”即对土地占有的权力。柬埔寨受泰国影响很深，基本上也是实行“萨克迪纳制”。国王是最高统治者，下来是副王、贵族和各级官吏，他们是统治阶级。而占全国人口绝大多数的被统治阶级是“派”和奴隶。“派”就是农奴，可以分为三大类：“派素姆”“派銮”“派帅”。“派素姆”是指隶属于拥有400莱以上封田的贵族或官吏之私家农奴，也叫“私民”。他们耕种份地，将收成的部分实物缴纳所属的主人（乃），同时还为主人服各种杂役。他们本身可以拥有一些私有财产，并可遗留给子女亲属。但他们不能随意迁徙，不能擅离所属主人的管辖。“派銮”是指隶属于国王的农奴，也称“官民”。他们和“派素姆”一样拥有份地和微薄的私产。“派銮”一般由国王指定地方官吏代管，所以，他们除向国王纳赋和服役外，还要为管辖他们的地方官吏干活。在双重剥削下，“派銮”的地位还比不上“派素姆”，常有“派銮”宁愿当私民而逃亡去投靠新的主人。“派帅”是指为国王生产手工业特需品的工匠，其境况跟“派銮”一样。尽管法律规定不准出卖“派”，但这种买卖事实上是存在的。处于社会最底层的奴隶称为“塔特”。按萨克迪纳制度规定，奴隶可以获得5莱耕地（1莱=2.4市亩），可以拥有私人财产和后裔继承权。他们在无偿地替主人做家务、服杂役的同时，耕种自己的小块土地。主人除了不能杀害奴隶外，可以对他们任意打骂。

“萨克迪纳制”确立了“派”和奴隶对土地的人身依附关系，把他们紧紧地拴在土地上。封建领主通过占有土地而控制了生产者。在当时东南亚各国处于地广人稀的历史条件下，对劳动力的控制显得更有其重要性。

国王是全国土地的主人，在泰语和柬语里称国王为“诏佩丁”，“诏”是主人，“佩丁”是土地。国王又是国家的主人，国王对全国土地的占有，实际体现了土地的国有制。正如马克思所说，土地国有制是东方封建社会的一个特点。国王是不会将土地直接分给农奴耕种的，他先把土地作为“采邑”分给贵族和官吏，再由贵族、官吏把土地分给属于他采邑内的农奴去耕种。这就是采邑制度，或者说是分封制。恩格斯在《法兰克时代》一文中解释说，所谓采邑，就是承担一定义务的封地。受封的“豪绅显贵本人也成了国王的佃农”①。受封者接受国王的采邑，必须向国王承担一定的义务，否则国王就会把采邑收回。义务的核心内容就是对国王的绝对忠诚。

柬埔寨苏利耶跋摩二世(公元1113—1150年在位)的时候，他的臣属有一篇对他表示忠诚的誓词流传下来。誓词说：“我们(臣属)将不崇拜其他国王，我们将不是敌人，我们也不是任何敌人的同盟者，我们将不寻求任何方式危害他(国王)。我们将努力做一切对苏利耶跋摩陛下感恩的虔诚的事。假如有战争，我们将努力作战，不惜生命，以我们的全部灵魂感恩于陛下。我们将不逃避战争，假如没有战争，我们死于非命，我们希望能获得那些效忠于他们主人的人的奖励。假如我们终生能为陛下服务，我们将履行我们的职务。……假如我们不能实践对还长期治理国家的你(的诺言)，我们就要求陛下对我们处以各种王法。假如我们逃避实践诺言，我们将被投入32层地狱，像太阳、月亮一样长久。假如我们无误地实践了诺言，希望陛下为维持我们地方的慈善事业，给予我们家庭的生计，因为我们是效忠于我们的主人、效忠于从塞加924年(公元1113年)就完整地享受王位的苏利耶陛下者，我们希望能得到效忠他们主人的人的奖励，从今生至来世。”②

由此看来，国王的臣属对国王有一种誓死效忠的人身依附关系，而农奴或奴隶对其主人又有一层依靠土地租赁关系维系的人身依附关系，由此构成了柬埔寨社会的人际关系。

当公元19世纪末柬埔寨沦为法国的殖民地以后，柬埔寨旧有的社会结构被彻底打破，使柬埔寨的社会发生了一系列的变化。封建的人身依附关系被打破，出现了相对自由的雇佣劳动者，为资本市场提供了廉价的劳动力。所有这一切变化都是通过改变旧有的土地国有制(土地属于国王所有)，实现土地私有制来实现的。法国殖民当局曾不遗余力地在柬埔寨推行土地私有化的政策。因为在土地国有制的情况下，土地不能买卖，封建主凭借对土地的占有权对农民、农奴进行统治和剥削，对封建主有利；对法国殖民者来说，旧的土地制度不利于他们推行殖民统治和经济掠夺。因此，法国殖民主义者从进入柬埔寨的第一天起，就作了一次又一次的尝试，改变旧的土地制度。

以公元1884年为分界，法国殖民主义者在柬埔寨推行新的土地政策分为

① 恩格斯：《法兰克时代》，见《马克思恩格斯全集》第19卷，人民出版社1963年版，第548页。
② 转引自陈显泗：《柬埔寨两千年史》，中州古籍出版社1989年版，第515页。

两个阶段：1884年前为第一阶段，主要是对旧的土地国有制进行破坏，把土地从封建统治者手中夺过来；1884年后为第二阶段，通过“租让”办法，将土地分割和出卖，实现土地私有。

法国在柬埔寨殖民统治的根本目的，是将柬埔寨变成他的原料生产地和商品推销的市场，将柬埔寨纳入其资本主义的生产体系。而柬埔寨旧有的封建生产关系，以及与此相适应的封建土地国有制度，阻碍了柬埔寨殖民地化的进程。土地是权力的基础，以国王为代表的封建主保持对土地的所有权，就等于继续拥有至高无上的权力，这是法国殖民主义者所不能接受的。法国人想占有土地，首先就必须从“土地不得买卖”方面打开缺口。因此，在1856年的《法柬协定》中，特别规定了法国人享有“购置土地等权利”。柬埔寨国王明白，如果法国人可以在柬埔寨购买土地，将破坏传统的土地国有制的原则，动摇柬埔寨封建统治制度的根基，所以坚决反对，拒不签字；即使在1860年代签字的《法柬条约》使柬埔寨变成法国的保护国后，也没有让法国人获得购买土地的权利。条约仅仅同意给法国“选择、销售、使用他的王国里的森林、建造帝国军舰需要的木材”的权利。然而法国殖民主义者对柬埔寨土地占有的需求是无法遏制的，大有不达目的誓不罢休之势。1884年法国人用刺刀威逼诺罗敦国王签署的《法柬条约》规定：“王国土地，直到今天是国王专有，今后将终止不可转让。”所谓“终止不可转让”，就是今后土地可以转让，可以买卖。这就否定了国王对土地的专有权，否定了土地国有制。做到这一步，只是破坏了旧有的土地制度，并不意味着土地所有权已经转到法国人手中。因此，法国人接着威逼柬埔寨国王同意“由法国和柬埔寨当局建立一个柬埔寨土地所有权制度”。只有建立了新的土地所有权制度，法国人才能染指柬埔寨的土地所有权，最终达到控制柬埔寨土地的目的。法国人建立柬埔寨新的土地制度的计划是在1884年后逐步实现的。

公元1884年以后，法国人在柬埔寨推行新的土地制度，即通过“租让”实现土地所有权的转移。法国人宣传，既然整个柬埔寨已被法国占有，那么柬埔寨国家的土地也同时属于法国。当他们攫取了柬埔寨的全部土地后，他们就把土地，包括荒地，“租让”出去。需要获得土地的人，可以向殖民当局提出申请，通过批准，付出较低的代价，便可获得一定数量的土地。这种租让地有两种类型：临时租让地和长久租让地。临时租让地是有一定的租让期限，由租让者与法国殖民当局签订契约，规定租让期限和租让费，到期归还。长久租让地没有固定的租期，缴纳土地租让金后该土地便属于土地租有者私有。另外，还有一类长久租让地不用缴纳土地租让金，可以无偿获得，但所占比例极少，是专门为少数特权阶层设计的。有偿也好，无偿也罢，都是为法国殖民统治者的利益服务的，是殖民统治者的特意安排。因为只有法国殖民主义者以及效忠于他们的柬埔寨的封建官僚，才能获得租让土地的特权。这种特权包括，他们租让的土地数量不受限制。至于柬埔寨普通的老百姓，特别是广大的农民，只能租让不超过10公顷的土地。其他人，包括非法国籍的外国人，都被排斥于土地租让制之外。非法国籍的外国人，即使有钱，也只能向法国殖民当局租佃，租佃的最长时限不得超过30年。

法国殖民当局推行的新土地政策，实质是对柬埔寨土地这个最重要的生产资料的疯狂掠夺，必然激起广大农民的反抗。从1884年开始的长达10年之久的反法农民起义就是一场争夺土地的斗争。虽然起义最终被镇压下去，但法国殖民统治者不得不对柬埔寨农民采取一些妥协措施。考虑到柬埔寨还有大量尚未开垦的土地可供法国殖民者使用，他们暂时没有必要，也不敢直接从柬埔寨农民手中夺取土地，所以采取了比较和缓的维持现状的政策。农民正在耕种的土地只要进行登记就能取得所有权，即用无偿租让代替原来的有偿租让。当然，其前提是必须符合他们规定的条件：土地面积不得超过10公顷，必须经法国留守使或省长批准后方能生效，还需向政府交纳一笔费用才能买到土地登记证书。

接之而来的是土地税的征收。此前，柬埔寨通行什一税，即按当年土地的收益总额征收十分之一的税。收益一般依年景的好坏而变化，税收也随之而变化，这就带来许多不确定因素和可能存在的弊端。因此，法国殖民当局准备创建一套新的土地税的征收制度，以最大限度地从土地资源上攫取利益。新的土地税的征收，必须以掌握土地的真实情况为前提，因而就必须重新对土地进行丈量和登记。这又是一项繁重、复杂而且旷日持久的工作，因此一直拖延至20世纪40年代才大体就绪。

1940年1月起，法国殖民当局宣布正式执行新的土地税。新的土地税不是减轻而是加重了人民的负担，这从土地税收入的增加便可得到证实。1938年殖民当局的土地税收入是2 398 000披亚斯特，1942年则增加为3 947 000披亚斯特。

除开土地税外，柬埔寨人民还要负担各种名目的苛捐杂税。诸如：人头税、代役税、动物税、作物税、营业税、所得税、注册税、专卖税、特许证税等。甚至连每头牛、每间房、每只船、每张网都要收税。税收多如牛毛，巧取豪夺，民不聊生。

法国对柬埔寨的文化侵略

所谓文化侵略，是指一个国家或民族对其他国家或另一民族通过文化改造和思想改造而达到的征服行为。文化侵略和经济掠夺往往是并行不悖的。19世纪法国将柬埔寨变成他的殖民地以后，首先就要对柬埔寨进行经济掠夺，使其变成他的原料产地和商品推销的市场。而要达到这个目的，就必须进行文化侵略，即通过宗教和教育这两条途径，将西方的意识形态、思想方法、价值观念、宗教信仰、生活方式、语言习惯强加给柬埔寨人民，让他们逐渐放弃传统的民族文化，在潜移默化中接受西方的同化。这就是法国对柬埔寨推行的殖民文化政策。

殖民文化不是单方面的存在与行为，它反映的是一种关系，是殖民主义者同被压迫被剥削的殖民地人民之间的一种精神支配关系。殖民主义统治者利用他们的经济优势和政治渗透，利用文化输出的主导权，通过各种渠道，把自己的意识形态强制性地灌输给殖民地人民，削弱他们的国家主权意识和民族文化精神。因此，殖民文化是一种强权文化、霸权文化、种族文化。它使殖民地人民丧失民族精神和独具特色的传统民族文化。殖民文化是一种反人道、反文明的文化形态。

殖民文化首先通过宗教传播的途径来实现。

宗教本是一种信仰。信奉何种宗教是每个人的自由选择，你可以信某种宗教，也可以不信任何宗教。但是，宗教信仰一旦跟政治相结合，就会变成一种政治制度和生活方式。比如说，西方人信奉天主教或基督教，就是选择了以耶稣基督为中心的生活方式。如何观察和理解世界，如何认识人类自身，都是这种生活方式的组成部分。基督教教人如何理解世界和人类的起源，如何看待上帝和耶稣，人生在世的基本准则是什么，人死之后的归宿是哪里，有没有天堂和地狱的存在，凡此种种核心信念，奠定了基督徒生活方式的基础，并支撑着这种生活方式。另外，基督教在长期传播过程中，逐渐掌握了大批的信徒，形成了由基督徒组成的社会和国家。此时，基督教就不仅仅是一种生活方式，也成为一种政治形态和社会制度。

基督教是在公元16世纪伴随着西方殖民者的东来而传入东南亚地区的。无论是早期的西班牙、葡萄牙殖民者，还是后来的英、美、法殖民者，无一例外都是以宗教传播作为推行殖民主义统治的开路先锋。最早的传教士总是同冒险家、探险家一同乘船来到东方。可以说，天主教和基督教一些传教士帮了西方殖民主义者的大忙。因为基督教在东方的传播，就意味着西方的生活方式和政治制度在东方的传播，这就为他们在东方推行殖民统治创造了前提和条件。所以，天主教和基督教传教士除了在一般平民百姓中发展信徒外，还把更大的精力投入到争取当地的国王和权贵皈依天主教或基督教上，如果国王和权贵接受了洗礼，那么就能够比较容易地操控那个国家的政权。比如，1685年10月法国使节肖蒙率领以舒瓦齐神父为首的一批天主教传教士到达暹罗，企图为纳黎萱国王实施洗礼。由于纳黎萱坚决拒绝，结果王子亚派耶脱受洗成为天主教徒。1688年纳黎萱病重，亲法的亚派耶脱王子阴谋夺取王位，被帕碧罗阁粉碎，才使暹罗幸免沦为法国殖民地。柬埔寨的情况也是一样，安东王（公元1747—1749年在位）时期，法国传教士米希主教担任安东王的顾问，虽然他没有说服国王本人皈依天主教，但他成功地利用国王的影响力，在短短两三年的时间内，使柬埔寨的天主教徒发展到500余人。米希主教以宗教为掩护，利用担任国王顾问的有利条件，忠实地为法国殖民主义者的利益服务。

柬埔寨的教堂

当然，并不是所有的西方传教士都是殖民主义者的走卒和开路先锋，在西方向东方传教的过程中，也有一些虔诚的传教士在宗教博爱精神的驱使下，不畏艰险，不计得失，来东方传教，使传教成为一种正当的宗教文化的传播，同时带来了西方先进的科技知识。如著名的西方传教士利玛窦、汤若望等，在东西方文化交流中留下了不可磨灭的功绩，这也是应当充分肯定的。

除开宗教传播途径外，教育也是西方殖民主义者实现文化侵略的另一重要途径。

西方殖民主义者通过在殖民地国家办教育，对年轻一代实施奴化教育，以期达到同化年轻人的目的。在殖民主义者办的学校里，必须用西方语言进行教学，而使其逐渐淡忘自己的母语。语言是民族文化的根，忘记母语，便是放弃民族传统文化。所谓殖民教育就是在教育思想、教学方法、教育体制的支持下，使受教育者丧失民族精神和本土文化，接受一种畸形文化、混血文化和没

利玛窦

汤若望

有任何独立民族精神的文化，成为殖民主义统治的附庸和工具。法国最初在柬埔寨大城市中开办兼授法语和柬埔寨语的学校，目的是培养精通法、柬语的翻译人员。后来这些学校逐渐成为谋求职务的捷径和职务晋升的阶梯，因此柬埔寨的官宦和富家子弟便蜂拥而至，造就了一批为殖民统治者服务的公务员。其中有的人还到法国留学深造。但是，直到第二次世界大战之前，柬埔寨全国只有1名柬埔寨人在法国获得医学学位，而他之所以能够获得这个学位，还是因为他在第一次世界大战期间参加过法国军队，并在战后留在了法国。他的儿子后来也成为柬埔寨的第一位也是唯一的工程师。这显然是得益于父子俩跟法国有特殊关系。直到第二次世界大战后，河内的印度支那大学才为柬人提供某种程度的大学教育，招收的柬埔寨学生不到30名。1879年以后，法国拟订了一个旨在推进官方的“同化”政策的教育计划，计划在每个村镇开设有宗教背景的小学，然而这个计划进展缓慢，带来的结果是使传统的乡村小学因得不到支持而被淘汰，新的学校一时又建不起来，乡村的近现代教育遂成一片空白地带。农村文盲充斥，成为一种常态。

值得注意的是，文化侵略的范畴仅仅限于教育和宗教，在文化的其他领域，比较少地发生文化侵略的现象，更多是文化交流和文化交融，并非全部都是文化入侵。这是由文化本身的特性所决定的。什么是文化？文化就是迄今为止人类所创造的全部有用的物质和精神财富。文化必须是对人类有用的东西，没有用的东西便不是文化。另外，文化有两类：物质文化和非物质文化。

文化的本质就是传播，停止传播，文化本身也就不复存在。从这个意义上说，国家和国家之间，民族和民族之间，即使存在着统治与被统治的关系，他们之间的文化交往，更多的是以文化交流和文化融合的方式出现。

法国殖民主义者为了实现对柬埔寨的政治奴役和经济掠夺，首先就必须从了解柬埔寨的历史和文化入手。在公元16世纪西方人到达柬埔寨以前，西方人对柬埔寨是一无所知的。就是柬埔寨人，对自己的历史文化也不是十分清楚。这是因为柬埔寨传统文化属于宗教文化，与中国传统的史官文化有很大的区别。宗教文化是一种建立在虚幻和想象基础上的文化，宗教起着支配一切的作用，人们为宗教而活着，把毕生精力放在追求来世上。而史官文化则是重视历史，忠于历史，从真实的历史中引出可供借鉴的经验和教训。主张人生的价值就是要立功、立德、立言。中国历代都设有史官，他们把书写真实的历史当作毕生的职责。因此，中国几千年来的历史都记载得十分完备。而包括柬埔寨在内的东南亚宗教文化国家则几乎没有历史，他们没有史官，传下来的史书寥寥无几，其中所记载的内容大都是一些宗教活动。他们的古代史皆依赖中文古籍的记载才得以保存下来。中文古籍是研究东南亚各国历史的主要依据。正是这样的原因，公元1898年法属印度支那总督杜梅下令创立“法国印度支那古迹调查会”（或译作“法国印度支那考古学调查会”），该会由法国金石铭文与文艺学院负责学术监督，大量收罗法国著名的汉学家组成学术研究团队，利用中文古籍的记载指导实地探险考察，作出了杰出的贡献。1900年该会更名为法兰西远东学院，并于1901年开始出版《法国远东学院学刊》（*Bulletin de l'Ecole Franç aise d'Extrême-Orient*），刊登学术论文。该刊在20世纪上半叶影响极大，是国际人文社科领域顶尖的杂志之一。

法兰西远东学院

法国远东学院总部于1902年设于河内，20世纪50年代因越南战争的关系迁至巴黎。法国汉学研究和东南亚研究的成果和法国远东学院是密不可分的。很多著名的法国汉学家，例如沙畹(Emmanuel-Edouard Chavannes，1865—1918年)、伯希和(Paul Pelliot,

1878—1945年)、马伯乐(Henri Maspero, 1883-1945)等,都曾长期供职于该学院。

沙畹是学术界公认的19世纪末20世纪初世界上最有成就的“欧洲汉学泰斗”,是世界上最早整理研究敦煌与新疆文物的学者之一,伯希和与马伯乐都出自他的门下。他最主要的、最大的贡献就是翻译中国古代史学巨著《史记》。在研究古代史的过程中,将考古学和碑铭学结合起来,开启了欧洲研究中国古代艺术之先河。在中国历史地图学方面,他发表的《中国地图学中两幅最古老的地图》的论文,是欧美学者讨论中国地图学史的滥觞。他还关心中国的佛教、道教和民间宗教信仰的研究,他与伯希和合著《摩尼教流行中国考》,对摩尼教在中国的传播过程作了大致的勾勒。他对中国边疆史地和少数民族问题有浓厚的兴趣,以中国史料为根据并参引西方人的记载编撰成了《西突厥史料》。在这本著作中,他首先提出了“海上丝绸之路”的概念:“丝路有陆、海两道。北道出康居,南道为通印度诸港之海道。”

伯希和师承沙畹,汉学研究精湛,于中国目录版本、语言文字、考古艺术、宗教文化、东西交通,以及边疆史地等方面,都有论著。有人评价说:“伯希和不但是法国的第一流汉学家,而且也是所有西方的中国学专家的祖师爷。”“没有他,汉学将像一个失去父母的孤儿一样。”1903年伯希和将元周达观著《真腊风土记》翻译成法文并加注释在巴黎出版,等于交给西方人一把解开吴哥之谜的金钥匙,也使周达观成为世界文化名人。1904年他在巴黎发表《交广印度两道考》,为中外交通史的研究独辟蹊径。1907年伯希和的探险队在库车发现了用婆罗米文书写的久已失传语言的文件,这些失传语言后来被伯希和的老师烈维译解为乙种吐火罗语,让这种死去的语言恢复了生命。季

沙畹

伯希和

马伯乐

羡林先生在德国留学的时候，追随德籍导师学习吐火罗语，成为中国为数不多的通晓吐火罗语的学者。1908年伯希和从敦煌莫高窟的王道士手中购得敦煌文书2 000余卷，开启了敦煌学的研究，使之成为国际学者争相关注的一门显学。他后期致力于蒙元历史研究，可惜其《元朝秘史》与《马可·波罗游记》注释二书皆未能完成。

马伯乐又译马斯伯乐，法国著名的汉学家沙畹的学生。1883年12月15日出生于巴黎，其父为法国著名埃及学家加斯顿·卡米尔·查理·马斯伯乐。1921年马伯乐继承其师沙畹任法兰西学院中国语言和文学讲座之主讲人。定居法国后，他开始撰写一部中国古代史，1927年出版了1卷《古代中国》（1955年再版，附补编和汉文方块字）。这本书以公元前3世纪为下限。马伯乐除了主要研究中国古代历史以外，还对中国的道教进行了研究，并依据在道教研究中获得的新资料，对中国的佛教起源再作探讨。1936年马伯乐被聘为碑铭与美文学院院士，1943年当选为院长，1944年任法兰西学院文学部会长。由于他的儿子让·马斯佩罗参加反法西斯组织，马伯乐夫妇被德国法西斯逮捕入狱，后来被押送到德国布痕瓦尔德集中营，受尽非人待遇，1945年3月17日在集中营病逝。

法兰西远东学院有两项成果最引人注目：

一是对柬埔寨吴哥窟的研究和考察。1907年起法兰西远东学院开始对吴哥窟作系统性的调查，这项工作曾长期因柬埔寨政局动荡而停止，于20世纪90年代重新展开。

二是在汉学方面的成果。伯希和于1908年找到一大批敦煌文献，是汉学研究史上的一件大事。这批文献运回河内，后转运至法国，促成了法国敦煌学的蓬勃发展，也使法国在该领域一直走在世界前沿。

此外，法兰西远东学院在越南研究、东南亚研究、日本学研究、印度学研究等多方面皆有卓越建树。

法国殖民当局成立法兰西远东学院，目的是推行殖民文化，结果事与愿违，客观上促成了东南亚研究和汉学的长足发展。在法兰西远东学院的倡导下，国际学术界相继涌现出一批杰出的汉学家，诸如：英国的斯坦因（Stein 1862—1943年）、法国的费瑯（G. Ferrand）、戴密微(Paul Demi é ville，1894—1979）、日本的藤田丰八(Fujita Toyohachi,1869—1929年）、桑原隲藏（1870—1931年）。中国方面也出现了冯承钧（1887—1946年）、向达（1900—1966年）、张星烺（1889—1951年）、岑仲勉（1886—1961年）等学术大师。一时间群星璀璨，人才辈出，使汉学和东南亚研究进入前所未有的鼎盛时期。

斯坦因

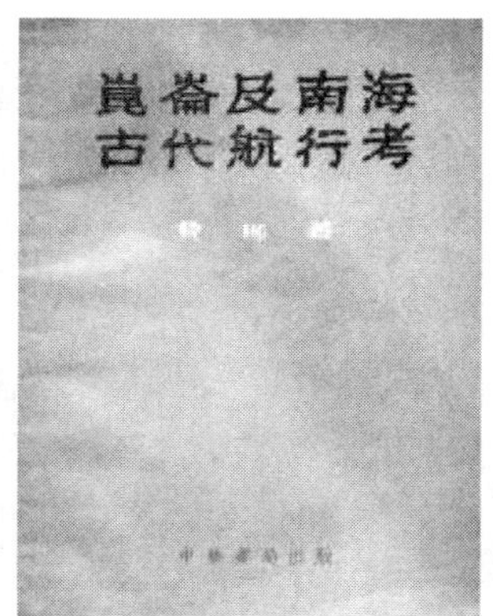

费瑯的中文版著作

戴密微

藤田丰八

桑原隲藏

冯承钧著作

向达

张星烺

岑仲勉

时至今日，法兰西远东学院共在12个亚洲国家和地区设立了17个联络中心，分别是：

柬埔寨：金边、暹粒；

中国：北京、香港、台北；

印度：本地治里、浦那；

印度尼西亚：雅加达；

日本：京都、东京；

韩国：首尔；

老挝：万象；

马来西亚：吉隆坡；

缅甸：仰光；

泰国：清迈、曼谷；

越南：河内；

菲律宾：马尼拉即将开设新的联络中心。

可见，法兰西远东学院的影响之广泛，意义之深远。这也是当初法国殖民主义者创建这座学院时所始料未及的。

作者点评

公元19世纪中叶，法国殖民主义者来到柬埔寨，推行殖民主义的侵略政策，使传统的柬埔寨社会发生巨大的变化，开启了柬埔寨近代史。

正当中南半岛两个强大国家暹罗和越南相继成为柬埔寨的宗主国的时候，法国人来到这个地方，借"保护柬埔寨独立"为名，参与了这场控制、瓜分、肢解柬埔寨的强盗式角逐，先占领了越南，后又打压暹罗，最终将柬埔寨纳入法国的殖民统治。

法国将柬埔寨沦为它的殖民地的过程，经历了漫长的时间，大体分为如下几个步骤：

第一步，以传教为先导，敲开柬埔寨的国门。以米希主教为代表的法国传教士在法国殖民主义扩张的进程中扮演了不光彩的角色。他原是法国驻暹罗的传教士，在安东王统治时期来到柬埔寨，以欺诈的手段取得安东王的信任，成为国王顾问，接着利用手中掌握的权势，短时间发展了500名信徒，建立起以他为首的特别牧师会，使天主教在柬埔寨站稳脚跟。同时，挑拨柬埔寨与暹罗的关系，怂恿安东王脱离暹罗而投靠法国。可以说，利用传教活动来达到推行殖民统治的目的，是早期西方殖民主义者惯用的伎俩。

但是我们也应该看到，宗教传播毕竟是一种文化传播，并非所有从西方来的传教士都服务于本国政府的政治目的，其中也有一部分传教士本着对宗教的信仰和虔诚，怀着慈爱之心来东方传教。他们在贫苦民众中扬善济贫，施医赠药，收养孤儿，传播文化知识，起到了很好的作用，是不能一概否定的。

第二步，法国占领越南后，以继承越南对柬埔寨的宗主权为名，力图将柬埔寨变成他的保护国。1864年4月12日法国同柬埔寨正式签署了《法柬条约》，正式承认法国对柬埔寨的保护权。保护国和殖民地还是有些不同的。如果说柬埔寨被法国保护时期，柬埔寨国王还享有一些有限的行政权力的话，那么变成殖民地以后，所有的内政外交权力都统统丧失殆尽。所以，法国决不仅仅满足于对柬埔寨的"保护"，它的最终目的是使柬埔寨变成它的殖民地。

第三步，1897年的《法柬条约》的签订，是柬埔寨正式沦为法国殖民地的标志。法国把柬埔寨从保护国变为殖民地，整整花费了30多年的时间。

殖民主义制度是人类社会发展史上所经历的一个最野蛮、最没有人性、最不公平和最不合理的一种社会制度。因为这种制度是建立在西方列强通过军事、政治和经济手段，占领、奴役和剥削弱小国家和民族的基础之上的。一旦成为殖民地，就意味着丧失国家主权和领土完整，堕为西方列强的原料产地和商品推销的市场。不可避免地要受到西方列强的经济掠夺和文化入侵。

从1897—1953年法国对柬埔寨实行殖民统治的半个多世纪，柬埔寨人民遭受了巨大的损失和伤亡，同时也进行了长期不屈不挠的斗争，国家要独立，民族要解放，人民要革命，这是任何人也无法阻挡的历史潮流。当我们评价柬埔寨在法国殖民统治下的这段历史的时候，当然应该毫不犹豫地要大声谴责殖民主义政策，但是也不能放弃马克思主义唯物辩证法的观点，既要看到殖民制度的"破坏性使命"，也要看到它的"建设性使命"，即积极意义：通过向殖民地输出资本、技术，进行建设，提供了现代化的基础设施，促进了商品经济发展，使城市化步伐加快，促进社会发展进程，把原本落后的地区带入了世界经济体系。

二、两次世界大战中的柬埔寨

柬埔寨出兵参加第一次世界大战

公元1914—1918年的第一次世界大战，是帝国主义国家为重新瓜分世界和争夺全球霸权而爆发的一场世界级帝国主义战争。战争的导因是奥匈帝国皇储费迪南大公夫妇在萨拉热窝被塞尔维亚青年加夫里若·普林西普刺杀，实际反映出来的问题是19世纪末20世纪初资本主义国家正在向帝国主义过渡时所产生出来的不可调和的矛盾。此时，亚、非、拉、美洲殖民地和半殖民地已基本上被列强瓜分完毕，新老殖民主义者之间矛盾激化、各帝国主义国家经济发展不平衡，秩序划分不对等，导致了他们不得不通过战争诉诸武力。

战争分成两大阵营：德意志帝国、奥匈帝国、奥斯曼帝国、保加利亚王国属同盟国阵营；大英帝国、法兰西第三共和国、俄罗斯帝国、意大利王国和美利坚合众国则属协约国阵营。这场战争是世界历史上破坏性最强的战争之一，历时4年，30多个国家和地区，15亿人口卷入了战争，伤亡人员3 000万，经济损失3 400万美元。

第一次世界大战期间，法国打得很苦，青壮年男子四分之一战死，三分之一伤残，经济遭受重创。在这种情况下，他自然想到从掌控的殖民地国家中征调兵源。此时的柬埔寨国王是西索瓦（Sisovath，公元1904—1927年在位），他是前任国王诺罗敦的异母兄弟。

诺罗敦在位期间，虽然表面上对法国殖民当局表示屈从，但骨子里是憎恶法国的，有时还流露出一些反抗举动。特别是殖民当局在柬埔寨推行土地国有化政策，直接触动了柬埔寨王室的利益，促使他起而抗争。他天真地认为，在实现土地国有化过程中的一切错误和偏差，都是因法国驻柬埔寨“留守使”个人原因引起的，因而派他的儿子、王位继承人尤康托尔王子于1900年前往巴黎，向法国政府控诉“留守使”，希望获得法国政府公正的裁决。尤康托尔王子当面对法国政府表白了他郁积心中的不满：“当土地移交给留守使时，人民再一次遭到损失。以前，根据法律规定，所有柬埔寨的土地属于国王。……是你们法国人在柬埔寨建立了私有财产权！是你们在柬埔寨划出巨大租借地！你们使柬埔寨人民穷困！是你们，用武力强迫柬埔寨人民在使用土地时必须付出重大的代价。”①这种声泪俱下的控诉，在一定程度上也代表了柬埔寨人民的心声。法国政府当然是不乐意听的。在柬埔寨实行土地国有化政策，是他们实施殖民统治的既定方针，肯定不是驻柬“留守使”的个人意见，因此，诺罗敦国王和尤康托尔王子的申诉，注定要遭到失败。非但如此，它反而引起了法国政府的警惕，对诺罗敦国王失去信任。诺罗敦国王怀着郁郁寡欢的心情于1904年逝世。

① 威·贝却敌：《沿湄公河而上》，世界知识出版社1958年版，第70页。

诺罗敦国王逝世之后，本应由其合法继承人尤康托尔王子继位，但由于王子在巴黎表露出反法的言行，使他不但失去王位继承权，而且为逃避法国人的迫害，从巴黎途经英国流亡暹罗。另一位可能继承王位的人选应该是诺罗敦国王的胞兄弟西扶沙，但由于他参加了1884—1895年的柬埔寨人民的反法起义，失败后也逃到暹罗。在这种情况下，诺罗敦同父异母兄弟西索瓦获得了继承王位的机会。西索瓦与诺罗敦长期不合，早就存有觊觎王位的野心，故一直曲意巴结法国殖民当局，希望获得法国人的支持。在法国人看来，没有比西索瓦对他们来说更为有利的继位人选了，尽管当时他已经60岁，所剩时日不多。于是，在法国殖民当局的扶持下，西索瓦于1904年登上王位。

1914年第一次世界大战爆发，西索瓦与法国殖民当局配合，从柬埔寨征调了10万名士兵补充到法国军队中，开赴欧洲参加西线作战。德军根据战前制订的施里芬计划，首先在西线发动大规模的进攻，法、英、比三国军队奋力抵抗，使德军速战速决的计划破产。但是，西线战事异常艰辛，双方势均力敌，构筑工事进行长期的阵地战，使战争进入胶着状况。直到1916年出现了三次大型的陆上战役，即西线的“凡尔登战役”“索姆河战役”和东线俄军的夏季攻势后，大战的主动权才转移到了协约国一方。1917年，美国参加对德作战，中国等国家也相继投入战争，协约国的阵营增加到27个国家。俄国因爆发“二月革命”和“十月革命”，退出战争。1918年11月，德国宣布投降，第一次世界大战以同盟国的失败而告终。柬埔寨作为法国的殖民地，出兵追随法国参加欧洲战事，不少柬埔寨士兵血染沙场，作出牺牲。不仅如此，柬埔寨还充当法国战时军需产品的生产者和后勤供给基地，致使柬埔寨人民节衣缩食，举国维艰。为了向法国提供所需要的军需原料和产品，耗费了柬埔寨大量的自然资源。大米和橡胶是两项最重要的军需物资。“一战”期间柬埔寨增加了大米的出口，充作法国军粮。柬埔寨的红土地上，成功地种植了橡胶树，开辟了大批橡胶园，仅棉末一地就拥有当时世界上最大的橡胶园。

第一次世界大战战争场面

用天然橡胶制造的汽车轮胎，是不可替代的军工产品，这使柬埔寨的胶园，与战争挂钩。柬埔寨人民用自己的血汗，支撑着法国的战时经济，通过四年艰苦奋斗，换回协约国在第一次世界大战中的胜利，当法国和协约国的其他成员国分享胜利果实，重新瓜分世界的时候，柬埔寨却没有从胜利中获得一丝一毫的好处。

西索瓦国王于1927年逝世，由其子莫尼旺继位（Monivong，公元1927—1941年在位）。莫尼旺不仅继承了王位，也继承了父王对法国人的忠诚和顺从。本来，第一次世界大战给全世界人民带来的一个重要结果就是战后民族意识的普遍高涨和民族解放运动的兴起，这对西方殖民主义统治是一个极大的冲击。即使是在法国殖民统治下的印度支那，参加民族主义运动的人也很多，但几乎全是越南人，柬埔寨人大体保持平静和沉默，这当然跟西索瓦和莫尼旺父子的媚法态度不无关系。法国殖民当局也非常乐意假手"土人政府"和旧王室来实现其殖民统治。比如说，1916年法国殖民当局在柬埔寨颁行了新的税收和强迫劳动条例，引起了柬埔寨农民的普遍不满，他们准备起而抗争。这时国王出面向他的臣民们保证，他将尽力帮助农民摆脱困难，改善其生活条件，争取公平待遇。农民们相信了国王的话，无须法国人出面，一场反抗法国人的农民运动就在酝酿过程中无形地被瓦解了。

"一战"以后，柬埔寨的经济有所发展，除了传统的大米种植和胡椒生产外，橡胶种植有了长足发展。此时，柬埔寨天然橡胶的产量占印支联邦橡胶总产量的三分之一，但全部被法国垄断公司所控制，橡胶生产所带来的巨额利润也全部被法国人所掠夺。举例说，法国人办的"红土种植园公司"，1910年初办的时候仅有资本230万法郎，25年以后，增加到1.1亿法郎，净增近50倍。[①] 这个

柬埔寨橡胶园

① P. A. 波波金夫娜：《第二次世界大战前印度支那橡胶业的法国垄断组织》，载《南洋问题资料译丛》1959年第3辑，第51页。

种植园位于磅湛省，其规模名列世界第二，连带加工厂，共有工人数千名。这些工人被安排在规定的几个村子里居住，有铁丝网和卫兵把守，如同住在集中营里一般。由此可见，柬埔寨人民为“一战”后经济发展付出了高昂的代价，而且经济发展带来的利润和成果，几乎全被法国所攫取。

第二次世界大战战火燃烧到柬埔寨

1939—1945年爆发了第二次世界大战，这是一场世界人民反抗法西斯侵略的战争。以德、意、日三个法西斯国家组成的轴心国为一方，同全世界反法西斯力量进行了生死较量，决定着人类的命运和前途。战火烧遍欧、亚大陆，把61个国家计20亿人口卷入这场浩劫，伤亡9 000余万人，财产损失4万亿美元。

柬埔寨作为法国殖民地亦不可避免地被卷入第二次世界大战，但参加的方式和结果却与第一次世界大战不同。第一次世界大战时柬埔寨仅仅作为法国的追随者派了10万名士兵赴欧洲作战。第二次世界大战时战火直接烧到柬埔寨本土，柬埔寨还一度被日本法西斯占领。第二次世界大战中发生了许多错综复杂的情况，这当然也和法国在欧洲战场和亚洲战场的表现有关。

1939年9月，德国法西斯对波兰发动突然袭击，并迅速占领了波兰，英、法对德宣战，被认为是第二次世界大战的开始。其实，第二次世界大战应始于1937年7月7日的卢沟桥事变，日军的侵华罪行开启了中国人民的全面抗日战争，中国人民的抗日战争无疑是世界人民反法西斯战争的重要组成部分。战争初期，德、意、日法西斯处于优势地位。在欧洲战场，德国法西斯用“闪电”攻势，于1940年4月9日攻占丹麦和挪威，5月10日攻占荷兰、比利时、卢森堡，随后进攻法国。英法联军在法国进行敦刻尔克大撤退，大部分英法军队撤入英国境内。6月，德国对法国发动了总攻，意大利也趁火打劫，对法国宣战；22日，法国被占领，宣布投降。

在亚洲战场上，1941年10月日本法西斯在建立“大东亚共荣圈”的口号下向东南亚扩展。日本的政策严重损害了美、英两国的利益，美、英遂采取措施限制或禁止向日本出口钢铁、石油等战略物资，这对日本是一个严重的打击。日本军部决定趁美国战争尚未准备就绪之际，1941年12月突然袭击珍珠港，导致太平洋战争爆发。仅用了半年的时间，日本就占领了缅甸、马来西亚、新加坡、印度尼西亚、菲律宾、泰国和法属印度支那。东南亚386万平方公里的土地，1.5亿人口，被践踏于日军的铁蹄之下。在这些地区日本采用不同的方法进行统治：对泰国则依靠亲日的銮披汶政府出面统治，对包括柬埔寨在内的法属印度支那，日本则通过原法国殖民当局实行间接控制；对于菲律宾、缅甸等，给予名义上的独立和一定的自治权，使之成为“大东亚共荣圈”治下的一员；其余马来西亚、荷属东印度等地区，则由日本军政府直接统治。

美国的参战扭转了战争力量的对比和战争的发展形势。随着日本法西斯在太平洋战场的溃败，它急于整合东南亚各国力量，以图扭转战局。1942年日本设立大东亚省。1943年召开大东亚会议——出席者有代表中国伪国民政府的汪精卫、伪满洲国总理张景惠、泰国代表、自由印度临时政府首领鲍斯、菲律宾总统劳威尔、缅甸总理巴莫。会议上通过《大东亚宣言》，表示要为“大东亚战争”的胜利而尽力。

作为对抗同盟国的一种手段，战争后期，日本逐渐让更多东南亚国家走向“独立”。1945年3月，日军推翻了印度支那的法国殖民当局，宣布越南、老挝、柬埔寨三国“独立”，同时扩大东印度群岛、马来西亚的自治权，允许成立“印度尼西亚独立筹备委员会”。在日本投降前夕，印度尼西亚获得独立。

日本让东南亚国家独立只是一个幌子，实际是要达到一箭双雕之目的：一方面从道义上打击美、英、法、荷等老牌殖民主义者，把自己打扮成“解放者”，争取东南亚国家的支持。另一方面紧紧抓住东南亚，从东南亚地区攫取资源。正如日本战犯东条英机所说：“大东亚战争的关键，一方面在于确保大东亚的战略据点；一方面在于把重要资源地区收归我方管理和控制之下，由此扩充我方的战斗力量。”尽管日本将东南亚视为救命的稻草，但依然不能挽救日本的最终垮台。

1943年11月22—26日，中、美、英三国首脑在埃及首都开罗签署了《开罗宣言》，声明世界反法西斯同盟将坚持对日作战，直到日本法西斯无条件投降。

1945年4月，苏军攻克柏林。5月9日，德国正式签署无条件投降书。中、美、英三国发表《波茨坦公告》，敦促日本无条件投降。

8月8日，苏联对日宣战。

中、美、英三国签署《波茨坦公告》

日本代表签署投降书

8月6日和9日，美国在广岛和长崎投掷两颗原子弹。15日，日本裕仁天皇宣布无条件投降。9月2日，日本政府代表在美国战舰“密苏里”号甲板上签署无条件投降书，第二次世界大战结束。

第二次世界大战中日本对柬埔寨的占领

日本图谋占领东南亚的野心早在明治年间就已经露出端倪。正如日本学者井上清所言：“日本的统治者也绝没有放过任何一个他们认为可以向太平洋扩张帝国主义势力的机会。”“哪怕这个机会再小，他们的帝国主义积极性也不亚于任何人。”①1936年，日本发动大规模侵华战争之前，日本广田宏毅内阁就提出把“在外交和国防两方面确保帝国在东亚大陆的地位的同时，还要向南方海洋方面扩张发展”定为基本国策。1939年第二次世界大战爆发后，德军在欧洲战场闪电进展，荷兰、法国相继投降，给日本取代荷兰、法国在东南亚的殖民统治带来机会。1940年6月，日本军方制订了南进计划的作战方案。日本近卫内阁也制定了《基本国策纲要》，规定：“首先以皇国为中心，建设以日、‘满’、华坚强团结为基础的大东亚新秩序。”这里所谓的“大东亚新秩序”，也就是后来所说的“大东亚共荣圈”。这是日本妄图称霸太平洋地区的一个侵略计划。地理范围包括中国、朝鲜、印度支那、缅甸、泰国、马来西亚、菲律宾、荷属东印度（今印度尼西亚）、澳大利亚、新西兰、英属印度（今印度、巴基斯坦、孟加拉国）、阿富汗及太平洋上的所有岛屿。在“共荣”的幌子下，妄图建立一个以日本为主宰的，“以日、满、华的牢固结合为基础的”，包括印度以东、澳大利亚和新西兰以北的所有地区和国家的殖民大帝国。日本自封为“共荣圈”的核心和“领导者”，利用亚洲各国人民对西方殖民者的憎恨，以“民族独立”为诱饵，鼓吹“从欧美列强的统治中解放亚洲”，来达到让日本大和民族爬上东方霸主宝座之目的。

1940年9月，日法签订协议，法国允许日军进驻印度支那。

---

①［日］井上清：《日本帝国主义的形成》（中译本），人民出版社1984年版，第70页。

1943年11月5日，由日本首相东条英机出面，召集伪满洲国首相张景惠、汪伪国民政府行政院长汪精卫、泰国傀儡政府代表汪歪搭雅昆·瓦拉汪王子、菲律宾总统劳威尔、缅甸总理巴莫、自由印度临时政府首席代表钱德拉·鲍斯等，召开大东亚会议，发表《大东亚宣言》，鼓吹“大东亚各国应相互合作，完成从美英的枷锁下解放大东亚，完成其自存自卫”，以增进大东亚之繁荣，“建设共存共荣之秩序”；东亚各国应“开放资源，以贡献于世界之发展”。

在大东亚共荣圈中，日本本国与伪满洲国、汪伪代表的中国为一个经济共同体，东南亚作为资源供给地区，南太平洋为军事国防圈，实现大东亚共存共荣圈。为此，日本在内阁设立大东亚省。

日本把东南亚定位为大东亚共荣圈中的资源供给地，充分彰显了它以掠夺资源作为占领东南亚的主要目的。

东南亚地区的陆地面积广阔，拥有丰富的大米、橡胶、铁、锡、石油等矿产资源。一旦占领东南亚，便可改变过去依赖美、英等供应战略物资的被动局面，建立起第二次世界大战中为日军补充军需物资的基地。

由于在欧洲战场上，德军占领了法国，法国政府宣布投降，只有戴高乐将军领导的法国抵抗力量在继续战斗。所以，当日本占领了法属印度支那后，就采取了仍旧依靠法国殖民统治当局直接统治，而自己实行间接统治的策略。让法国的总督、军队、法律等制度依旧保存，由法国人出面维持治安和社会秩序。日本则通过驻扎军队，控制法国殖民总督府，占据军事战略要地等方式来实现其间接统治。这样做既方便省事，又符合日本的利益。因为维持印支殖民地的稳定，就是维持日本所需要的军需物资的稳定。日本把法属印度支那联邦当作他的“联盟国”。1941年7月，日、法签订《法日共同防守法属印度支那议定书》。既然有共同防御协定，日本就可以在那里长期驻军和建立军事基地，并每年按时索取军费。

1940年9月至1945年3月，日本依靠法国殖民当局在柬埔寨实行间接统治。从1945年3月起，日本为了彻底排除法国势力，解除了法国驻柬埔寨军队的武装，在柬埔寨实行直接统治。日本任命柬埔寨的亲日派组成“自治政府”。6月1日山玉成出任“自治政府”外交部长，8月10日又成为柬埔寨内阁第一任首相。然而出乎意料的是这个“自治政府”却是柬埔寨历史上最短命的一届政府。8月15日，日本天皇裕仁向盟国宣布无条件投降。10月5日法国伞兵在金边空降。10月16日山玉成被捕，后来被流放法国。日本在柬埔寨的直接统治结束。

作者点评

柬埔寨作为法国殖民地，先后被拖入第一次世界大战和第二次世界大战。柬埔寨卷入两次世界大战都是被动的，并非出自本国政府和人民的意愿。这是柬埔寨参加1914—1918年的第一次世界大战和1939—1945年的第二次世界大战的相同之处。不同之处在于柬埔寨参加第一次世界大战和第二次世界大战的方式及结果不尽相同。

第一次世界大战是帝国主义国家瓜分殖民地的战争，本来与柬埔寨毫不相干，但是却被法国殖民当局捆绑在它的战车上，从柬埔寨抽调了10万名士兵开赴欧洲作战。同时，还从柬埔寨征集大米、橡胶等军需物资，充作法国军队的后勤补充。10万名柬埔寨士兵浴血奋战，流血牺牲；全体柬埔寨人民节衣缩食，辛勤劳作，支援法国取得战争的胜利，结果柬埔寨自身却没有得到任何好处。本来，第一次世界大战以后，许多国家都迎来了民族的觉醒和民族解放运动的高涨，但由于柬埔寨国王西索瓦和莫尼旺父子的媚法态度，麻痹了柬埔寨的民族主义精神，使柬埔寨人民保持相对的平静和沉默，正在酝酿中的抗法斗争也被化解消融。虽然"一战"后的安定局面带来了柬埔寨经济的些许发展，然而经济发展的成果却被法国人掠取，柬埔寨人民同样没有得到任何好处。

第二次世界大战的战火直接烧到了柬埔寨本土。战争初期，希特勒德国使用闪电战术，迅速占领欧洲，于1940年4月20日占领法国，法国政府宣布投降。法国本土沦陷后，法国政府依然统治着包括柬埔寨在内的印度支那联邦。法国之所以能够维持在印度支那的殖民统治，是因为法国一直没有对日本宣战。与德国法西斯结盟的日本法西斯，早已把"南进计划"作为基本国策，并把东南亚定位为"大东亚共荣圈"的资源供给地，这就决定了日本必然出兵东南亚。1940年9月，日本与法国签订协议，法国允许日军进驻印度支那。于是柬埔寨被直接蹂躏于日军的铁蹄下。日本为了便于统治，也乐得假手法国。从1940年9月至1945年3月，日本依靠法国在柬埔寨实行间接统治。从1945年3月起至8月15日日本战败，日本将驻扎在柬埔寨的法军全部缴械，实行了近半年的直接统治。无论是间接统治或直接统治，柬埔寨人民都没有好日子过。相反，日本所鼓吹的"大东亚共荣""亚洲人治理亚洲"，至今仍在东南亚国家的一部分民族主义分子中，具有一定的迷惑作用。

总而言之，第一次世界大战和第二次世界大战给柬埔寨人民留下的都是惨痛的记忆。

三、柬埔寨人民反抗外国殖民统治的斗争

自从19世纪外国殖民主义入侵柬埔寨以来，柬埔寨人民反抗外国侵略者的斗争从来就没有停止过。这种斗争可以分为几个历史阶段来叙述：

反对1863年《法柬条约》的斗争

1864年《法柬条约》的签订，正式承认法国是柬埔寨的保护国。这是继暹罗、越南之后被强加给柬埔寨的第三个保护国，而且作为第三个保护国的法国，其权势还凌驾于暹罗和越南之上。从吴哥王朝衰亡以来的历史教训使柬埔寨人深知被他国“保护”的耻辱和痛苦，国家主权丧失，王室变成傀儡，内讧频仍不断，国土被人蚕食。所以，当1863年4月诺罗敦国王在法国驻柬埔寨驻扎官的威逼下在一份协定上签字后，详细信息尚未公布，文件已被送往巴黎交给拿破仑三世签字，柬埔寨国内舆论一片哗然。一位名叫阿查・索亚的亲王率先起而抗争，他带领柬埔寨西南部哷吥、茶胶一带的人民举起抗法的旗帜，在暹罗湾和越柬边境一带和法军进行武装斗争。尽管条件极端困难，斗争仍然坚持了3年，最终虽然失败，但给了法军应有的打击。

1866—1867年的柬埔寨人民起义

公元1866—1867年在柬埔寨与交趾支那的边境爆发了一次武装大起义，起义的领导人是一位名叫波贡博（又译伯坤博）的和尚，他自称是安赞二世的儿子，是一位亲王。也有的史料说，波贡博原是一位刚生下来几个月就死去的柬埔寨亲王的名字，这位和尚冒名顶替，为的是骗取民众的拥护。他不满柬埔寨国王诺罗敦对法国的妥协和软弱，认为是诺罗敦国王与法国人签订了丧权辱国的条约才使柬埔寨丧失独立的。因此，他首先把矛头对准王室，要夺取王位而代之。借用亲王的身份和高僧的地位对他无疑是十分有利的。很快他获得民众的广泛支持。起义者杀死了桔井和三坡的拒绝归顺的地方官员，在干佐盛的昭提一夫洛村建立起据点。1866年6月，起义部队向巴南地区挺进，打败了诺罗敦国王派来镇压的军队，声势大振。诺罗敦国王十分恐惧，尽管他对法国殖民当局心存戒备，但还是不得不向法军求援。法国人本来就想插手此事，所以爽快地答应诺罗敦的请求，派兵弹压。从这一刻起，起义部队的主要对手变成了法国殖民军。波贡博联合爱国志士领导的抗法部队，共同与法军

周旋。由于双方力量悬殊，起义部队采取“躲猫猫”的办法，打不赢就躲起来，过一阵子又出来打，使法军经常处于被动挨打的局面。斗争坚持了一年多，起义部队除了与法军正面交锋外，还通过焚烧天主教教堂，杀害天主教教徒等方式，来发泄对法国殖民当局的不满。1867年波贡博在磅同躲避时被抓住杀害，起义归于失败。

1884年的反法斗争

公元1884年法国殖民主义者在柬埔寨推行新的土地政策，对旧的土地国有制进行破坏，把土地从封建统治者手中夺过来，然后通过“租让”办法，将土地分割和出卖，实现土地私有。法国殖民当局推行的土地私有化政策，触动了柬埔寨王室和封建统治阶级的根本利益，激化了社会矛盾，必然引起又一次的反法斗争。

这次斗争是由诺罗敦国王的兄弟西伏沙亲王亲自领导的，诺罗敦国王本人没有出面，但在暗中支持。参加这次斗争的人员十分广泛，有王室成员、地方官吏、僧侣阶层、人民群众和华侨华人。他们一致反对法国殖民当局通过土地私有化来掠夺柬埔寨的土地，因为这是柬埔寨人民世世代代赖以生存的重要资源。他们组成浩浩荡荡的起义大军，用武装斗争的形式来表达他们的诉求。起义的声势和规模达到前所未有的水平，起义部队拥有10 000多名士兵，并得到老百姓的掩护和支持。他们和法国殖民军周旋了将近10年，使法国军队疲惫不堪，耗费大量军费，最终不得不采取妥协安抚的策略。法国殖民当局认识到，只有平息了诺罗敦国王的不满情绪，斗争才会停息。而诺罗敦国王最大的不满，则在于殖民当局剥夺了他手中的最后一点儿行政统治权力。之所以造成这样的局面，法国参议院主席朱尔·费里应负主要责任。作为追责的措施之一，朱尔·费里从此从法国政坛消失。法国政府对诺罗敦国王作了一些妥协和安抚，把国王被剥夺了的部分权力归还给国王，法国殖民当局只留下一名高级专员协助国王处理政务，高级专员只能提出建议，不能直接发号施令，政令必须经国王签署方能生效。地方行政也改由柬埔寨官员负责，喷吥、桔井、磅同、菩萨四省派驻法国留守专员，其职责也只是起到监督与参谋的作用，并要尊重当地的风俗和宗教信仰。法国的让步措施取得了一些效果，化解了诺罗敦国王的不满情绪，改变了他在幕后积极支持起义部队的态度，转而劝说起义军的领导人效忠国王，归顺政府，遣散士兵，回家务农。一场延续10年声势浩大的反法斗争，就这样被化解了。虽然如此，但还是给法国殖民当局留下了深刻的教训，使他们在很长一段时间内，不再敢直接干涉柬埔寨的政务，而是通过柬埔寨人实行“间接统治”。

1943年佛教领袖阿查·汉鸠领导的反法斗争

这是一场由僧侣出面组织、僧俗共同参加的群众运动。阿查·汉鸠是一位爱国高僧，任金边佛学院的讲师。他在其著作中，抨击法国殖民主义者，宣扬爱国主义思想，遭到法国殖民当局的逮捕，引起2 000名僧侣和金边数万群众游行示威。柬埔寨是一个佛教国家，佛教领袖是全民的精神领袖，具有很高的地位和号召力。佛教原本主张与世无争，可是法国殖民主义者在柬埔寨的统治中的蛮横无理，置人民的基本权利于不顾，连佛教徒都难以忍受，起而抗争。他们抗议殖民当局非法逮捕爱国僧人，要求立即释放阿查·汉鸠。金边市民积极响应，游行示威声势浩大。殖民当局不但不予理会，还用武力驱散游行队伍，使得抗议行动转化为武装斗争。殖民当局调动军队，血腥镇压柬埔寨人民的武装起义，将阿查·汉鸠和数百名僧侣、民众流放昆仑岛，最后他们在那里惨遭杀害。

柬埔寨上层人士的反法斗争

包括国王在内的柬埔寨上层人士的反法斗争，亦是柬埔寨人民反法斗争的一个组成部分。因为法国殖民统治不仅使柬埔寨底层人民陷于深渊，也在很大程度上触动了上层人士的利益。在法国占领柬埔寨以后的历代国王中，除了西索瓦国王和其子莫尼旺国王对法国比较顺从和忠诚外，其余国王在内心深处都是反法的。他们都用自己的方式与法国殖民当局周旋和抗争。

1941年莫尼旺国王逝世。这位一贯对法国表示顺从和效忠的国王，最后还是被法国人活活气死。莫尼旺国王一直认为法国会“保护”柬埔寨的国家利益，防止泰国对柬埔寨领土的蚕食。然而事与愿违。1940年法国本土被希特勒德国占领，法国宣布投降。法国在第二次世界大战中的失败，动摇了它在印度支那的殖民统治，泰国銮披汶政府乘机提出了对上高棉地区的马德望、诗梳风和暹粒三省的领土要求，认为这些领土是1907年法国用武力从泰国手中夺走的，现在应该归还泰国。法国不肯轻易拱手相让，遂与泰国发生争执，甚至引发了一场小规模的战争。虽然泰国銮披汶是亲日的，并与日本结盟，但日本既不希望将这三省交给泰国，又不希望继续由法国控制，想乘机由自己插足。1940—1941年法、泰两国经过一番武力较量，在陆战方面，法国陆军战略物资缺乏，打不赢泰国陆军。但在海战中，法国的舰队和空军占据优势。这让日本十分担忧。1941年1月，日本便出面强迫法国跟泰国在东京举行停战谈判。谈判的结果是法国不得不将马德望、诗梳风和暹粒三省及老挝的部分土地交给泰国，总面积达65 000平方公里，只是位于暹粒省的吴哥不在移交范围，继续由法国控制。而法国从泰国方面得到600万比塞塔（Piastre，当时印度支那通行的货币单位）的赔偿。这个结局让柬埔寨全国上下痛感失望，一致起而反对。连亲法的莫尼旺国王都不能忍受，于是他离开金边王宫，以示对国土丧失的愤懑。即使后来他身染重病，也不愿回金边就医，最后于1941年4月死于柬埔寨南部口岸的布卡尔山。

莫尼旺国王死后，王位本应该传给他的儿子莫尼赛恩王子，但是法国驻印度支那总督琼·德库却选择诺罗敦·西哈努克来继承大统。原因是法国人认为，19岁的西哈努克自幼接受法国教育，接受法国的价值观和人生观，应该比较亲法，将来易于控制。从血统上说，西哈努克是诺罗敦国王的曾孙，父系是诺罗敦系统；从母系血统看，他又是西索瓦国王的外孙。历史上诺罗敦和西索瓦两大王室家族一直在争夺王位，由西哈努克继位，有利于将柬埔寨王室两大世系联合起来，平息他们之间的矛盾和斗争。1941年10月28日正在西贡的法国学校读书的西哈努克接受加冕为王。但出乎法国人预料的是，西哈努克即位以后，并不像法国人预期的那样顺从，因为西哈努克首先是一位爱国者，他对国家和人民的忠诚，决定了他不可能跟法国殖民者沆瀣一气。其次他作为一位国王，有头脑、有思想、有独立见解，不会轻易地受外人摆布。然而，他面临的形势是极其复杂和险恶的。他既要与法国人周旋，又要应付日本人。从1945年3月起，日本解除了法国驻柬埔寨军队的武装，实行直接统治，任命柬埔寨的亲日派山玉成组成“自治政府”。西哈努克认为，摆脱法国殖民统治的时机已经到来，遂于1945年3月13日宣布柬埔寨独立，向世人宣告法国对柬埔寨长达80年“保护”历史的终结。但是，柬埔寨并没有逃脱日本的魔爪，没有获得真正的独立。日本人不喜欢西哈努克，而是挑选山玉成充当他的代理人。西哈努克成为被“束之高阁”的国王。

年轻时的诺罗敦·西哈努克

山玉成年轻时与波尔布特、英萨利、乔森

潘等人皆是佛学院的学生，这所佛学院是法兰西远东学院的苏珊·卡帕莱斯小姐来柬埔寨创办的，后来山玉成、波尔布特、英萨利、乔森潘等人获得国家奖学金赴法国深造。在法留学期间他们接受了共产主义思想的熏陶，阅读了有关法国空想社会主义、法国大革命和马列主义的书籍，日后大多成为红色高棉的骨干。山玉成因为思想倾向上比较亲日，遂被日本人选中。1946年6月初，山玉成当上柬埔寨的外交部长，2个月后又登山首相宝座。然而好梦不长，8月18日日本宣布投降。法国人卷土重来。10月，山玉成被逮捕流放法国。

作者点评

自从19世纪外国殖民主义入侵柬埔寨以来，柬埔寨人民反抗外国侵略者的斗争就从未停止过。这个历史事实本身，印证了一条普世的原则：哪里有压迫，哪里就有反抗。

柬埔寨反抗外国殖民主义侵略的斗争有一个明显的特点，就是王室和僧侣起着重要的领导作用，这是由在柬埔寨的历史发展进程中王室和僧侣一贯持有的特殊地位决定的。自古以来柬埔寨人就接受宗教信仰的熏陶，对神无限膜拜。他们举全国之力，建造吴哥古迹和众多神庙，就是实例。然而，对神的崇拜一旦与对王的崇拜结合起来，国王就变得像神一样让人们崇敬。信任国王，依赖国王，寄希望于国王，自然变成民众生活的一种常态。19世纪的柬埔寨没有工业，没有工人阶级，因而就没有先进的工人阶级思想出来领导。在国王和僧侣领导下的反抗外国殖民侵略的斗争，从一开始就带有妥协性和软弱性。尽管这些斗争曾给予外国殖民主义侵略者一定程度上的打击，但不能取得彻底的胜利。这正是柬埔寨的历史悲剧。

另外，西方某些史学家，在谈到西方殖民主义对东方进行侵略的时候，常常对殖民主义制度进行美化，夸大西方殖民主义统治给东方带来的文明和进步，这是不恰当的。东、西方的文化碰撞和交流，固然在一定程度上会促进东方的进步和发展，但这绝非西方殖民主义者的初衷。他们到东方来推行殖民主义统治的根本目的，是要把东方国家变成他们的原料产地和商品销售市场，奴役和榨取东方国家。无论是第二次世界大战以前的老牌殖民主义，还是第二次世界大战以后的新殖民主义，统统都是一样的货色，都应加以揭露和批判。殖民主义制度是人类发展史上最可耻、最血腥、最没有人性的制度，要彻底铲除，永远不准它用任何借口和方式借尸还魂。

第四章

当代时期

一、第二次世界大战后柬埔寨民族独立运动的兴起

第二次世界大战以后，世界格局发生了很大的变化。德、意、日法西斯遭到了彻底的溃败，世界反法西斯同盟取得了完全的胜利。国家要独立，民族要解放，人民要革命，成为世界历史发展的主流。

战后东南亚的形势也与世界格局的变化密切相连，发生了前所未有的重大变化。

战前，整个东南亚地区基本上都沦为了西方国家的殖民地。柬、老、越印支三国是法属殖民地，缅甸、马来西亚、新加坡是英属殖民地，印度尼西亚是荷属殖民地，菲律宾是美属殖民地。只有泰国在名义上保持独立，但实际上还是受控于英、法。太平洋战争爆发后，日本迅速占领了整个东南亚，进一步把东南亚推向殖民统治的深渊。尽管日本打着"大东亚共荣圈"的旗帜，高呼着"亚洲人治理亚洲"的口号，以支持东南亚国家"独立"为诱饵，一度欺骗和蒙蔽了缅甸、越南等国家的一些民族主义者，但是最终还是不能掩盖其法西斯的野心和侵略本质。在日本的军事统治和经济掠夺下，东南亚各国的民族苦难日益深重，经济崩溃，民不聊生，致使东南亚各国人民纷纷拿起武器，和日本法西斯做斗争，直到取得世界反法西斯战争的最后胜利。

战后，东南亚成为反对殖民主义统治的第一线。1945年8月，日本宣布无条件投降。在这种大好形势的鼓舞下，越南发生了八月革命，建立了越南民主共和国；10月，老挝人民起义，成立老挝临时抗战政府，宣布独立；8月17日印度尼西亚也成立了印度尼西亚共和国；缅甸于1948年脱离英国殖民统治，成立缅甸联邦政府。

国家要独立，民族要解放，人民要革命的历史潮流在东南亚掀起。这股潮流以摧枯拉朽之势，震撼着旧的殖民主义统治。为了保全和维持战前旧的殖民统治，英、法、荷等老牌殖民主义者又重新进入东南亚，甚至不惜发动新的侵略战争，来维护摇摇欲坠的旧秩序。

1945年9月，在英国的支持和怂恿下，法国军队重新入侵越南。1946年初，法军控制了越南南部，并向越南北部发展。11月，法国飞机轰炸越南北部重要海港城市海防。12月，法国陆军向越南北方挺进，全面侵越战争爆发。在胡志明和越南共产党的领导下，越南人民奋起反抗法国侵略。这场战争，关系到印度支那是否会重新回到法国的殖民统治之下，关系到越、老、柬三国人民能否取得民族解放和国家独立。在此生死攸关的紧急关头，越南、老挝、柬埔寨人民联合抗法，并肩战斗，相互支援。

老挝的第一支抗法游击队于1949年初在桑怒省的香料县成立。1950年建立起根据地。8月在桑怒根据地召开了人民代表大会，成立了老挝自由阵线，以苏发努冯亲王为主席，并组建以他为首的寮国抗战政府，凯山・丰威汉为国防部长，领导老挝人民进行抗法武装斗争。

1946年8月柬埔寨成立了高棉自由阵线，建立了抗法游击队和根据地。1950年成立高棉临时抗战政府。

1951年3月11日，越南国民联合阵线、老挝自由阵线和高棉自由阵线的代表举行会议，通过了会议的宣言和决议，明确指出：三国革命的基本任务是驱逐法国殖民者和美国干涉者，以获得国家完全独立；建设越南、老挝、柬埔寨三个新国家。会议决定组成三国民族统一战线——越、老、柬人民联盟委员会。

日内瓦停战协议签字

越、老、柬三国人民的联合抗法斗争，粉碎了法国人企图在这场印支战争中“速战速决”“速战速胜”的战略意图，使战争迁延了9年，印度支那人民愈战愈强，终于打败了法国侵略者，迫使他们在1954年的日内瓦停战协议上签字，承认越南、老挝、柬埔寨三国的独立。

1945—1954年的第一次印度支那战争，实际上是第二次世界大战以后形成的世界两大阵营之间的较量。以美国为首的帝国主义阵营，对法国提供了大量的政治、经济和军事支援。1952年2月，美国正式承认西贡政权。3月，美国第七舰队驶往越南海域。5月，美法签订《军事与财政援助协定》，美国军事顾问帮助法国远征军总司令纳瓦尔制订军事计划，这个所谓的“纳瓦尔计划”规定在18个月内消灭越南的抗法武装力量。美国为“纳瓦尔计划”提供80%的所需经费。仅1953—1954年间，美国就向法国提供战机360架，军舰390艘，各种运输车辆2.1万辆，轻重武器17.5万支。①

美国之所以不遗余力地支持法国，是因为1950年朝鲜战争爆发后，美国政府将“韩战”和“越战”视为南北夹击中国的两大战场，以便双管齐下，遏制中国。美国派出数百名由陆海空军事专家组成的“军事援助顾问团”抵达越南，帮助法国进行军事指挥。美国对法国的军事援助逐年增加。1950年美国对法的军援总额为520亿法郎，占法国战争军费预算的19%；1953年为2 850亿法郎，占法国战争军费预算的43%；1954年为5 560亿法郎，占法国战争军费预算的73%。②

胡志明和中国顾问团

美国对法国侵越战争的支持，并不能挽回法国在越南失败的命运。1954年3月19日—5月7日的奠边府战役，给予法国侵略军沉重的一击。越南方面由武元甲任前线总指挥，实际策划、指挥整个战役的是以韦国清为团长的中国军事顾问团。中国的军事顾问有解放战争和抗美援朝战争的实战经验，精通如何对

① 方连庆等主编：《战后国际关系史（1954—1995）》（上），北京大学出版社1999年版，第204页。

②《越南人民军历史》第1集，越南人民军出版社，第427页。转引自梁英明等：《近代东南亚史》1993年版，第339页。

付西方现代化的武器装备，在战争实践中总结出一套克敌制胜的战略战术，为越方提供军事训练，迅速提高越军的战斗力。在奠边府战役中，不仅在越军总司令部，而且在各师、团单位都有中国顾问，最低甚至到连级。

社会主义中国是越南人民军的坚强后盾。越军集结4万余人，合围奠边府，然后向驻守奠边府的法军发起攻击。越军所需的后勤物资完全由中国方面提供，不仅包括衣服、食品等生活必需品，还包括源源不断地从云南、广西运来的武器和弹药。

中国老百姓在自己生活十分困难的情况下，节衣缩食，为越南的抗法斗争提供了无私的经济援助。为数众多中国子弟兵还直接开进越南参战，用鲜血和生命支援越南的抗法战争。由于有关档案材料至今尚未公布，我们对中国部队参战的人数及伤亡的情况不明，但大量的中国军事顾问人员散布在越军的各级组织中，却是众所周知的事情。中国军事顾问负责教会越南士兵使用中国制造的各种武器。起码有一个中国高炮团参加了战斗，因为法国被击落的62架飞机中，有一部分就是中国高炮团打下来的。法国在奠边府的兵力约有1.32万人，一线部队不足7 000人，最大的问题是后勤补养不足。越军以人数的优势，加上后勤供给的优势，掌握了战争的主动权。中国方面派出陈赓大将负责打通中越之间的运输通道，源源不断的战略物资从中国运往越南前线。在广西边境，运输军用物资的卡车日夜不绝；在云南南部，中国援助的大批粮食集中运往距奠边府最近的云南金平县境内囤积，这是法军做梦都没想到的距离最短的运输线。越南方面为了夺取奠边府战役的胜利，动员了26万民工，修建了数百公里的战略公路，用牛车、马车和自行车把作战物资运往前线。越南人民军靠人力将笨重的大炮拖上山，在山顶建起炮兵阵地，对敌军形成密集的炮火封锁。挖掘通往敌人据点的交通壕，以便战争打响时直插敌人心脏。1954年3月13日，越军对奠边府发动正式攻击。3月30日，越军占领了奠边府东部高地，形成对驻守法军的

在中国烈士陵园

钳制围攻之势。5月1日，越军发动全面总攻。战争打得十分残酷，越军伤亡人数高达2.3万人，其中死亡8 000人。法军伤亡9 000人，其中死亡2 000人，另有7 000人被俘。由于越军的英勇作战，仅用一周的时间，就攻克了奠边府，俘虏了法军驻奠边府司令戴卡斯特里准将和全体参谋人员。越军在奠边府的胜利，加快了战争进程，对于签订恢复印度支那和平的《日内瓦协议》具有重要意义。

奠边府战役的胜利，极大鼓舞了老挝和柬埔寨人民的抗法斗争。老挝的人民武装解放了桑怒和丰沙里两省，使解放区面积扩大到10万平方公里，拥有100万人口。柬埔寨也乘法国在越南战场上的失败，积极展开外交斗争，于1953年11月9日摆脱法国而独立。

1954年4月26日至7月21日，苏、美、英、法、中五国外长会议在瑞士日内瓦举行。除五大国外，还有越南民主共和国以及被法国占领的南越、印支国家老挝和柬埔寨的代表，主要讨论如何和平解决朝鲜问题和关于恢复印度支那和平问题。日内瓦会议开幕后，首先讨论朝鲜问题。朝鲜外务相南日提出了关于恢复朝鲜统一和组织全朝鲜自由选举的方案。南朝鲜代表提出由联合国监督，按大韩民国的宪法在全朝鲜举行选举的方案，美国代表表示支持。由于与会各方对如何和平解决朝鲜问题存在着原则分歧，直到1954年6月15日仍难达成协议，关于朝鲜问题的讨论以未通过任何协议而结束。

日内瓦会议的后期，即从5月8日开始讨论印度支那问题。会议主要讨论了停战以后在越南的交战的各方武装力量如何划分集结区，老挝和柬埔寨问题如何同越南问题区别对待，停战的监督和保证，印度支那三国的政治前途等问题。

6月中旬，会议进程因各方存在严重分歧而停滞不前。中国代表团折中了有关国家的意见，提出了解决老挝和柬埔寨问题的方案，得到了广泛的赞同。与会国就如何解决老挝和柬埔寨的停战问题达成了一些协议，使会议大大前进了一步。

中国代表团在解决划分越南交战双方集结区的问题上，也发挥了重要作用。中国领导人分别会晤了法国新总理孟戴斯·弗朗斯和越南胡志明主席，并到莫斯科与苏联领导人会谈，协调了越、中、苏的看法，打破了在划分集结问题上的僵局，扫除了阻碍会议达成协议的最后障碍。

7月21日，与会各国签署了《越南停止敌对行动的协定》《老挝停止敌对行动的协定》和《柬埔寨停止敌对行动的协定》，会议最后发表了《日内瓦会议最后宣言》，实现了印度支那的停战，结束了法国在这个地区进行多年的殖民战争，确认了印度支那三国的民族权利，是印度支那三国人民争取独立过程中的重要里程碑。

作者点评

第二次世界大战以后，随着日本在东南亚统治的垮台和“大东亚共荣圈”美梦的幻灭，老牌殖民主义者法国乘机重返东南亚，企图在柬、老、越恢复旧的殖民统治。然而觉醒了的印度支那三国人民，绝不甘愿前门拒虎，后门进狼。抵制法国重新占领印度支那，实现民族解放和独立，成为柬、老、越三国人民团结奋斗的共同目标。

1945—1954年的第一次印度支那战争，表面上是法国与印支三国之间的战争，实际上是第二次世界大战以后形成的世界两大阵营之间的较量。以美国为首的资本主义阵营积极支援法国，力图恢复旧的世界秩序；以苏联为首，包括中国在内的社会主义阵营，则支持被压迫被奴役的国家实现民族解放和独立。战争的主要战场在越南，柬埔寨和老挝则以游击战的形式，或者通过政治斗争的手段与法国周旋。越南军队和法国军队在越南土地上打得异常惨烈，战争的后勤供应则分别由中国和美国在支撑。现代战争从某种意义上来说打的就是后勤供应和物资，谁的后勤供应充沛，谁就最终能够获胜。中国对越南倾尽全力的无私援助，是越南取得这次战争胜利的重要保障。

1954年3月19日—5月7日的奠边府战役，是第一次印支战争中的关键，直接导致了越南人民抗法斗争的最后胜利。奠边府战役是越南在中国的支援下，以弱胜强、以小搏大、以正义战胜邪恶的一次光辉战例。它鼓舞了世界人民反对帝国主义和殖民主义的信心和勇气。它使法国的殖民统治面临彻底的崩溃，连法国国内的人民也普遍对征服殖民地产生厌战情绪，最终迫使法国当局放弃对东南亚和北非殖民地的统治。

1954年5月8日—7月20日的日内瓦会议为解决印度支那问题铺平了道路。中国政府派出周恩来总理兼外长为出席日内瓦会议代表团的首席代表，团员包括张闻天、王稼祥、李克农。这是中华人民共和国成立以来首次以五大国之一的地位和身份参加讨论国际问题。通过日内瓦会议让全世界看到，中国一贯主张通过谈判解决国际争端，并为此作出了不懈的努力，在国际事务中发挥了积极作用，作出了重要贡献。

7月21日，会议通过《日内瓦会议最后宣言》，实现了印度支那的停战，结束了法国在这个地区进行多年的殖民战争，确认了印支三国的民族权利，是印支三国人民争取独立过程中的重要里程碑。日内瓦会议是一次成功的会议，对中国来说有着特殊的重要意义。通过这次会议，熄灭了印度支那的战火，越南北部完全解放，打乱了美国从朝鲜、中国台湾地区、印度支那三条战线威胁中国的战略部署，巩固了中国南部边陲的安全。通过这次会议，让全世界看到了中华人民共和国的外交风格及在处理国际事务中的重要分量。

二、西哈努克领导下的柬埔寨王国

1941年柬埔寨国王莫尼旺逝世，其侄西哈努克登上王位，年方19岁，从此开启了他漫长的政治生涯。

莫尼旺国王之死跟法国殖民主义者脱不了干系。1941年法国背着柬埔寨和泰国签署了一份协议，把上高棉的马德望、诗梳风和暹粒三省割让给泰国，等于将柬埔寨北部三分之一的国土白白送给泰国，这对柬埔寨来说不啻奇耻大辱。莫尼旺国王被活活气死。当时正在学校读书的西哈努克与高棉同学一道举行"国殇"，表现出极大的爱国热情。

西哈努克即位后，勤政爱民，年纪轻轻，就被老百姓称为"父王"。这一方面是因为柬埔寨历史上长期形成的尊崇王室和神权的传统，从扶南时期开始，王权和神权就紧密地结合在一起，神是天上的王，王是地上的神。无论是婆罗门教或是后来流行的佛教，都把尊王敬神的理念传播给民众，甚至使其成为他们精神传承体系中的一种基因，故一般民众世世代代尊崇国王，迷信国王，依赖国王。另一方面，西哈努克本人也经常深入民间，访贫问苦，施舍财物，深得民众拥护。所以，作为国王的西哈努克在柬埔寨民众中一直有较好的口碑。

1945年3月，日本解除了法国驻柬埔寨军队的武装，西哈努克认为，摆脱法国殖民统治的时机已经到来，3月13日宣布柬埔寨独立，向世人宣告法国对柬埔寨长达80年的"保护"终结。然而，日本人并不喜欢西哈努克，任命柬埔寨的亲日派山玉成组成"自治政府"。山玉成担任首相职务，把西哈努克架空。好在这段时间并不长，1945年8月15日，日本战败投降，法国人重新回来，山玉成被流放法国。

1945年10月，法国恢复了对柬埔寨的殖民主义统治。柬埔寨举国上下要求实现国家独立的呼声日益高涨。为此，西哈努克于1953年上半年相继访问了法国、美国、日本、泰国，争取国际舆论支持柬埔寨独立。在全世界声讨殖民主义浪潮的席卷下，法国殖民当局不得不妥协，9月3日法国宣布给予柬埔寨完全的独立和主权。11月9日，柬埔寨王国正式独立。由此翻开了由西哈努克领导的柬埔寨王国（1953—1970年）的历史。

柬埔寨王国独立纪念碑

在1954年的日内瓦会议上，与会国家承认柬埔寨的独立，同时规定柬埔寨必须在1955年举行全国大选。为了迎接柬埔寨大选，顺利恢复宪政，实现西哈努克自己的政治理想，进一步深入参与政治活动，西哈努克于1955年3月3日决定将王位让予其父诺罗敦·苏拉玛里特（Norodom Suramarit，1955—1960年在位），他自己改称西哈努克亲王。因为在君主立宪制宪法的制约下，国王的活动范围受到很大限制。同年4月7日，由他担任主席的"人民社会同盟"成立了。人民社会同盟的政治纲领是：国家、佛教、国王三位一体。竞选口号是：独立、中立、和平、民主、廉洁。主张在柬埔寨实行政治、经济和社会的全面改革。因此，人民社会同盟获得柬埔寨各阶层民众的拥护。许多小党也纷纷加入人民社会同盟。在1955年9月举行的大选中，人民社会同盟获得82%的选票和全部国民议会议席，成为最大的执政党。

西哈努克担任主席的人民社会同盟每半年举行一次全国代表大会，来决定国家的重大问题。为了进一步协调人民社会同盟与政府的关系，1957年1月召开的人民社会同盟第四次全国代表大会作出决议：人民社会同盟代表大会是国家的决策机构，而政府的国民议会的职能只是讨论、批准和执行人民社会同盟代表大会所作出的决议。西哈努克将自己的政治理念称为"佛教社会主义"：在佛教的信仰和君主制的体制下实行社会主义式的政策。同时，在外交上声称中立和不结盟，在当时美苏两大集团处于冷战的国际情势下，柬埔寨成为美苏双方都在争取的对象，故能同时获得东西两大阵营的经济援助，并在邻国越南和老挝都陷入内战时，独善其身式地维持了国内的稳定。

西哈努克还成立了高棉王家社会主义青年联盟，并担任该联盟的主席。该联盟号称是一个"全民、各阶层的团结组织"，不规定入盟成员的条件，但政治上必须无条件拥护和执行西哈努克的主张，拥护君主政体。该联盟很快发展为具有50万盟员的庞大的政治组织，成为人民社会同盟有力的助手。

1953年柬埔寨独立后颁布了第一部宪法，这部宪法基本上沿用了西哈努克国王于1947年5月5日颁布的王国宪法，但作了一些修改和补充。宪法规定柬埔寨王国实行君主立宪和三权分立的政治体制，明确了国王的地位和职权，划分了议会两院的权限和组成方式，对王国政府的产生、组成、职责、权力作出规定。1955年9月，议会又通过了宪法修正案，对一些条款进行修改：删除了柬埔寨加入法兰西联邦的条款，增加了在各省成立省级议会的条款，以便省级议会能对省级行政管理起到监督和检查的作用。1956年又通过了新的宪法修正案，增加了关于柬埔寨各阶层妇女皆享有选举权，并有资格担任乡长等公职的条款。

西哈努克努力在柬埔寨实现君主政体下的民主制，表现出政治开明的一面：允许人民群众在王宫前集会请愿，允许人民群众向国王、西哈努克亲王和政府提出批评意见。因此，西哈努克领导的人民社会同盟在柬埔寨政治生活中所起的作用越来越大，反对派无法正面挑战。在1958年和1962年举行的两次大选中，人民社会同盟连续取得压倒性的胜利。

1960年4月，苏拉玛里特国王逝世。西哈努克拒绝了许多人拥戴他重新担任国王的要求，同时促使国民议会通过对宪法122条的修正案，规定：柬埔寨的最高权力属于国家元首，国家元首一经选出就拥有"君主的权力和特权"。6月20日，西哈努克当选为国家元首。他的母亲哥沙曼太后（Kossamak Nearira Sisowath Monivong）成为象征性的君主。

在西哈努克执政的这一段时期，由于他奉行独立、和平、中立、开放的原则，柬埔寨呈现历史上难得的安定、团结、和谐的局面，经济有所发展，人民生活得到改善。不容忽视的是，西哈努克领导下的柬埔寨王国并非生活在真空中，而是处于第二次世界大战以后形成的美苏两霸主宰世界的政治格局之下。以美国为首的帝国主义阵营和以苏联为首的社会主义阵营全面对抗，进入冷战时期。1947年3月美国抛出杜鲁门主义，标志着以抑制苏联为首的社会主义阵营为目的的冷战政策的出笼。"马歇尔计划"的实施，挽救了西欧面临崩溃的资本主义制度，阻止了社会主义势力在西欧的发展。美国还通过签订各种军事条约扩充自己的军事力量，建立起军事同盟组织。1947年美国与一些拉美国家签订了《共同防御条约》，拼凑起一个"泛美联盟"，1948年将其改称为"美洲国家组织"。1949年4月成立"北大西洋公约组织"。1951年8月和菲律宾签订《美菲共同防御条约》。9月签订《美澳新三国安全条约》和《美日安全条约》。这些军事同盟的建立，意味着对苏联实施包围的全球战略已经形成。苏联方面当然也不甘心束手待毙。苏联加强与东欧民主国家的单边和多边联系，建立起社会主义阵营。1947年9月，苏联联合东欧8国共产党、工人党建立了欧洲共产党工人党情报局。1949年1月，又与保、罗、波、捷、匈等成立经济互助委员会。1950年2月，与中华人民共和国政府签订了《中苏友好同盟互助条约》。两大阵营进入全面的政治、军事和经济对抗。

在严峻的两大阵营冷战的国际形势下，西哈努克领导的柬埔寨要想保持中立是非常困难的，或者说是几乎不可能的。许多国际问题的重大决策，逼使西哈努克不得不选边站。

1955年5月16日，美国与柬埔寨签订了《美利坚合众国和柬埔寨王国的军事援助协定》。美国妄图通过"援助"，让柬埔寨放弃和平中立的外交政策，参加美国一手导演的"东南亚集体防务条约组织"，成为东南亚反共反人民同盟组织中的一员。西哈努克依然保持中立态度不变。1956年1月，西哈努克去菲律宾进行国事访问，美国又对他施压，胁迫他放弃中立政策。西哈努克回国后立即在机场发表声明，重申柬埔寨的中立立场不变。2月，他首次出访中华人民共和国，置美英等国的"警告"于不顾。在访问中国期间加深了对社会主义中国的认识，在中柬联合公报中赞同以和平共处五项原则作为构建两国关系的准则。美国对此十分恼怒，宣布停止对柬埔寨的军事经济援助。

19世纪五六十年代，中华人民共和国为了打破美国对华遏制和孤立的政策，避免柬埔寨被纳入美国的反华包围圈，努力和西哈努克交朋友。用西哈努克自己的话说："(共产党人)节制了对我的批评，有时还恭维我，这些恭维触动了我的心弦。"[①]1958年7月柬埔寨与中国建立了外交关系。1960年12月签订了中柬友好和互不侵犯条约。中国不但给予西哈努克政治上的支持，还提供经济援助。1956—1969年间，中国向柬埔寨提供了2亿元的经济援助和3 600万元的军事援助。中国领导人会见西哈努克10余次，这在中国与东南亚国家交往中是罕见的。

美国对待西哈努克的态度，恰恰与中国形成鲜明的对照。早在1953年西哈努克亲自访问美国，寻求美国支持他从法国殖民统治下获得独立的时候，就

① 西哈努克：《西哈努克回忆录——甜蜜与辛酸的回忆》，晨光等译，黑龙江人民出版社1987年版，第225页。

遭到了美国国务卿杜勒斯的冷遇，致使西哈努克难以释怀，一辈子都不能忘记。20世纪五六十年代，美国通过泰国和南越政府在边境挑起冲突，污蔑柬埔寨，支持柬埔寨内部反对势力组织武装部队，甚至企图推翻西哈努克政府。1956年3月30日，西哈努克辞去首相职务，钦・迪继任首相，组成新内阁，表示继续执行中立政策。4月21日召开的人民社会同盟第三次全国代表大会，作出决议，其内容包括：柬埔寨应严格保持中立，不参加东南亚条约组织和其他军事集团，同意和苏联、波兰建交，同意接受社会主义国家的经济援助。在这种情况下，美国不得不做出一些妥协，宣布恢复给柬埔寨的美援，越南、泰国也开放了与柬埔寨的边贸，停止了对柬埔寨的经济封锁。

1956年下半年，西哈努克相继访问了苏联、南斯拉夫、波兰、捷克等欧洲社会主义国家，以和平共处五项原则为基础，发展同社会主义国家的关系，寻求经济援助。并与苏联等国正式建立了外交关系。

1957年1月12日，人民社会同盟召开第四次全国代表大会，通过了一个正式的和永久性的中立法案，将柬埔寨定位为中立国。以后，又将该条写进柬埔寨宪法。

美国认为，柬埔寨坚持的中立，实际上是倾向于社会主义阵营一边，故积极在柬埔寨内部培植亲美势力，多次策动颠覆活动，支持南越和泰国在边境进行军事骚乱，结果都遭到失败。

西哈努克政府于1963年11月20日照会美国政府，要求美国停止对柬埔寨的军事、经济、技术和文化援助，将300余名美国军事和经济官员驱逐出柬埔寨，召回柬埔寨驻美大使。1965年5月3日柬埔寨同美国断绝外交关系。

柬埔寨与美国的关系恶化后，西哈努克继续执行中立的外交政策，但更多地倾向社会主义阵营。美国对柬埔寨政府的颠覆活动日益频繁和激烈，柬埔寨反颠覆的任务越来越复杂。西哈努克甚至提出“要与中国结盟”来威胁美国。1965年美国的侵越战争升级后，西哈努克援越抗美的态度更加明显，他允许来自中国的援越物资借道柬埔寨，允许越南劳动党在越柬边境建立后勤供应基地。为此，招来美国飞机对柬埔寨边境的狂轰滥炸。越南劳动党方面，为了避免把西哈努克推向美国怀抱，争取他加入援越抗美的统一战线，不断向柬埔寨国内反对西哈努克的柬共施加压力，约束他们旨在推翻西哈努克资产阶级政权的武装斗争。越南与柬埔寨的国家关系因此得到改善和发展。1969年9月，越南劳动党主席胡志明去世，西哈努克专程前往河内悼念，令越南人十分感动。越共高层范文同、武元甲、长征等人都当面向西哈努克表示，对于他亲自来吊唁胡志明主席一事，越南政府和人民将永志不忘。

朗诺

从20世纪60年代开始，西哈努克面临日益严重的挑战。人民社会同盟内部的亲美右翼势力反对他的内外政策，人民社会同盟外部的反对党也咄咄逼人地提出要取消君主制，柬埔寨共产党的力量亦在不断地发展壮大，控制了柬埔寨东北部地区。1966年9月11日，柬埔寨举行了第六次国民议会选举，产生了以亲美派朗诺（Lon Noi）为首相的新内阁。但是，由于西哈努克派与朗诺集团之间的矛盾激化，朗诺承受不住巨大的压力，遂于1967年4月29日辞去首相职务。西哈努克再度出任首相，重组内阁。1968年以后，在美国的暗中支持下，人民社会同盟内部及军队系统反对西哈努克的呼声甚嚣尘上，局势动荡，使西哈努克政府面临许多困难。1969年7月2日，柬埔寨恢复了与美国中断了4年的外交关系，但美国仍旧不停地向西哈努克政府施加压力。

1969年8月，朗诺重新上台，担任首相兼国防大臣。施里玛达亲王（Sirik Matak，西哈努克的表兄）出任副首相兼内政、安全、国民教育和宗教大臣。柬埔寨王国政府几乎全被亲美右翼势力所掌控。经施里玛达提议，并获国民议会批准通过了一项提案，废除国家对银行和外贸的控制。这一举措，将削弱国家在金融和外贸方面的主导权。西哈努克为了阻止这一提案实施，于1969年12月27日以人民社会同盟主席的身份，召开人民社会同盟代表大会，对国民议会的提案进行否决。这给了亲美右翼势力一个打击。

1970年1月，西哈努克因病去法国治疗，携带妻子和前首相宾努亲王同行。在巴黎遇见正在法国治病的朗诺。朗诺见有机可乘，立即潜回金边策划政变。在美国支持下，朗诺—施里玛达集团于1970年3月18日发动军事政变，由他们控制的国民议会宣布："取消对西哈努克亲王作为柬埔寨元首的信任"，改由国民议会主席郑兴（Cheng Heng）担任国家元首，实权掌握在朗诺手中。就在政变的同一天，西哈努克由巴黎飞莫斯科。3月19日又从莫斯科飞北京，受到中方的热情欢迎。从此，西哈努克留在北京，领导柬埔寨的抗美救国斗争。

作者点评

诺罗敦·西哈努克(Norodom Sihanouk，1922年10月31日—2012年10月

15日)是柬埔寨近现代史上绕不开的一位关键人物。他的特殊身份和地位,他所受到的教育和经历,他的思想和性格特征,他的政治倾向和所作所为,都在特殊的历史关头影响了柬埔寨历史发展的进程。

西哈努克作为柬埔寨诺罗敦和西索瓦两大王族的后裔,使他在1941年年仅19岁时就被选为王位继承人。法国殖民当局之所以选择西哈努克继承王位,是因为考虑到他年纪轻,接受法国教育,便于掌控,同时,有利于笼络诺罗敦和西索瓦两大王族势力,避免王室内讧。然而事实出乎法国殖民当局的预料,西哈努克继承王位以后并不听从法国人的摆布,因为他是一位具有强烈民族主义情怀的爱国者。1945—1954年的第一次印度支那战争,粉碎了法国重返印度支那恢复殖民统治的美梦,西哈努克通过巧妙的外交手段使柬埔寨于1953年11月9日获得正式独立,这不能不算是他对他的国家立下的一大功绩,由此翻开了由西哈努克领导下的柬埔寨王国的历史。

1953—1970年的柬埔寨王国时期,在柬埔寨近现代史上出现了难得一见的安定、团结、和谐的局面,没有内战,没有内讧,经济发展,人民安居乐业,生活得到改善。柬埔寨人民都非常珍惜和怀念这一段历史时期。

20世纪60年代,柬埔寨王国实行"防变为主,防共为辅"的方针。①表面上是坚持中立的态度,暗中则倾向于社会主义阵营。开始一段时间,东西方阵营都在积极争取柬埔寨王国,对其提供经济援助。渐渐美国政府发现西哈努克对社会主义比较有好感,较多地接近苏联和中国,甚至自诩其奉行的是"佛教社会主义",便对西哈努克产生不满。美国通过泰国和南越政权,制造舆论攻击污蔑柬埔寨,挑起边境武装冲突,支持柬埔寨国内的反对势力,策划推翻西哈努克的活动,旨在改变柬埔寨的政治统治。西哈努克时时感受到潜在的威胁,故强调"防变为主"。美国政府对西哈努克的打压,最终使他忍无可忍,1963年11月,西哈努克宣布拒绝接受美援,翌年召回柬埔寨驻美大使,并于1965年与美国断绝外交关系,转而投向社会主义阵营。

中华人民共和国成立初期,正在和美国进行着朝鲜战争。为了扩大和巩固国际反美统一战线,打破美国对中国的遏制和孤立,避免柬埔寨被纳入美国的反华包围圈,中国领导人主动积极地与西哈努克交朋友。1960年12月签订了中柬友好和互不侵犯条约。中国不但给予西哈努克政治上的支持,还提供经济援助。

① 中国外交部第二亚洲司编:《关于柬埔寨国内情况对外关系和中柬关系等资料》,1963年1月,广西壮族自治区档案馆,x3/50/92。

1970年3月18日，乘西哈努克访问苏联之时，美国成功地策划了亲美势力朗诺和施里玛达政变，使西哈努克无家可归。值此关键时刻，中国政府接纳并坚定地支持西哈努克。他与柬埔寨国内组织建立起反美统一战线，绝路逢生，重新焕发出新的政治生命。

三、朗诺统治下的高棉共和国

朗诺—施里玛达政变集团

朗诺（Lon Nol，1913—1985年），1913年11月13日出身于柬埔寨波萝勉省一华人和高棉人混血家庭。父亲朗轩系第二代中国移民，娶高棉人为妻，曾任暹粒和磅同县长。朗诺的祖父早年从中国福建省移民柬埔寨。朗诺少年时在沙瑟卢、洛巴和西贡接受教育，1935年从柬埔寨皇家军事学院毕业后，被法国殖民当局选拔为法官，并获任命为暹粒省初级法院院长。1945年转任磅湛省第一副省长，同年3月日本占领柬埔寨后，调任桔井省省长，9月任国家警察局局长。日本投降后，在与泰国就归还马德望、暹粒和诗梳风三省的谈判中，朗诺任法国参谋部中的柬埔寨代表团负责人。1947年任马德望省省长，1949—1951年任国家税务总局局长、国家警察局局长，1952年进入陆军并于次年晋升为上校，1954年4月任马德望省省长兼该省军区司令，1954年7月任柬埔寨联合停战委员会柬方代表。1955年，朗诺参与了国家元首竞选，但输给了西哈努克，之后任柬埔寨王家武装部队总参谋长。1959年任西哈努克内阁国防大臣，成功地使柬埔寨在越南战争中保持了中立。1960—1966年任王家武装部队总司令，1961年任宾努内阁国防大臣并晋升为上将，1966年，经过国民议会选举，被任命为首相。为了稳定濒临崩溃的柬埔寨经济，政府向农民强行征收水稻，引发了一场叛乱，朗诺是镇压这次叛乱的军方领导人，他宣布在叛乱地区实施戒严，杀害了成千上万的农民，许多村庄被夷为平地。1967年，朗诺在一次车祸中受伤，暂时退出了政坛，前往法国疗养。1968年回国后，他再次被任命为副首相和军队总司令。1969年再任王家武装部队总司令兼总参谋长、内阁首相兼国防和新闻大臣。1970年乘西哈努克亲王出国访问之机发动政变，朗诺宣布成立高棉共和国，任政府总理兼国防部长和武装部队四星上将总司令，1971年4月被授为“民族英雄”和“元帅”，同年3月10日任国家元首，1972年当选为高棉共和国总统。

照理说，朗诺年轻时曾支持西哈努克国王的民族独立运动，20世纪50年代成为西哈努克国王的主要军事助手，担任过三军总参谋长、国防大臣、副首相等要职，深得西哈努克信任，应该不会出面反对西哈努克的。但是到了60年代后期，他与西哈努克在内外问题上产生重大分歧，他主张联合美国共同对抗东南亚共产党势力的渗透，因而被美国看重，暗中扶植。1970年3月趁西哈努克访问苏联、中华人民共和国的机会，朗诺联合柬政府和军队中的右翼势力发动军事政变，推翻柬埔寨王国政府，建立高棉共和国，自任政府军总司令，后出任总理、总统。

和朗诺一同发动军事政变的施里玛达（Sisowath Sirik Matak，1914—1975年），出身皇族，具有亲王身份，是朗诺的军事盟友。1949年起施里玛达在柬埔寨军队服役，1952年任西哈努克内阁国防大臣，1953年起历任宾努内阁国防大臣、外交大臣，1958年任王国事务督察，1962年起相继出任驻中国、日本、菲律宾大使，朗诺内阁第一副首相。1970年施里玛达伙同朗诺发动军事政变，出任首相府内新成立的“全国救亡委员会”主席、第一副首相兼内政部长。同年晋升少将，1971年代理总理兼国防部长和武装部队总司令职务，1972年任朗诺的特别顾问。后组织反对党共和党，担任该党领袖。1973年当选“最高政治委员会”委员，任武装部队总司令。1975年4月21日，朗诺政权垮台，施里玛达被红色高棉处决。

施里玛达（左起第一人）

1970年朗诺—施里玛达的军事政变，是在美国的支持和策划下进行的。

1970年3月11日，西哈努克在巴黎宣布越南总理范文同即将对柬埔寨进行国事访问。这个消息宣布后还不到一天，正当西哈努克预定由巴黎飞往莫斯科之前数小时，柬埔寨国内就发生了同时捣毁了越南民主共和国大使馆和越南南方临时革命政府大使馆的事件。

3月17日晚上，朗诺控制的军方关闭了波成东机场，全副武装的坦克车占据了金边的战略要地。一部分上校军官部署政变，反对政变的官兵遭到传讯或被就地解决。3月18日，国民议会和王国议会于上午9时召开联席会议，郑簧、屋艾、何来恩和柏隆星先后登上讲台控诉西哈努克的“罪行”。13时，国民议会采取恐怖手段进行表决，通过了废黜西哈努克亲王的决议，解除了西哈努克国家元首的职位，通过了废止君主制、建立高棉共和国的决议，郑兴就任国家元首。

朗诺发表演讲，并出钱要议员们走访各地的佛教领袖，请他们参加“反对西哈努克”的活动，但遭到了僧侣们的反对。各省爆发了反对政变的示威游行。

3月26日，磅湛人民起来造反。捣毁了法院和省长官邸，要求让西哈努克回国。在朱普，朗诺的弟弟朗尼被群众打死。在川龙，赞同废黜西哈努克的国会议员何来恩的豪宅被焚烧，他们一家人躲进一个兵营里去避难，才侥幸逃脱。其他议员的父母都被逮捕或处死。茶胶省也爆发了忠于西哈努克的起义。朗诺的军队在安塔松和波雷三德向起义农民开枪，受难者多达数百人。幸存的居民投奔游击队，开始了人民抵抗运动。

朗诺发动政变获得成功后，便着手打击柬埔寨国内的越南南方民族解放阵线和共产党的势力，朗诺也由此获得了大量的美援。同时，他还允许美军轰炸柬埔寨，直接导致柬埔寨内战的爆发。

1971年，朗诺在美国的支持下发动“真腊号”行动，向越共及柬共发起猛烈进攻，结果惨遭失败。第二年，朗诺政府发生内讧，总统郑兴被朗诺软禁，尔后二号人物施里玛达亦被废黜。

朗诺和施里玛达的关系，最初是发动政变的盟友，政变成功后则陷于钩心斗角的权力争夺之中。1970年，朗诺出任首相兼国防部长，集军政大权于一身，施里玛达则仅有副首相一个虚职。1972年，乘朗诺去美国治病之机，施里玛达立刻扩大自己的权势，企图取而代之。但遭到朗诺的弟弟侬朗的竭力抵制，并通知朗诺带病回国。朗诺回国后于3月10日宣布接管国家元首郑兴的全部权力，自己担任国家元首。3月20日，成立新内阁，由他自己兼任总理，山玉成任首席部长兼外交部长。4月，朗诺颁布了《高棉共和国宪法》，这是柬埔寨获得独立后的第二部宪法。这部宪法借鉴美国宪法的模式，规定高棉共和国实行总统共和制，总统由全体公民直接选举产生。总统既是国家元首，又是行政首脑，还是武装部的最高统帅。总统有颁布法律、任命总理和内阁成员、签署外交条约等权力。6月3日，举行总统选举。9月，举行国会选举。10月，成立参议院。柬埔寨产生了由朗诺一人担任总统和总理的独裁新政权。施里玛达篡权的企图落空。

朗诺新政权对内实施军事统治，镇压异见人士，贪污腐败，中饱私囊；对外则紧抱美国大腿，乞讨美援，甚至将美援武器卖给国外的敌人，以图私利。为了筹集经费，大搞毒品交易。他的种种劣迹，遭到包括美国在内的各国政府和人民的唾弃，最终落得众叛亲离的下场。1975年4月1日，在红色高棉和西哈努克联合阵线强大的军事攻势的威逼下，朗诺以出国访问的名义携带家眷前往印度尼西亚，将总统职位让给参议院院长苏金奎。4月12日，苏金奎逃亡美国。4月17日，红色高棉军攻陷金边，朗诺一手创建的高棉共和国垮台。朗诺到达印度尼西亚后又以治病的名义前往美国。1985年，朗诺在加利福尼亚州逝世，终年72岁。

高棉共和国垮台后，1975年4月21日，施里玛达被红色高棉处决。

民族团结政府的成立及活动

1970年3月朗诺—施里玛达发动军事政变前夕，西哈努克正欲从法国前往苏联访问。3月11日西哈努克抵达莫斯科国宾馆，苏联最高苏维埃主席团主席波德戈尔内告诉他，柬埔寨国内可能要发生政变。在与西哈努克简短的会谈中，苏联希望西哈努克立刻回国，避免柬埔寨出现一个亲美政权。面对柬埔寨政局前途未卜的局面，苏联只是在道义上重申支持西哈努克的中立政策。当苏联情报部门获悉朗诺政变成功的消息后，由于担心西哈努克在莫斯科组织流亡政府，便将这个消息压下不表，直到3月18日西哈努克登上去中国的飞机时，才通知他国内已经发生政变。

与苏联态度截然不同的是，西哈努克在北京受到热情友好的接待。中国政府率先公开表示坚定不移地支持西哈努克的立场。后来西哈努克与昔日的对手柬共和解，柬共同意停止在柬埔寨国内进行反对西哈努克的武装斗争，联手共建反美统一战线。在中国的支持和协助下，3月23日西哈努克在告同胞书和声明中宣布，在北京成立以他为首的柬埔寨民族统一阵线和柬埔寨王国民族团结政府，建立民族解放军。呼吁说："如果愿意参加解放军和民族统一阵线为祖国和人民服务的话，就请你们到莫斯科和北京找我。"①。乔森潘等柬共领导人成为第一届柬埔寨王国民族团结政府的内阁成员。中国方面发表正式声明，承认西哈努克的柬埔寨王国民族团结政府为柬埔寨唯一合法政府，并与金边的朗诺—施里玛达政权断绝外交关系。从此，中国每年都向柬埔寨王

---

①《人民日报》1970年3月25日，第5版。

国民族团结政府提供经济和军事援助。西哈努克寓居北京，开始了他联共反美、恢复柬埔寨和平与中立的国际地位的正义斗争。

西哈努克强烈地感到，苏联对他的态度并不像中国那样真诚，而是采取圆滑谨慎的外交策略。金边政权更迭伊始，《真理报》在评论柬埔寨局势的文章里，就不再称西哈努克为国家元首了。在对待朗诺政权的问题上采取骑墙的态度。由于朗诺政权最初也不想触犯苏联和中国，表示将继续奉行中立政策，尊重柬埔寨过去和苏联、中国签订的一切协议，并派兵保护苏联、中国驻柬埔寨的使领馆。因此，苏联将朗诺政权视为"奉行和平政策而不奉行战争政策"的"中立主义"政府，与之维持外交关系，而称西哈努克的民族团结政府为"流亡政府"。苏联向朗诺政府保证，将继续提供政变前承诺的对柬军事援助及其他物资援助。

1970年10月，苏联突然宣布取消先前对西哈努克发出的访问苏联和东欧国家的邀请。时隔一年后，原柬埔寨王国军队总监杨森安将军，才得以以"柬民族统一阵线代表团"的名义访苏。《真理报》发表联合公报时声称："完全支持柬埔寨爱国者的英勇斗争""支持柬埔寨民族统一阵线的政治纲领"，却避而不提柬埔寨民族团结政府，而且，出面接待柬埔寨代表团的不是苏联外交部，而是由非官方的民间组织亚非团结委员会出面接待，使柬埔寨民族团结政府方面备感委屈。西哈努克说："莫斯科对我们佯作笑容，但是完全不希望同我们达成良好的谅解。"柬埔寨代表团在苏联受到"相当耻辱"的待遇。①

这段时期苏联媒体一直用"柬埔寨民族统一阵线主席"的头衔称呼西哈努克。直到1973年初，柬埔寨国内形势发生很大变化，柬埔寨民族解放武装力量在军事上取得了很大胜利，朗诺的军队节节败退，苏联才在西哈努克访问罗马尼亚时称他为"国家元首"。②4月13日，西哈努克在高棉新年招待会后对记者说："我们希望他们（指苏联）改变目前支持朗诺、反对我们的立场。""但是，我并不乐观。""这只不过是一个梦想，也许会实现。我们不希望成为他们的敌人。但是，他们不喜欢我们，对此我们感到痛心。我们不能改变他们的政策。"③

---

① 唐家璇主编：《中国外交大辞典》，北京世界知识出版社2000年版，第371页。

②《苏联大事记（1973—1974）》，第40—41页。

③《热烈祝贺西哈努克亲王视察柬埔寨解放区的巨大成功》，北京人民出版社1973年版，第39页。

在1973年不结盟国家召开的一次会议上，70个与会政府代表一致要求承认柬埔寨民族团结政府为柬埔寨的唯一合法政府。这使苏联陷于十分尴尬的境地，才不得不于10月9日向西哈努克发出口头通知说，苏联方面将柬埔寨民族团结政府“看作柬埔寨的唯一合法代表”①。10月11日塔斯社发表新闻稿《苏联大使同西哈努克会晤》，宣布苏联驻北京大使“拜会了柬埔寨国家元首、柬埔寨民族统一阵线主席诺罗敦・西哈努克亲王”，双方“就柬埔寨局势交换了意见。苏方表示支持柬埔寨民族统一阵线和王国民族团结政府领导下的高棉爱国者的正义斗争”。就在同一时间，苏联驻金边大使馆又声明，“(苏联)同柬埔寨政府(朗诺)的关系没有任何改变”。朗诺政府驻苏联代表办也说：“苏联政府没有告诉他苏联想与金边断绝外交关系。”②直到1975年3月28日朗诺政权垮台前夕，苏联才正式通过外交渠道通知西哈努克：“从现在起，苏联仅承认柬埔寨王国民族团结政府为全柬埔寨的合法政府。”要求朗诺驻苏大使馆的全体成员限期离开莫斯科。同时撤回苏联驻金边的外交官。③

归纳起来可以这样概括1970年3月至1975年3月计5年时间内的苏联与西哈努克的关系，苏联完全是采取押宝式的赌博态度，当局势不明朗的时候，苏联对西哈努克若即若离，态度暧昧；一旦局势朝着有利于西哈努克方面发展，苏联便佯装笑脸，充当好人。西哈努克对此深有体会。

西哈努克在多次场合强调，只有中国才是他的坚强后盾和忠实的朋友。他亲自谱写了一首《怀念中国》的歌曲，发自内心地唱道：“啊，亲爱的中国啊，我们心没有变，它永远把你怀念。啊，亲爱的朋友，我们高棉人哪，有了您的支持，就把忧愁驱散。您是一个大国，毫不自私傲慢，为人谦虚有礼，不分大小平等相待。您捍卫各国人民自由独立平等，维护人类和平。啊，柬埔寨人民是您永恒的朋友。”

红色高棉的发展壮大

1970年6月，美国军队撤出柬埔寨，实施“战争高棉化”的战略方针后，柬埔寨共产党领导的红色高棉的军事力量迅速发展壮大。

---

①《人民日报》1975年4月4日，第5版。

②《苏联大事记(1973—1974)》，第214—215页。

③《人民日报》1975年4月4日第5版；4月10日第6版。

波尔布特

英萨利

红色高棉原是由20世纪30年代赴法国留学的一批柬埔寨热血青年创建的。其骨干人物有杜斯木、山玉成、波尔布特、英萨利、乔森潘等。1960年9月30日，柬埔寨共产党举行第一次全国代表大会，杜斯木当选为总书记，波尔布特进入中央核心领导层。1962年7月，柬共总书记杜斯木遇害身亡，波尔布特接替总书记职务。波尔布特领导下的柬埔寨共产党，在政治组织路线方面，竭力摆脱越南共产党的控制，努力健全和完善柬共自己的组织系统。波尔布特提出的民族民主革命的理论、路线、方针，曾对柬埔寨共产党产生过重要的影响。他反对美国对柬埔寨的侵略，同时也反对西哈努克领导的以君主制为政体的柬埔寨王国。

1960年8月，西哈努克将以柬共为代表的反美、反君主主义的政治派别称为“红色高棉”，这就是红色高棉这个称呼的来源。

本来，红色高棉是反对西哈努克政权的。1970年柬埔寨亲美势力朗诺—施里玛达集团发生军事政变后，西哈努克流亡北京，中国政府发表声明支持西哈努克。鉴于柬埔寨国内只有柬共领导的武装力量能够抗击美国和朗诺—施里玛达集团，西哈努克和柬共化干戈为玉帛，联手共创反美民族统一战线。1970年3月23日，西哈努克在北京宣布成立柬埔寨民族统一阵线，自己担任主席。5月5日，在北京成立了以宾努亲王为首相，乔森潘为副首相的柬埔寨王国民族团结政府，西哈努克担任国家元首，接着积极开展外交活动，争取国际支持。1973年5—7月，西哈努克出访欧、亚、非11国。1974年4—5月，乔森潘、英萨利率柬埔寨代表团正式访华。通过这些外交活动，增强了国际社会对柬埔寨的理解和支持。截至1975年4月，世界上承认柬埔寨王国民族团结政府的国家和组织已达62个。极大地孤立了亲美的朗诺政权。

在柬埔寨国内，红色高棉的武装力量越战越强。特别是自1970年6月美军撤离柬埔寨后，朗诺的政府军更不是红色高棉的对手。短短几年内红色高棉部队就控制了除金边之外的柬埔寨的大部分地区，建立起革命根据地。1973年2—3月，西哈努克偕夫人视察了柬埔寨解放区，并于3月23日出席了柬埔寨民族统一阵线和解放军成立三周年的万人庆祝大会，还在柬埔寨国内主持了第一次内阁会议。通过此举，向全世界显示，柬埔寨民族团结政府并非"流亡政府"，而是真实存在于柬埔寨国内的实体政府，管理着柬埔寨90%以上的地区。西哈努克亲王依旧是这个政府的首脑和国家元首。柬埔寨依旧坚持执行独立、不结盟和反对帝国主义的外交方针。

作者点评

1970年3月朗诺—施里玛达在美国的支持下发动军事政变，建立高棉共和国，西哈努克流亡中国，后与红色高棉联合，建立柬埔寨民族统一阵线和柬埔寨王国民族团结政府，继续进行推翻朗诺集团统治的反美爱国斗争。

美国一直对西哈努克心存不满。早在1945—1954年的第一次印度支那战争中，美国就支持法国殖民主义重返印度支那，这决定了美国必然成为争取民族独立的西哈努克政府的对立面。1955年美国通过与柬埔寨签订《美利坚合众国和柬埔寨王国的军事援助协定》，以"美援"为诱饵，让柬埔寨放弃和平中立的外交政策，结果西哈努克并不上钩。美国对西哈努克的打压，迫使他于1963年宣布拒绝接受美援，并于1965年与美国断绝外交关系，转而投向社会主义阵营的怀抱。故美国将西哈努克视为眼中钉，1970年3月，乘西哈努克出国访问的时候，支持亲美势力朗诺—施里玛达发动军事政变，建立金边政权。然而朗诺集团是一个"扶不起的阿斗"，统治集团内部为争夺权力内讧，官员腐败无能，执政不到5年便垮台。亲美政权的失败，就是美国在柬埔寨的失败。

苏联为了对抗美国，开始一段时间也对西哈努克进行拉拢，提供经济军事援助。一旦朗诺政变成功，苏联就把正在莫斯科进行国事访问的西哈努克视作"烫手的山芋"而推给中国。

苏联采取圆滑谨慎的外交策略，不再称西哈努克为国家元首了；在对待朗诺政权的问题上采取骑墙的态度，依然与之保持外交关系。直到红色高棉于1975年攻陷金边前夕，朗诺政府面临垮台，苏联才撤出驻金边大使，转而承认西哈努克的柬埔寨民族团结政府。苏联的一贯做法，使他在柬埔寨人民心中失去了信任。

与美、苏对柬政策截然不同的是，中国一直以真诚的态度对待西哈努克。当1970年西哈努克流亡中国的时候，中方坚定表态：西哈努克政府依旧是柬埔寨唯一合法政府。在中国的帮助下，西哈努克与红色高棉和解，联手共建柬埔寨民族团结统一阵线和王国民族团结政府。中国还无私地提供了经济和军事援助，最终打败了美国支持的朗诺傀儡政权。

四、红色高棉执政时期

民主柬埔寨的建立

1970年3月18日，朗诺—施里玛达在金边发动军事政变，西哈努克正好从莫斯科飞往北京。在上飞机之前，苏联总理柯西金才告诉他："你的国民议会刚刚举行了一次剥夺您的权力的表决。"西哈努克被美国操纵下的朗诺—施里玛达政变集团废黜了。西哈努克抵达北京，受到中国政府坚定而有力的支持。后西哈努克与乔森潘会面，同意联手共建反美统一战线，于是宣布成立以西哈努克为首的柬埔寨民族统一阵线和柬埔寨王国民族团结政府。

从此，柬埔寨的左派政治势力都集中到西哈努克的大旗下。因为作为具有数千年君主制度传统的柬埔寨，西哈努克亲王的号召力和影响力比红色高棉大。一般民众对柬埔寨共产党和马列主义并无多少认识，他们参加红色高棉军队完全是为国王而战。因此，当西哈努克领导的柬埔寨民族统一阵线成立后，柬埔寨民众纷纷从军，使红色高棉的军队迅速发展。红色高棉士兵身着黑色军装，

红色高棉士兵

又被称为乌衫军。其中很多是年方16—17岁的大孩子。红色高棉在柬埔寨农村建立和扩大根据地。短短几年，除朗诺统治的金边城以外，柬埔寨的大部分地区都成为红色高棉的根据地。

此时的国际形势发生了有利于红色高棉的变化。1975年美国军队撤出越南，放弃对南越西贡政权的支持。北越挥军南下，解放南越，实现南北统一。西哈努克和红色高棉建立联合阵线，红色高棉武装力量迅猛发展，朗诺政权岌岌可危。

1975年4月7日红色高棉军队攻入金边，朗诺及手下的官员纷纷逃离，金边宣布解放，柬埔寨共产党成为执政党。4月25—27日，乔森潘以民族团结政府副首相的名誉召开一次特别国民会议，确定西哈努克仍是国家元首和民族统一阵线主席。但这只是表面上的冠冕堂皇之词，实权则落在柬共领袖波尔布特手中。

身在北京的西哈努克担心国内形势被柬共掌控，他会成为革命的对象而被打倒；柬共方面则担心西哈努克利用在人民群众中的影响力，重组力量和柬共抗衡，因此，迟迟不肯接西哈努克回国，希望他继续留在北京。1975年9月，西哈努克回国后却被软禁在王宫中，直到1979年1月都一直处于同外部世界隔绝的环境之中。①

从1976年1月起，柬共将国名改为民主柬埔寨，公布新宪法，明确宣布废除君主制，不设国家元首。至此，西哈努克企图保持王国政体和继续担任国家元首的愿望落空。4月，作为柬埔寨民族统一阵线主席的西哈努克宣布退休，柬民族团结政府首相宾努率全体阁员辞职。4月14日，民主柬埔寨第一次全国人民代表大会第一次会议签署公报，接受西哈努克的退休声明和宾努的辞呈，解除西哈努克的国家元首职务。西哈努克获得一个民族英雄的称号和每年8 000美元的养老金，依旧处于被软禁的状况。柬埔寨进入红色高棉全面执政时期。

柬共总书记波尔布特成为民主柬埔寨的最高领导人，他的理论、思想和言行，对日后柬埔寨的历史发展进程，起着至关重要的作用。

---

① 诺罗敦·西哈努克和伯纳德·克里舍著，秋同译：《我所认识的世界领袖们》，北京当代中国出版社1993年版，第94页。

波尔布特其人及红色高棉的统治

波尔布特原名沙罗绍特，1925年3月出生于柬埔寨磅同省磅斯外县波列斯布村的一个富农家庭。6岁到金边莲花寺读书，9岁出家当小沙弥，12岁还俗。15岁进正规学校，先后就读于磅湛和金边的中学。波尔布特青少年时期的成长道路跟他的姑姑奈克·桑洛有很大关系。奈克·桑洛在当时柬埔寨的国王西索瓦·莫尼旺（诺罗敦·西哈努克的外祖父）的王宫里工作，她的女儿鲁昆梅也因这层关系进王宫充当舞姬，为老国王表演舞蹈。不久被老国王看中，纳为小妾，深得宠信。在表姐鲁昆梅的帮助下，波尔布特没有像其他农村青年一样留在农村，而是得到去金边读书的机会。先是考进金边的一所天主教的私立学校，接触西方教育，搬进表姐鲁昆梅的大宅子，过着衣食无忧的生活；后于1949年毕业于金边技术学校（这是柬埔寨当时唯一的中专技校），并以优异的成绩获得赴法国留学的奖学金，进入巴黎沃日拉尔无线电学校学习。如果按照常规顺序发展，他将成为一名杰出的工程师。可是在法国留学期间，他接触了马克思主义。第二次世界大战以后，东欧出现了很多共产主义政权，巴黎的左派共产主义群体也很活跃，在法国共产党的领导下，诞生了由来自越南、老挝、柬埔寨的留学生组成的“印度支那共产主义联盟”。波尔布特和其他10多名柬埔寨留法学生，包括乔森潘、英萨利、宋谢等，于1950年暑期组成了第一个“柬埔寨马克思主义小组”，成为日后创立柬埔寨共产党的骨干成员。8月，他到南斯拉夫参加修建萨格勒布市的一条公路，目睹了共产党领导下的社会主义国家的真实情况。1952年7月回国后，便参加“高棉解放运动”，进入丛林参加抗法武装斗争。

年轻时的波尔布特

柬埔寨共产主义运动的发生与印度支那地区的民族解放运动密切相关。1930年胡志明在法属印度支那建立印度支那共产党，发展越、老、柬籍的党员，作为第三国际的一个支部。20世纪50年代初期，柬埔寨尚无自己的独立革命组织，所谓“高棉解放运动”，实则依附于胡志明领导下的越南同盟会。1953年1月波尔布特加入高棉解放运动，在越南人领导下工作。1951年2月，印度支那共产党在越南北部召开第二次代表大会，决定解散统一的党组织，由越南、老挝、柬埔寨三国共产主义者独立建党。是年6月28日，柬埔寨的山玉成、萧兴、杜斯木等人组成建党宣传委员会，筹备组建柬埔寨人民革命党。1954年日内瓦会议达成协议，越南人必须全部撤出柬埔寨，使高棉解放运动失去领导和经费支撑而濒临解体。但艰难玉成了柬埔寨，正如波尔布特所言："（这也是）柬埔寨革命运动独立成长发展起来的一个历史性的机会。"从1955年起，柬埔寨革命者脱离越南劳动党的控制，开始筹备自己的政党。1957年高棉共产主义者完成了党章的起草，经过两年的讨论修改，1960年9月30日在金边火车站附近的一幢楼里召开高棉劳动党第一次代表大会，正式成立高棉劳动党。与会代表11人，正式代表9人，代表1 000名党员，选举出3名中央委员会委员。总书记是杜斯木，副书记是农谢，波尔布特是常委。1962年杜斯木遇害身亡，波尔布特接替他成为总书记。1966年高棉劳动党改名为柬埔寨共产党，亦被称为红色高棉。

波尔布特的名字为世人所知是在1963年，因为这个名字出现在西哈努克政府的通缉名单上。柬埔寨共产党成立之初以推翻君主专制和资产阶级专政为奋斗目标，故与西哈努克政府处于敌对状态。1965年波尔布特从柬埔寨，经由老挝，步行至河内，受到越共领导的隆重接待。胡志明曾三次会见他，向他传授了越共建党建国的理论和经验。但在和越南劳动党总书记黎笋的会谈中，他深切感受到越南并没有把柬埔寨共产党视作一个独立的党，也不把柬埔寨视为一个独立的国家，而是将其看成印度支那联邦中的一员，因此，萌生了让柬共摆脱越共控制的思想。这亦为后来波尔布特与越共关系恶化埋下伏笔。

1970年3月18日，柬埔寨发生朗诺—施里玛达军事政变，西哈努克流亡中国。波尔布特说："西哈努克已经被推翻了，我们现在宣布接受他参加民族团结阵线。"言辞之间，流露出得意和自负。他并没有想到，正是由于后来西哈努克的加入，形成柬埔寨广泛的反美民族团结统一战线，才使柬埔寨的革命形势发生很大的变化。红色高棉的军事力量在短短时间内由弱至强，迅猛发展，于1975年4月17日攻陷金边，使朗诺政府垮台，让柬埔寨历史进入红色高棉执政时期。

波尔布特作为柬埔寨共产党的总书记，革命胜利后很快变成柬埔寨的"一号大哥"（Brother Number One）。他认为共产主义运动在苏联、中国都实行得“不彻底”，他要让柬埔寨成为“彻底的共产主义社会”的试验田。他完全背离了马克思主义的基本理论和实践，用法国的空想社会主义，柬埔寨农民的乌托邦意识，以及生搬硬套来的苏联、越南的“革命理论”，来指导他的革命实践。他要让柬埔寨“跑步进入共产主义”，在短时期内实现无阶级差别，无城乡差别，无商品交易，无货币的“共产主义社会”。

为了巩固他的政权，在3年8个月的执政时间里，波尔布特进行了9次大清洗。清洗对象除了旧政府的官员和军人以外，商人、知识分子、僧侣都无一能够幸免，他认为这些人难以改造成适应新社会的人，不如将其肉体消灭省事。就连党内的革命战友，只要对他的路线方针稍有异议，也会受到诛杀。1976年，波尔布特在一次党的会议上宣布：“党的躯体已经生病了。”接着，就开始“清理阶级队伍”。中央高层领导几乎被清理殆尽，包括内政部长，经济与财贸部长，农业部长，公共工程部长，情报部长，通讯、贸易工业和橡胶种植业部长，国务委员会第一、第二副主席，主管经济的副总理，乃至柬共的两位主要创始人符宁和胡荣，都遭到“肉体消灭”。符宁、胡荣和乔森潘是柬共高层领导中仅有的三名知识分子，并称“红色高棉三贤士”。与乔森潘不同的是，符宁和胡荣都曾公开批评过波尔布特的极端主义做法，对知识分子表示同情。如果他们二人与西哈努克结盟，将对波尔布特的极左路线不利，所以他们率先遭到清洗。军队方面，柬埔寨革命军总参谋部的人员，除总参谋长宋成以外，全部被捕杀。即使宋成本人，也在1997年被冠以反叛的罪名被处决，宋成全家11人都无一幸免地惨遭杀害。

1975年4月的金边全城大撤退，是一场柬埔寨人心中挥之不去的梦魇。红色高棉部队攻占金边后才两天，高音喇叭中便传出这样的声音：“父老乡亲们，我们不得不离开这座城市，美国人就在10公里以外，他们马上就要开始轰炸。”身着黑衫的红色高棉士兵，手持步枪，驱赶城中居民迅速转移，连让他们收拾行李的时间都不给。数以百万计的男女老幼蜂拥出城，奔赴乡下，途中缺粮缺水，饿死病死无数。不愿离开城市的居民，或者以耽误撤离，或以抗命的罪名遭到处决。一夜之间，拥有200万人口的金边，立即变成一座空城，鬼影憧憧，十分恐怖。许多城市居民，几经辗转，逃到深山老林，以刀耕火种的方式维持生存，又因口粮不足，医药奇缺，许多人死于霍乱、疟疾和水土不服。

继金边大撤退以后，马德望、磅湛、贡吥、柴桢、实居、菩萨、磅清扬、茶胶、磅同、磅逊等大、中、小城市，也相继上演了全城居民大撤退的闹剧。所谓美国飞机要来轰炸，只是一个借口。其实际目的是，要消灭城市资产阶级，消灭城乡差别，把全国人民都变成农民，退回自给自足的农耕社会。工厂、商店全部收归国家所有。没有商品，没有交换，没有货币，没有贸易，没有阶级差别，没有剥削的乌托邦社会，这就是波尔布特们向往的“共产主义”。

在红色高棉的革命队伍内部，货币废除了，实行供给制，吃大锅饭，穿一样的黑色革命服，戴一样的红格头巾。家庭解体了，分别隶属于男女劳动队，已婚夫妻不得住在一起，婚姻由安卡（组织）安排。柬埔寨社会传统的宗教信仰受到压制，寺庙被拆毁，和尚皆还俗。学校、出版社、新闻媒体被关闭，知识分子受歧视。

被迫害的华人

大量的柬埔寨华侨华人也遭受前所未有的迫害。因华侨华人多数经商，故被列入资产阶级范畴。

越南入侵柬埔寨

1978年圣诞节，越南在苏联的支持下大举入侵柬埔寨，出动20万地面部队，500余辆坦克和装甲车及数百门大炮，突然发动侵柬战争。民心丧尽的红色高棉政权在两周内便迅速崩溃。1979年1月7日，金边被越军攻占，波尔布特率领亲信部队仓皇逃入深山密林。

越南对柬埔寨的入侵并非偶然的突发事件，而是有着深刻的历史背景和各种政治原因的。首先，从历史上说，越南多次入侵柬埔寨并于18世纪中叶完全占领柬埔寨，使其成为越南的保护国。这种基于历史原因形成的大越民族主义思想和侵略扩张的传统，对越共领导人有根深蒂固的影响。其次，20世纪30年代，为了反抗法国殖民主义者，胡志明曾经提出建立“印度支那民主共和国联邦”的构想，并在共产国际的支持下，成立了以越南为领导的印度支那共产党。这些都是导致越共产生地区霸权主义的诱因。再次，1975年越南统一后，拒绝归还在援越抗美战争中柬埔寨为越南提供的“鹦鹉嘴”“鱼钩”等基地，并不断制造越柬边境冲突。最后，在政治上，越南投靠苏联，与中国交恶。在这些背景下，越南的地区霸权主义迅速膨胀，导致发生出兵柬埔寨的军事行动。

越军入侵柬埔寨

从国际形势来分析，越战期间，中越之间曾是亲密的战友关系。为了支持援越抗美战争，中国人民作出了巨大的牺牲。1969年随着胡志明主席的逝世，越共的亲中派群龙无首，亲苏的黎笋掌握了党和国家的领导权。而此时的中苏分裂越来越明显，1969年的珍宝岛之战，使中苏第一次兵戎相见。1970年基辛格访华，中美关系解冻。1971年中华人民共和国取代台湾当局加入联合国，并恢复常务理事国的席位。1972年尼克松总统访华。这些都让苏联和他的越南追随者感到不痛快。

从红色高棉方面来分析，1978年初，波尔布特怀疑东部军区存在一股反对势力，便对东部地区进行清洗，造成东部军区的领导人韩桑林、洪森等带领数万军民逃往越南。波尔布特命令军队进入越南境内追杀，越南不能接受这种无视国家主权的行为，遂与红色高棉举行谈判。1978年4月，双方谈判交涉未果，越南便将逃入越南境内的柬埔寨人组织起来，成立“柬埔寨救国民族统一战线”，由韩桑林、洪森、谢辛领导，作为反对红色高棉的先锋部队，为越南大举入侵柬埔寨开路。

1979年1月8日，即越军占领金边后的第二天，越南在金边拼凑了一个以韩桑林为领导的“柬埔寨人民革命委员会”。1月10日，柬埔寨救国民族统一战线改名为柬埔寨人民革命党，由越南控制的“柬埔寨人民共和国”宣布成立，韩桑林担任总理。紧接着，越南派出大批“武装工作队”和军政顾问，深入柬埔寨农村，帮助韩桑林建立起从中央到地方的各级政权。1981年，柬埔寨人民共和国颁布新宪法，韩桑林改任国务委员会主席，宾索旺任总理。

韩桑林（Heng Samrin, 1934—　），早年是柬埔寨共产主义运动的重要骨干之一，1934年出生于波罗勉省。1975年至1979年红色高棉执政时期，韩桑林担任过红色高棉部队的师长、省委书记。1978年因成为波尔布特的政治清洗对象而逃往越南。12月3日，韩桑林在越南组织“柬埔寨救国民族统一战线”，

韩桑林

洪森、谢辛等一批脱离波尔布特集团的原红色高棉人士成为中坚力量。翌年初，他随侵柬越军回国，在越南扶持下建立起一个新政府——柬埔寨人民共和国，并担任人民革命委员会主席。1981年成为柬埔寨人民革命党（今执政的人民党的前身）总书记、国会主席。1991年任柬埔寨人民党名誉主席。1993年被西哈努克任命为国王高级顾问。1998年任国会第一副主席。2004年连任国会第一副主席。2006年3月接任国会主席。

1981年5月底，柬埔寨人民革命党召开第四次代表大会，越共中央总书记黎笋到会祝贺。大会选举宾索旺为党的总书记。宾索旺任职仅8个月，当年年底由韩桑林接任总书记，姜西任政府总理。1984年姜西病故，洪森成为柬埔寨人民共和国总理。

洪森

洪森(Hun Sen，1952—　)，1952年8月5日出身于柬埔寨磅湛省一农民家庭。在寺院中完成启蒙教育。20世纪70年代参加柬埔寨人民革命军，历任连、营、团长。1975年红色高棉推翻了朗诺政权之后，进行了大清洗，使洪森对这一政权感到绝望。1977年，洪森与柬共东部大区第二十区党委书记谢辛、省党委书记韩桑林等红色高棉领导人率众投奔越南，成立反对波尔布特的柬埔寨救国民族统一战线。1979年1月17日，越军攻入金边，推翻了红色高棉政权。次日柬埔寨人民共和国革命委员会宣布成立，韩桑林为该委员会主席，洪森为委员会委员兼外交部长。1981年，洪森出任柬埔寨人民共和国政府副总理兼外交部长，1984—1985年当选为总理兼外交部长，成为当时世界上最年轻的政府总理。

当越南军队于1979年1月8日攻陷金边后，波尔布特领导的红色高棉部队因众叛亲离而变得不堪一击。8万人的军队被打得七零八落，最后只剩1万余人，退到人迹罕至的深山老林。红色高棉政权的倒行逆施和对人权的迫害已在柬埔寨国内和国际社会臭名昭著，天怒人怨。波尔布特成为千夫所指的孤家寡人。

柬埔寨的抗越救国斗争和红色高棉的终结

1979年1月7日越南入侵柬埔寨，对于红色高棉来说是一场政治灾难，对西哈努克王族来说，也是奇耻大辱。

1979年5月，红色高棉武装力量退入丛林，痛定思痛，确立通过武装斗争重新夺回政权的政治路线，对内对外仍称民主柬埔寨。8月21日，由乔森潘出面重组民主柬埔寨政府，号召全体柬埔寨人团结起来，不分政治倾向，不管政治派别，共同赶走越南侵略者，推翻韩桑林政权，建立一个独立、统一、和平、民主、中立和不结盟的柬埔寨。9月6日，他们公布了民族大团结阵线的政治纲领草案，其内容包括：保障人民在政治、精神和物资生活中的民主自由，扩大民主柬埔寨的各级地方政权，允许私人经济活动和使用国家货币进行自由贸易。同年12月，宣布停止搞"社会主义"和"共产主义"，终止1976年颁布的宪法。乔森潘担任政府首脑，波尔布特辞去柬共中央书记和政府总理职务。红色高棉重新联合西哈努克的力量共同反对亲越的金边新政权。

红色高棉提出的新的政治主张，不仅得到泰国、新加坡等东盟国家的支持，也获得世界上所有反对苏联霸权主义和越南地区霸权主义的国家的同情和支持，其中包括美国和欧洲各国在内。柬埔寨人民的抗越救国斗争进入一个历史新阶段。

1981年9月24日，反对越南入侵及金边新政权的柬埔寨三方势力在新加坡达成协议，共组联合政府。1982年7月9日，柬埔寨联合政府正式成立，西哈努克任主席，乔森潘任副主席，宋双任总理。然而，这个联合政府内部关系松散，各方力量对比悬殊，红色高棉实力最强。红色高棉执政时期确立的"民主柬埔寨"的国号，得到了联合政府的认同，也得到联合国的承认，保持联合国的席位。

1981年9月柬埔寨共产党召开全国代表大会，决定自行解散，以示洗心革面，重塑形象。当时柬共高层曾经议论过重建一个新党，但在如何为新党命名的问题上没有达成共识，只得作罢。12月6日，柬共中央发表公报，正式宣布解散，只保留"民柬武装力量"的称号，但人们还是习惯称他们为红色高棉。1985年7月，已经宣布解散的柬共又召开全国代表大会，推举宋成为党的最高领袖。乔森潘因在一般民众中口碑较好，成为柬共对外的公开代表形象。波尔布特以移交权力需要时日为借口，迟迟不肯放权。

1985年，柬埔寨的内外形势发生了很大的变化。时任金边新政权总理兼外长的洪森，力排众议，寻求与民柬和谈。1986年，柬埔寨联合政府与金边新政权在军事上形成相持状态，谁也吃不掉谁。联合政府各派武装力量加起来共有7万人，不可能推翻金边政权。3月17日，西哈努克提出政治解决柬埔寨问题的八点建议，表示愿意建立包括韩桑林在内的四方联合政府。同年7月，亲苏的越共领导人黎笋去世，由亲中派长征掌权，中越关系开始缓和，越南对柬埔寨的政策也有所调整。国际形势朝着有利于和平解决柬埔寨问题的方向发展。

1987—1988年，西哈努克曾两次亲赴巴黎与洪森面谈，寻求和解。1988年下旬，金边政府代表与抵抗力量的三方代表在印度尼西亚首都雅加达举行非正式会晤，但因分歧严重，会谈没有取得成果。1989年4月，金边政府主动将国名由“柬埔寨共和国”改为“柬埔寨国”，以表示对以西哈努克为代表的君主制的容忍。

1989年7—8月，解决柬埔寨问题的国际会议在巴黎召开，参会者有联合国安理会五个常任理事国的代表、东盟国家代表、越南代表和柬埔寨四方代表。由于金边政府坚持主张越南从柬埔寨撤军后必须维持金边政府的现状，反对建立四方联合政府，因此，这次会议也没有达成任何协议。

1989年10月，越南军队正式撤出柬埔寨。红色高棉乘机发动攻势，占领拜林地区。虽然红色高棉取得了一些胜利，但仍不能打破军事上的僵持和政治上的僵局。

1990年2月3日，西哈努克提议将国名由“民主柬埔寨”改为“柬埔寨”，恢复使用1970年政变前的旧国旗和旧国歌，以示清除红色高棉统治时期的痕迹。“民柬联合政府”改称“柬埔寨民族政府”，柬埔寨主席是当然的国家元首。4月9日，西哈努克又增加了九点建议，其中包括在民族和解的过渡时期不解散金边政权。

1990年8月，联合国安理会通过全面政治解决柬埔寨问题的框架文件，柬埔寨四方均表态接受。9月，柬埔寨四方成立了全国最高委员会，作为过渡时期柬埔寨合法机构和权力的来源。全国最高委员会的主席由西哈努克担任。各方经过磋商确定，柬埔寨将实行自由的政治制度，公民可以自由组织和加入他喜欢的政党。现有的各派武装力量自动裁员70%。是年10月，关于柬埔寨问题的巴黎会议复会，柬埔寨冲突各方及18个相关国家都在达成的协议上签了字。

1991年夏末秋初，柬埔寨宣布无限期停火。11月28日，红色高棉领导人乔森潘、宋成等人返回金边，遭到示威群众的袭击，虽然他们在金边警察的保护下得以脱险，但他们下榻的旅馆被人纵火焚烧。因为曾受红色高棉迫害的群众心中不满，新的冲突随时可能爆发。在这种情况下，连西哈努克都感到待在金边并不安全，遂飞往曼谷。

1992年2月，联合国作出决定，由巴黎和会的18个签字国派出维和部队和文职人员，共同组建柬埔寨临时权力机构，为期16个月。

红色高棉抵制联合国的决定，抵制裁减70%的武装力量，不允许联合国维和部队进入他的军事控制区。为此，联合国决定对红色高棉进行制裁。在这种情况下，红色高棉领导人依然顽固地坚持固有的立场，不断和金边政权发生武装摩擦，制造冲突。是年1月，金边政权恢复对红色高棉的武装进攻。柬埔寨的局势重新陷于动荡不安之中。但是，柬埔寨人民盼望能够恢复和平安定的生活，普遍厌恶战争，加之各派武装力量也没有吃掉对方的实力，在这种情况下，唯有实现民族和解才是最佳选择。

1993年5月，柬埔寨终于迎来民族和解后的首次大选。根据最高委员会和联柬机构联席会议作出的决定，共有20个政党有资格参加大选，其中包括红色高棉。最初，红色高棉也表示愿意参选，并组成柬埔寨民族团结党作为参选政党，但临近选举，又怕败选丢脸，干脆抵制大选，使自己失去回归社会的最后机会。

在1993年5月的这次大选中，由西哈努克的儿子拉那烈领导的奉辛比克党成为柬埔寨的第一大党，接下来的第二大党是洪森领导的人民革命党，宋双领导的佛教自由民主党位列第三。其他16个参选政党都未能进入议会。7月公布大选结果，人民革命党主席谢辛当选国会主席，拉那烈当选为第一首相，洪森为第二首相。西哈努克主持了新政府的就职仪式。9月新宪法通过。根据新宪法规定，柬埔寨恢复君主立宪体制，西哈努克担任国王。

红色高棉被摒弃于柬埔寨的政治体制之外。1994年7月，新政府通过法案，确定红色高棉为非法组织。红色高棉在金边的办事处被强行关闭。尽管如此，红色高棉仍控制着柬埔寨10%的领土，并拥有一定的武装力量。为避免内战再度爆发，新政府发动了和谈攻势，希望红色高棉的人员向政府投诚，并承诺保障投诚人员的人身安全，保护其私有财产，保留原社会地位及所从事的职业。在这种强大的和谈攻势的作用下，1996年9月，英萨利率所属的2个师率先投诚，在红色高棉内部引发轰动效应。因为英萨利是波尔布特的连襟，并占据着梅莱山和拜林的大片地区，他的投诚，拉开了红色高棉全面瓦解的序幕。西哈努克国王为英萨利颁布了赦免令，允许他在其统治区内实行自治，成立由他领导的“民族民主团结运动”的政治组织。这一招无疑对波尔布特造成巨大威胁。为防止倒戈行为进一步蔓延，1997年2月，红色高棉扣押了政府派来谈判的军事代表团16名成员，并将他们全部枪决。

此后不久，红色高棉部队又有10多个师脱离波尔布特，参加到英萨利的投诚队伍之中，最终统统并入政府军。截至1997年5月，波尔布特的红色高棉已丧失80%的作战部队，龟缩在泰柬边境的几个据点里，处于众叛亲离、走投无路的境地。此刻的红色高棉已不能再保持内部的统一，思变的思潮无法压抑。1997年春，身为金边政府首相的洪森不顾个人安危，到红色高棉控制下的三洛县慰问投诚的原民柬海军司令密木等人。因密木与红色高棉军事首领宋成私交甚笃，情同手足，波尔布特闻讯，怀疑宋成企图变节，遂以开会为名，于6月9日诱杀宋成一家和他的9名部下。此举引起乔森潘等红色高棉领导层的极度恐惧和愤怒。波尔布特预感大事不妙，仓皇出逃，被总参谋长宋成的部下抓获。7月26日公审举行，他被判处终身监禁。1998年4月15日，波尔布特因心肌梗死去世，终年73岁。

末日穷途的波尔布特

波尔布特去世以后，红色高棉迅速土崩瓦解，各种级别的军事将领相继率部走出丛林，纷纷向政府军投诚。6月，江裕朗等5名高级官员率部投诚；7月，马本率部投诚，波尔布特遗孀梅松也带领随从离开红色高棉；12月5日，肯农等8位将军率数千人投诚；12月25日，前民主柬埔寨国家主席乔森潘和议长农谢脱离红色高棉回归社会，并宣布红色高棉运动正式终结。剩下少数顽固的红色高棉分子依然苟延残喘，直到1999年2月9日，最后的1 700余名红色高棉分子才被政府军在安隆汶整编。3月6日，红色高棉的最后一名重要领导人切春被政府军捕获。历时40余年的红色高棉运动终于画上了句号。

作者点评

红色高棉运动的兴衰史，是柬埔寨近现代历史上绕不开的一桩重大事件，如何对它进行评价，也因各人的立场、观点和政治态度的不同而有不同的说法。有些人对红色高棉大肆攻击，夸大其错误和缺点，任意歪曲抹黑，企图全盘否定，固然不对；有些人出于对红色高棉的同情和爱护，文过饰非，刻意回避，不许批判其错误缺点，采取把头埋在沙里的鸵鸟政策，也同样是不科学的。只有实事求是的态度，才是马克思主义的唯物史观。

红色高棉运动在柬埔寨的兴起绝非偶然。近几百年以来，这个文明古国不断遭到邻国暹罗和越南的侵略和蚕食，疆域萎缩，国力日衰，先后沦为这两个国家的保护国。19世纪又成为法国的殖民地。第二次世界大战期间又被日本占领。内忧外患使这个具有悠久历史和辉煌文明的古国，积弱积贫，一蹶不振；经济停滞，教育落后；国民贫穷，任人欺辱。在这种情况下，唯有选择共产主义的革命道路，才能取得民族的独立和自由，促进国家的繁荣和发展。

最初，红色高棉运动在一群20世纪30年代赴法国留学的柬埔寨学生中酝酿、发展。他们接受了马克思主义思想的影响，组成马克思主义小组，1960年9月30日成立高棉劳动党，1966年改名为柬埔寨共产党，亦被称为红色高棉。红色高棉组织了自己的革命武装，建立农村革命根据地，并与西哈努克联合，建立起广泛的民族统一战线，最终打败美国支持的朗诺政府，建立起红色高棉在全国的统治，应该说它对历史是有一定贡献的。但是，由于红色高棉主要领导人波尔布特思想上犯了“左倾”冒进的错误。在1975年4月17日红色高棉武装力量攻陷金边，至1979年5月被迫退入丛林，共计3年8个月的执政时期，执行了一系列的错误政策，包括轻易放弃和自我破坏了与西哈努克的民族统一战线，把西哈努克排斥于联合政府之外；在红色高棉内部进行政治清洗，打击迫害党内持有不同观点的同志；在金边和其他大、中、小城市实行居民大撤退，意图以此消灭城市资产阶级，消灭城乡差别，把全国人民都变成农民，退回自给自足的农耕社会；为了“跑步进入共产主义”，把工厂、商店全部收归国家所有，没有商品，没有交换，没有阶级差别；在红色高棉的革命队伍内部，实行供给制，吃大锅饭。将家庭解体，婚姻由安卡（组织）安排；拆毁寺庙；关闭学校、出版社、新闻媒体。这就是波尔布特式的“共产主义”。

红色高棉主要领导所犯的错误，既有其深刻的思想根源，也有其复杂的社会历史背景。

自古以来，柬埔寨人崇信婆罗门教和佛教，并根据宗教虚拟出来的天堂样式，硬是在地上建造了吴哥窟，表现出柬埔寨人对美好生活的强烈追求。波尔布特及其追随者，承袭了这种历史文化遗产，使这种追求趋于偏激。不管他们的动机如何，他们的所作所为证明，他们奉行的是一种“偏离”的马克思主义。

波尔布特在1977年的一次演讲中声称："如果我们的人民能够建立吴哥窟，他们就能做出任何事。"① 科学共产主义的信仰，一旦被打上偏激的烙印，就会逐渐偏离正轨。

从思想根源上深挖，波尔布特等人在法国留学的时候，就受到空想社会主义思潮的影响。从家庭和社会带来的柬埔寨农民的乌托邦意识，加上生搬硬套苏联、越南等国学来的"革命理论"，指导着他的革命实践，使其刚刚夺取政权，就迫不及待地让柬埔寨"跑步进入共产主义"。实际上这是小资产阶级的狂热性在作怪。

纵观人类社会发展史，共产主义运动是前无古人的头一次，在革命发展进程中产生一些偏差、错误，不足为奇，关键是要敢于正视问题，及时总结教训，前事不忘后事之师。但红色高棉主要领导人波尔布特不但没有从其左的错误中吸取教训，反而认为自己还不够左，他要探索一条"尽快实现共产主义的新路"，因而制定出一些更左的路线和政策，造成更为严重的损失，最终导致人亡政息。

五、三届大选和联合政府的重组

第一届大选及各派政治力量的消长

根据联合国安理会1993年3月8日通过的810号决议，柬埔寨各方准备参加第一届大选并组建联合政府。经最高委员会和联柬机构联席会议对参选政党资格进行审查并最终作出的决定，共有20个政党有资格参加大选，其中包括红色高棉组成的柬埔寨民族团结党。最初红色高棉表示愿意参选，后来因顾忌败选丢脸而退出，失去了回归社会的最后机会。故报名参加第一届大选的政党共有19个。其影响力较大者有如下几个。

柬埔寨人民党： 原名柬埔寨人民革命党，成立于1951年6月28日。在1991年10月17—18日举行的党的特别代表大会上，韩桑林宣布该党放弃为实现社会主义而奋斗的宗旨，实行多党制和保障所有公民的人权，奉行自由民主的政治制度。遂正式将柬埔寨人民革命党改名为柬埔寨人民党。

柬埔寨人民党的纲领是：站在人民一边，为人民的崇高利益服务，按照独立、和平、自由、民主、中立和社会进步的原则建设国家。党的愿望和理想是：

---

① 转引自大卫·钱德勒著，许亮译：《柬埔寨史》，中国大百科全书出版社2015年版，第288页。

集中各种爱国、爱好民主的力量，共同完成独立、和平、民族和解和国家重建的事业。在国内政策方面，主张自由民主主义和多党制，多党进行和平政治竞争，实行政治、经济、社会自由化。用立法、行政、司法三权分立、互不侵扰的原则来组建国家机构。对外奉行独立、和平、中立和不结盟政策。支持建立国际政治经济新秩序。主张加强合作、缩小贫富差距，增强区域国家之间的合作关系，维持地区和平与经济发展。

拉那烈

奉辛比克党： 奉辛比克党是"争取柬埔寨独立、中立、和平与合作民族团结党"的简称，成立于1992年2月，党主席是西哈努克的儿子拉那烈。该党原名"争取柬埔寨独立、中立、和平与合作民族团结阵线"，1981年3月26日由西哈努克在平壤创建并担任主席。该阵线的武装力量初称柬埔寨民族军，后改称西哈努克民族军。由拉那烈任总司令兼参谋长。1989年8月西哈努克辞去阵线主席后，由莫尼克公主和涅·刁龙任联合主席。1992年2月阵线改为政党，拉那烈担任主席，涅·刁龙任名誉主席。该党信奉西哈努克主义，对内主张政治民主化，经济私有化；对外实行独立、和平、中立、不结盟政策。愿意与一切友好政党建立和发展友好合作关系。

佛教自由民主党： 佛教自由民主党成立于1992年5月21—22日，由宋双任主席，英莫利任副主席，是在"高棉人民民族阵线"的基础上成立的。该阵线最初成立于1979年10月9日，成立的地点在泰柬边境。当时由宋双任执委会主席，沙索沙康任副主席，英莫利任秘书长。其政治主张是，谴责越南武装侵略柬埔寨，与西哈努克、红色高棉联合，组建柬埔寨民族团结阵线和民柬联合政府。该阵线拥有一支武装力量，称为"高棉人民民族解放军"。1985年，上层领导宋双和沙索沙康分裂为两派。宋双派于1992年5月组建佛教自由民主党，沙索沙康派于1990年5月成立高棉自由民主党。宋双领导的佛教自由民主党参加了1993年举行的第一次大选，获得10个议席。1995年7月，该党又一次分裂，英莫利主持召开特别大会，在会上通过了对宋双等6名领导人的不信任案，选举产生以英莫利为主席的领导委员会。10月1日，宋双派在党部召集会议，将英莫利开除出党。英莫利成立新的佛教自由民主党，宋双派放弃原来党名，改称宋双党。宋双党的座右铭是一切为了“民族、宗教、劳动大众”；主张公正、自由、独立和领土完整；推行自由市场经济；反对各式各样的独裁。1999年1月15日，宋双党与奉辛比克党合并。

柬埔寨的政治之所以出现多党林立的格局，是跟1997年10月28日柬埔寨国民议会通过的《政党法》有关。《政党法》规定：凡年满18周岁并在柬埔寨有常住户籍的公民，拥有80名成员即有权成立政党，只需书面通知内政部备案即可。若要申请政党注册和得到公认，则必须拥有4 000名党员。

1993年报名参加柬埔寨大选的政党共有20个，临选前红色高棉组成的柬埔寨民族团结党退选，故实际参选政党19个。其中许多小党没有拿到议席。柬埔寨人民党原以为胜券在握，结果在401万张有效选票中，只获得38.22%的选票，51个议席，名列第二。反倒是拉那烈领导的奉辛比克党拔得头筹，获得45.44%的选票，58个议席。佛教自由民主党获得10个议席。

号称有300万党员的柬埔寨人民党对选举结果表示不服，指责选举机构没有保证“准确性和公正性”，要求在4个省进行重选。红色高棉虽然没有参加大选，但表示接受选举结果。并对人民党说，如果金边政权不服气，可以重新开战。后经过联柬机构和西哈努克的斡旋，拉那烈和洪森才同意组建两党联合政府。

1993年6月15日，联合国安理会一致通过决议，认可柬埔寨第一次大选的结果。9月21日，柬埔寨制宪议会以压倒多数的选票通过了柬埔寨王国新宪法。24日西哈努克在新宪法上签字，成为柬埔寨王国的国王，任命拉那烈为第一首相，洪森为第二首相。政府各部设双部长，人民党主席谢辛任国民议会主席，通过了新内阁名单和施政纲领。

然而，柬埔寨第一次大选之后，各党派之间的矛盾斗争并没有真正解决。伴随着红色高棉退出历史舞台，奉辛比克党与人民党之间的斗争，两党内部派系的斗争，西哈努克国王与政府之间的斗争，一刻都没有停息。

在人民党内部，以夏卡朋王子（Norodom Chakra Pong）为代表的强硬派，因为对洪森在处理红色高棉的问题上以及对拉那烈态度表现不满，于1993年7月2日发动政变，虽然没有取得成功，但加剧了党内斗争。

1994年底，西哈努克在接受《远东经济评论》记者采访时表示，他愿意本人出面亲政，建立包括红色高棉在内的真正的民族和解政府，但遭到洪森的强烈反对，提醒国王要按宪法办事。最后迫使西哈努克不得不作出“有生之年永不执政”的公开声明。

奉辛比克党和人民党之间的斗争更是此消彼长。人民党利用奉辛比克党缺乏执政经验的弱点，安插自己的亲信。在奉辛比克党的领导层中挑拨离间，制造分裂。1994年10月成功地使奉辛比克党的一把手拉那烈和二把手桑兰西（Sam Rainsy）反目成仇，分道扬镳。桑兰西被开除出奉辛比克党后，另组高棉民族党，拉走一批骨干力量，使奉辛比克党的力量被削弱。1995年11月，人民党借口奉辛比克党的秘书长、王国政府副首相兼外交大臣施里武亲王曾经扬言要暗杀洪森，将施里武亲王软禁，后又将其驱逐出境，终身不许回国。1996年3月，拉那烈虽然担任联合政府第一首相的职务，但地方政权大多被人民党把持，遂向洪森提出要求，希望将50%的地方政权按协议交给奉辛比克党，遭到洪森拒绝。1997年2月，面临即将到来的柬埔寨第二届大选，拉那烈宣布成立包括民柬（红色高棉）在内的民族团结阵线，以便壮大声势，参加1998年的第二届大选。但由于民柬已被宣布为非法，拉那烈此举被视为触犯法律，不但在本党内引起争议，也被洪森抓到把柄。4月15日，以翁潘为首的5名奉辛比克党资深议员宣布不再接受拉那烈的领导。拉那烈没有对5位资深议员进行挽留，反而将他们开除出党。人民党乘机介入，反对取消这5位议员的资格，支持他们召开奉辛比克党全国代表大会，重新组织奉辛比克党的领导机构。这次分裂使奉辛比克党失去在议会里的多数席位。

1997年5月25日，奉辛比克党以购买"零配件"的名义进口了一批武器，但被人民党查获，双方几经交涉，甚至发展到对峙的程度，最后人民党还是只把手枪交给了拉那烈的卫队，其余武器被国防部没收，这就是所谓的"武器走私案"。此事促成拉那烈下决心用武力同洪森作一番决斗。然而，在10万政府军中，拉那烈只能控制3万人，显然不敌洪森，所以他就想拉拢民柬（红色高棉）的武装。拉那烈派人和红色高棉的温和派领导人乔森潘谈判，希望把民柬武装并入拉那烈的部队。波尔布特最初并不同意，后来考虑到为了保存民柬的实力，还是同意了这个方案。洪森闻讯，宣布拉那烈私下与民柬谈判为非法，要逮捕谈判代表。拉那烈不予理会，派亲信以政府首席代表的名义与民柬谈判，经过3个回合，就合并事宜跟乔森潘达成共识。与此同时，洪森为了壮大自己的势力，也跟民柬总司令宋成的下属谈判，企图策划宋成反水。此事被波尔布特知悉，以开会为名把宋成骗来杀害，同时遇害的包括宋成的一家老小和9名部下。波尔布特的残暴行为激起了民柬领导层的普遍愤怒，正准备逃跑的波尔布特被宋成的部下抓获，并被判终身监禁，后因病在丛林中死亡。这一事件最终导致了民柬的土崩瓦解，红色高棉作为一种政治势力在柬埔寨的政治舞台上彻底消失。

1997年6月21日，拉那烈的代表与乔森潘领导的民柬（红色高棉）残部恢复谈判，于7月3日达成协议，决定7月6日举行乔森潘率部并入拉那烈部队的合并仪式。这种局面是洪森最不愿意见到的，遂命所属部队于7月5日对拉那烈部队发动进攻。由于军事力量过于悬殊，拉那烈自知不敌，7月4日逃离金边，流亡法国。

国际社会对柬埔寨形势十分关注，同情支持拉那烈，批评洪森。东盟决定延缓批准柬埔寨加入东盟的申请，以对洪森施加压力。洪森采取灵活的外交手腕，来化解这次政治危机，但又提出三项原则，来确保自己的颜面：首先是继续实行内阁双首相制，让奉辛比克党的翁霍担任第一首相。其次是坚称拉那烈的行为危害了国家安全，触犯法律，必须审判。最后是保证在1998年按时举行大选。在东盟和日本的斡旋下，洪森导演了一场政治大戏。1998年3月15日，金边法院开庭，对拉那烈进行缺席审判。以走私武器、勾结民柬、阴谋推翻政府等罪名，判处拉那烈30年徒刑，罚款5 000万美元。接着一周后，3月21日，洪森出面请求西哈努克国王赦免拉那烈。3月31日，拉那烈回到柬埔寨，参加第二届大选。

第二届大选与联合政府的重建

第二届大选前的形势对人民党比较有利，洪森在与拉那烈的搏斗中取得上风，却又不失时机地放拉那烈一马，既显得宽容大度，又获得民心。从外部环境分析，东盟正面临金融风暴的袭击，自身尚且自顾不暇，也没有精力干涉柬埔寨事务。西方国家也因洪森同意拉那烈回国参选，减少了对他的批评。奉辛比克党由于内部分裂，其骨干成员桑兰西脱离奉辛比克党自创新党，1995年11月9日成立高棉民族党，1998年3月改名为桑兰西党。该党在柬埔寨知识分子、学生和工人中有较大影响。该党主张实行共和制，反对君主立宪（近年立场有所变化，接受国王为国家元首）。桑兰西党拉走了奉辛比克党的一部分选票，使奉辛比克党在第二届大选中处于劣势。

奉辛比克党企图通过拖延大选日期来扭转劣势局面，但洪森态度强硬，使柬埔寨选举委员会宣布大选如期举行。

1998年7月26日举行的柬埔寨第二届大选，共有39个政党参选，在全国23个选区角逐122个国会议席。登记选民540万人，投票率高达93%，有效选票490万张。人民党得票率41%，计203万张选票，获64个议席；奉辛比克党得票率31.7%，计155万张选票，获42个议席；桑兰西党得票率14%，计70万张选票，获16个议席；其他36个政党没有获得议席。柬埔寨政党政治由第一届大选时的两大党控制局面，变为三大党控制。奉辛比克党由第一大党，退居第二。

由于人民党没有获得宪法关于必须达到2/3议席方能单独组阁的规定，所以洪森提出由三大党组建联合政府的主张，并得到西哈努克国王的首肯。但是，奉辛比克党和桑兰西党认为大选中有舞弊行为，联合其他20个参选政党，要求重新核查选票。选举委员会驳回了他们的投诉。对此，两党表示不满，于8月23日组织民众上街游行示威，并发生流血冲突。然而，这次大选是在联合国委派的500名观察员的监督下举行的，还有柬埔寨国内非政府组织及参选政党派出的50万人监督投票，故大选的公正性得到国际社会的普遍认可。奉辛比克党和桑兰西党的行为得不到支持。

西哈努克国王再次出面调停，促成三党同意于9月24日举行第二届当选国会议员就职典礼，等于三党皆接受大选结果。为了克服三党在国民议会和政府领导人人选方面的分歧，西哈努克提出了一个让各方都能接受的方案：将议会由一院制改为二院制，奉辛比克党的拉那烈任国民议会主席，人民党的谢辛任参议院主席，规定国王不在国内时，由参议院主席代行国家元首职责。洪森继续担任首相。经过对宪法的修改和人事方面的协调，新一届政府的重组终于实现了，1998年11月30日新政府正式成立。

新政府成立伊始，就宣布它的目标是：实现国家持久和平与稳定，振兴经济，消除贫困。在重组后的联合政府的感召下，1998年12月27日，乔森潘、农谢等民柬领导人率部向政府投诚。1999年3月，拒不投降的民柬军事领导人切春（Chhit Thoeun）被抓捕。军事对抗被彻底消除，全民族实现了和解。在国际关系方面，柬埔寨改善了自身的形象，提高了国际地位。1998年12月8日，联合国恢复了柬埔寨在联合国的合法席位。1999年4月30日，东盟接受柬埔寨为第10个成员国。

2000年，政府又提出“三角战略”，作为实现柬埔寨长期发展社会经济的三大目标：第一，维护国家与人民的和平、稳定和安全；第二，使柬埔寨融入国际社会，并与国际金融机构实现关系正常化；第三，使柬埔寨坚定不移地走上改革开放的道路，重点就是要做好复员军警工作，财政、管理和司法改革以及严禁非法砍伐树木等方面的工作。

这一届政府自成立以来，取得了明显的成就。首先保持了政局的稳定，使柬埔寨人民在经历了长期的战乱之后，享受到和平、安全的生活。奉辛比克党和人民党之间注意调整关系，开始互相尊重、互相配合，政府内部的扯皮和争斗现象减少了。拉那烈和洪森都多次发表讲话，呼吁和强调两党团结，把两党团结视为柬埔寨政局保持稳定的先决条件。

在政治稳定的前提下，政府把发展经济当作首要任务，提出具体目标——GDP增长率保持在6%—7%，争取用10—15年的时间赶超越南和印度尼西亚。虽然在这届政府的任期内，经济发展没有完全达到预期目标，但GDP增长率接近6%，也算很不错了。

然而，面对2002年的地方选举，奉辛比克党和人民党的矛盾又再次凸显起来。因为这次地方选举的规则是按照洪森提出的办法来执行的：只能给政党投票，而不能投票给个人。这样做有利于人民党对基本政权的绝对控制。再者，2002年的地方选举可视为2003年全国大选的预演和动员，关系到第三届全国大选的成败。所以，两党对这次地方选举都很重视，相继召开党代会，拟定参选计划和目标。奉辛比克党的目标是在地方选举中谋得40%的席位。人民党的目标是取得绝对控制权。

大选前的造势活动

2002年2月3日，地方选举如期举行。共有7个政党参加这次选举，获得候选人资格的人数多达7万余人，竞选全国1 621个乡、区地方政权的席位。选举结果是人民党大获全胜，获得一千多个席位，占全部席位的70%。在首都金边76个区一级的政权中，人民党就把持了70个。奉辛比克党遭遇到前所未有的惨败，取得的席位比桑兰西党还少，这决定了奉辛比克党在第三届全国大选中江河日下的地位。

第三届大选和难产的政府

在2003年的第三届大选正式拉开帷幕之前，奉辛比克党又发生两次大分裂，进一步削弱了该党的力量。第一次分裂的原因是时任皇家部队副司令的坎萨文和内政部长尤霍里之间发生矛盾，坎萨文是奉辛比克党元老，他指责尤霍里出卖党的利益，结党营私，排斥异己，建议拉那烈撤销其部长职务。最初拉那烈只想当和事佬，调和他们之间的矛盾。没想到党内62名中央委员中竟有55人站在坎萨文一边，强烈要求将尤霍里撤职。拉那烈原本跟尤霍里关系不错，迫于压力不得不将尤霍里撤职。尤霍里因此退党，另立山头，又拉走奉辛比克党的一些成员。之后，又发生了拉那烈和他的同父异母的弟弟夏卡朋的分裂。夏卡朋是王室成员，财源丰富，经费充裕，手下有一批追随者。他曾游走于奉辛比克党和人民党之间进行政治投机，两次发动政变未遂而被判刑、流放。后由于西哈努克国王的赦免才得以回国，暂时栖身于奉辛比克党。他的政治野心决定了他不肯与拉那烈友好相处，最终还是分裂出去另组"高棉之魂夏卡朋党"，并与桑兰西党结成同盟。临近第三届大选的关键时刻，奉辛比克党又发生两次分裂，无疑使该党元气大伤，拉那烈作为党魁的权威受到挑战，党内出现要求改组中央领导、制定新的路线、调整与人民党关系的强烈呼声。

为了在第三届大选中掌握主动权，2002年4月，奉辛比克党提出要修改选举法。原来的选举法规定全国选举委员会由11人组成，其中7人由人民党任命，等于主宰了全国选举委员会。为了在第三届大选中争取一个比较公平的竞选环境，奉辛比克党修改选举法，将全国选举委员会人数由11人减为6人，人民党、奉辛比克党和桑兰西党各出2人组成。同时，也要求对省级和地方选举委员会的工作程序进行修改。拉那烈明确表示，若不修改选举法，第三届大选就不能举行。奉辛比克党的提案获得其他参选党派的支持，迫使洪森不得不于7月26日举行内阁会议讨论修改选举法事宜。8月21日，拉那烈主持国民议会对选举法修正案进行修改、补充，最后予以通过。按新的选举法规定，全国选举委员会由5人组成，其中主席和副主席各1人，成员3人，但没有规定选举委员会产生的办法。

2002年6月，桑兰西党专门召开党代会，目的是制订参加2003年大选的工作计划。特别是学习、借鉴人民党的经验，组建村一级的委员会，从基层工作抓起，扩大党的影响力。这一招很有成效，大大提高了桑兰西党在国民议会中的席位。

2003年1月15日全国选民的登记开始了，第三届大选的帷幕正式拉开了。全国共有620万选民进行了登记，占合格选民总数的93.8%，比上一届的选民增加一百多万。参选政党共有23个，比上一届减少16个。

在竞选过程中，奉辛比克党和桑兰西党都打出建立廉洁政府的旗号，其背后隐藏的含义就是“人民党不廉洁”。奉辛比克党还把“不怕越南人和反对越南人”作为竞选口号。桑兰西党则批评柬埔寨像缅甸一样被贪腐的将军所控制。尽管竞选斗争十分激烈，但所有参选政党还是于6月30日签署了保证不使用武力、保证大选在公正安全环境下举行的联合宣言。

7月27日，柬埔寨第三届大选在1 000名国际观察员和3万名本国观察员的监督下进行投票。全国共设24个选区，1.28万个投票站，23个政党角逐123个席位。已经登记的620万选民中80%的选民参加了投票。计票初期的结果显示，人民党的得票数遥遥领先，获得过半的席位估计没有问题。此时，人民党表态，即使处于优势也愿和奉辛比克党组成联合政府。然而，遭到奉辛比克党拒绝。桑兰西党也表示不和人民党联合执政。随着统计选票日程的推进，到了7月30日，人民党在大选中获胜已成定局，但估计没有达到2/3的议席，不能单独组阁。奉辛比克党和桑兰西党拒不承认选举结果，也不愿与洪森一起组阁，逼洪森辞职，组成没有洪森参加的三党联合政府。人民党当然不会同意这种要求。8月8日，全国选举委员会公布了大选得票率统计的结果：人民党得票率47.35%，奉辛比克党得票率21.87%，桑兰西党得票率20.75%。人民党表示尊重选举结果，奉辛比克党和桑兰西党则进行抵制。8月30日，全国选举委员会公布席位的分配：人民党获73席，奉辛比克党获26席，桑兰西党获24席。人民党的影响力日益增强，奉辛比克党逐渐被边缘化，桑兰西党很有可能成为第二大党。

由于奉辛比克党和桑兰西党联手抵制大选结果，使2003年10月4日新成立的国会无法有效地工作，新一届政府也迟迟不能成立。经西哈努克国王的多方斡旋，人民党作出一些让步，同意组成三党联合政府，部长席位按6∶2∶2分配，即人民党占6个席位，其他两党各占2个席位，而且坚持必须由洪森继续担任首相。11月5日，三党领导人谢辛、洪森、拉那烈、桑兰西出席了由西哈努克召集的三方会谈，最后在西哈努克起草的关于组成国会和政府的框架协议上签字，三党联合政府正式成立。洪森继续担任首相，谢辛任参议院主席，拉那烈任国民议会主席，人民党成员任第一和第二副主席，桑兰西党成员任第三副主席。然而事态的发展并非一帆风顺，平地突然又起风波。拉那烈离开金边前往法国，奉辛比克党和桑兰西党联合组成的“民联”发表声明，声称“民联”不同意洪森担任首相，之所以在框架协议上签字是迫于西哈努克国王的压力。

柬埔寨的政局再度陷于僵持。洪森领导的看守内阁表示，如果不能组成新的三党联合政府，看守内阁将继续工作至2008年。就在看守内阁的任期内，柬埔寨社会治安稳定，经济有所发展，人民群众的舆论转向同情支持洪森一边。国际舆论也对洪森有利。洪森进一步表示，在政府权力分配上，把45%的政府职位让给奉辛比克党，奉辛比克党可以委派24名副省长，185名副县长。奉辛比克党也可以推荐一些桑兰西党的成员参加政府，但包括在45%的总数内。面对洪森开出的这些优惠条件，拉那烈于2004年3月15日与洪森单独会晤，两党成立了联合工作小组。奉辛比克党虽然获得45%的政府职位，但实际上是占用了本该属于桑兰西党的份额，人民党没有损失，桑兰西党议员扬言拒绝出席国会。在这场纷争中，桑兰西党是吃亏的一方。此外，西哈努克也是一位失势者。他作为柬埔寨国王，在以往各派政治力量的调停中，一直发挥着重要的角色。然而在这次政治纷争中，他说的话没人理会了，他的政治影响力变低了，他意识到自己年事已高，该考虑退位了。因此，10月6日西哈努克宣布逊位，由其子诺罗敦·西哈莫尼（Norodom Sihamoni）继承王位。

诺罗敦·西哈莫尼国王

作者点评

1993—2003年，柬埔寨共经历了三次大选。每次选举都是柬埔寨各主要政党及各派政治力量之间的一场博弈。伴随着对政府议席的争夺，人民党、奉辛比克党和桑兰西党三个主要政党既斗争，又相互妥协，组成联合政府。在第一次大选的时候，奉辛比克党是第一大党，控制了政府的多数席位，由拉那烈出任第一首相。人民党位居第二，洪森出任第二首相。宋双领导的佛教自由民主党位列第三。第二次大选时情况发生变化，人民党上升为第一大党，奉辛比克党退居第二，由奉辛比克党分裂出来的桑兰西党排名第三。第三次大选人民党取得绝对优势，桑兰西党地位上升，奉辛比克党显出颓势。

严格说来，柬埔寨各政党间在党纲、党章和奋斗目标方面并无太大差异，都主张实现民族和解和国家独立，实行独立、自主、和平、中立的对外政策，对内保障人民的权益，政治民主化，经济自由化，反对独裁统治。各政党之间之所以发生激烈的党争，本党内部不断发生矛盾分裂，完全是由于不同利益集团对利益的瓜分、争夺所致。这显然是一种阻碍民族团结,不利于国家政治经济发展的消极因素。

但不管怎么说,“巴黎协定、联合国过渡结构和1993年大选,把柬埔寨从18世纪以来的孤立状态推入东南亚的世界中,这或许是次偶然,也或许是有意设计的结果。柬埔寨不再是一个孤立的玩家,不再是一个受大国保护的国家,也不再是印度支那的一部分,而成为东南亚地区的一部分,尽管柬埔寨人民对东南亚了解甚少,对于他们的现代化程度柬埔寨人也没有做好准备”①。柬埔寨的近现代历史,在经历了长期的战乱后,毕竟进入了一个安定、和平、统一的时期,这正是广大的柬埔寨人民所期盼的,也有利于东南亚及国际的和平、安全与稳定。

六、当代柬埔寨的政治、经济、文化、教育及与中国的关系

政治

自1993年的第一次大选以来,柬埔寨政治发展进入了向民主政治的转型期,君主立宪制和自由民主多党制的框架基本确立。虽然在实行民主选举的过程中还存在这样和那样的问题,存在纷纭复杂的各种矛盾和纷争,但通过协商和相互妥协,民主化的进程依然在艰难中前进。政治稳定,经济发展,人民生活安居乐业,这无疑是可喜可贺的。

1993年6月29日,西哈努克签署命令更改国旗,恢复使用1970年3月18日以前柬埔寨王国国旗。柬埔寨王国国旗图案呈长方形,长与宽的比例是3∶2,由3个平行的横长方形组成,中间红色的宽面象征吉祥、喜庆,上、下两个蓝色的长条象征光明和自由。吴哥窟的图案镶嵌在红色的宽面中间,象征悠久的历史和古老的文化。

柬埔寨王国国旗

柬埔寨的国徽是以王剑为中轴线两边对称的图案。王剑由托盘托起,表示王权具有至高无上的地位;两侧由狮子守护着5

① 大卫·钱德勒著,许亮译:《柬埔寨史》,中国大百科全书出版社2015年版,第288页。

层华盖，5是柬埔寨人崇拜的一个完美吉祥的数字；棕榈树叶象征胜利；底部饰带上用柬文写着“柬埔寨王国之国王”。国徽的含义是，柬埔寨王国在国王的领导下，是一个统一、完整、团结、幸福的国家。

柬埔寨国徽

柬埔寨的国歌几经变迁，现在使用的是1970年前使用的国歌，名称叫“诺哥列尔”（Nokoreach），这是柬埔寨吴哥地区的一个历史地名，阇邪跋摩七世曾在这里大兴土木，建造王城。“诺哥”在高棉语中是“城市”的意思，“列尔”是王家，故“诺哥列尔”意即“王家之城”。此歌由琼奈（Chuon Nat）作词，F.佩吕绍（Perruchot）和J.杰克尔（Jekyll）根据柬埔寨民歌的基调谱曲。歌词大意如下：

上天保护我们的国王，
赐予他幸福和荣耀，
为了统治我们的心灵，主宰我们的命运，
王国缔造者的继承人，
指引着自豪的古老王国。

寺院在丛林中酣睡，
铭记着吴哥王朝的辉煌。
高棉民族像岩石一样永恒。
让我们对挑战时代的王国——柬埔寨的命运充满信心。

歌声从宝塔中升起，
颂扬佛教信仰的荣耀，
让我们忠诚于先辈们的信仰，
上天就会把恩惠慷慨赐予古老的高棉国家——柬埔寨。①

柬埔寨从1953年颁布第一部宪法起，每一届新政府都要颁布自己的宪

① 转引自李晨阳等：《柬埔寨》，社会科学文献出版社2005年版，第142页。

柬埔寨国歌

法，以确立新的不同于上届政府的政治体制。现在实行的是第五部《宪法》。该《宪法》于1993年9月21日经柬埔寨制宪会议通过，同年9月24日由西哈努克国王签署生效。1999年3月4日国民议会通过宪法修正案，将《宪法》内容由原来的14章139条增加到16章158条。2004年7月，柬埔寨颁布实施“一揽子选举”的宪法增补条款，规定国民议会可以通过一次性投票的方式决定国民议会领导人和批准新政府成员。

第五部《宪法》确立了以下主要原则：

（1）君主立宪原则。《宪法》第1条明文规定：“柬埔寨是君主立宪国家，国王根据君主立宪制和自由民主多党制原则治理国家。”第7条进一步补充规定：“柬埔寨国王治理国家，但不执政。”第17条再次强调说：“本宪法第7条第1款有关国王治理国家，但不执政的条文，不得更改。”为了保证君主立宪原则得到实施，该《宪法》还规定：“柬埔寨王国的王后无权干预政治，既不担任国家或政府的领导职务，也不担任任何行政或政治职务。”

（2）主权在民的原则。《宪法》第51条明确规定：“柬埔寨公民是国家的

宪法委员会艾桑奥致辞

第五届国会选举投票

主人，国家的一切权力归公民，公民通过国家议会、政府和司法部门行使自己的权力。”第35条规定：“柬埔寨男女公民均享有参加国家政治、经济、社会和文化的权利。国家机构要认真研究和落实公民的各项建议。”修订后的《宪法》第147条指出：“柬埔寨男女公民均有参加国民大会的权利。”国民大会是让公民直接了解国计民生事宜并当面向国家权力机构提出质询和要求的机构。这些规定是为了保障“主权在民”的原则能够落到实处。

（3）人权至上的原则。《宪法》第31条规定：“柬埔寨王国承认并履行联合国宪章中有关人权的规定、世界人权宣言及有关保护妇女儿童权益的一切国际公约。”《宪法》明确规定公民享有生存、自由、安全、财产、迁徙、择业、接受教育等权利，享有选举权和被选举权，享有言论、新闻、出版、集会、罢工、游行、结社、组织政党等权利。第38条规定：“禁止对监禁者和犯人采取逼供、体罚或其他形式的惩罚”，“通过肉体拷打或精神折磨获得的供词不能作为有罪证据”。为此，柬埔寨还废除死刑。宪法第38条和73条强调：“国家依法保护儿童权益，特别是生存权、受教育权和战时特别保护权。反对使用童工和对儿童性骚扰。”“国家保护儿童和母亲的利益。”

（4）主权独立和永远中立原则。《宪法》第1、第2条规定：“柬埔寨是独立、主权、和平、永远中立、不结盟国家。”“柬埔寨领土完整不可侵犯。”第52、第53条指出：“柬埔寨王国政府坚决捍卫国家的独立、主权和领土完整。”“柬埔寨王国奉行永久中立和不结盟政策。”“柬埔寨王国不参加、不缔结任何不符合中立立场的军事联盟和军事协定。”“柬埔寨王国不允许外国军队在其领土上建立军事基地。”

（5）宗教信仰自由原则。《宪法》第3条说：“柬埔寨王国的口号是民族、宗教、国王。”第43条规定：“男女公民均享有充分的信仰自由；国家保护信仰和宗教自由，但不得妨碍他人信仰和宗教自由、社会公德和社会安宁。”《宪法》指出“佛教为柬埔寨国教”。第13条规定柬埔寨上座部佛教的两位僧王是柬埔寨王位委员会的法定成员。

（6）市场经济和多党民主原则。《宪法》第56条说：“柬埔寨王国实行市场经济体制。市场经济体制的建立和实施应载入法律。金融、货币制度应载入法律。”第51条规定：“柬埔寨王国实行民主多党制。”“国家立法权、行政权、司法权分立。”①

① 参阅李晨阳等：《柬埔寨》，社会科学文献出版社2005年版，第145—147页。

总而言之，柬埔寨的宪法明确规定了国家的政治制度，是君主立宪制国家，实行民主多党制。公民是国家的主人，一切权力归公民。柬埔寨是一个独立、主权、和平国家，奉行永久中立和不结盟的对外政策。与世界上一切国家和平共处，互不干涉内政。维护国家领土完整不容侵犯、不可分裂。不允许外国军队在柬埔寨建立军事基地，禁止生产和使用原子武器、化学武器及细菌武器。民族、宗教和国王是柬埔寨王国的三大支柱，任何人不得反对和亵渎。

柬埔寨国家元首西哈努克国王

《宪法》规定了国王的地位和职权，国王作为国家元首，是国家统一和沿袭的象征。国王有权任命首相及内阁成员、任免高级军政官员、驻外使节和最高法院法官。有权宣布国家处于紧急状态、对外宣战、批准宪法或法律。但是，国王治理国家，并不执政。国王无权指定王位继承人，王后无权干政。

《宪法》规定了公民的权利和义务。公民享有生存、自由、安全及拥有个人财产的权利；选举权和被选举权；参加国家政治、经济、社会、文化活动的权利；自由选择职业和同工同酬的权利；组织、从事工会工作的权利；组织和参加罢工、游行示威的权利；人身自由不受侵犯的权利；对违法行为提出申诉、控告的权利；要求国家赔偿的权利；旅游自由和迁徙的权利；言论、新闻、出版、集会、通讯自由的权利；结社和组织政党的权利；信仰自由的权利；国家依法保护妇女和儿童的权利。公民的义务主要是：遵守宪法和法律，为建设和保护国家做出积极的贡献，维护国家主权和自由民主多党制，爱护公共财产和私人的合法财产。作为父母有抚养和教育孩子的义务，子女有赡养父母的义务。

《宪法》规定了柬埔寨基本的经济制度。实行市场经济，依法征税。国家实施财政预算，管理金融货币和国有资产。保护环境和生态平衡。重视水利、现代技术和信贷体系建设。帮助农民和手工业者解决生产资料的问题，保护农产品和手工业产品的价格。促进边远地区农业、手工业和工业的发展。严禁进口、生产和贩卖毒品及伪劣过期产品。

《宪法》规定了公民享有在教育、文化方面的权利和应有的社会福利。国立中小学实行9年制的免费义务教育。保护和发展民族文化，严惩一切毁坏文物古迹的犯罪行为。维护公民的身体健康，重视对疾病的预防和治疗，贫困公民可以在公立医院享受免费治疗。对伤残军人和为国捐躯的军人家属进行优抚。健全安全和福利保障制度。

《宪法》规定了国民议会、参议院、国民大会的职责权限和运作方式。国民议会是唯一的立法机构，批准国家预算和计划，批准国家借贷资金的议案，审核国家商业协定和规章制度，制定和修改、废除国家税收，审批特赦法令，批准或废除与外国缔结的国际协议或条约，通过罢免内阁成员或解散内阁的决定。国民议会议员不得少于120人，议员通过全国大选产生，可以连任，享有豁免权。议员有权向政府提出质询。议员履行职责、发表意见时，有权不受指控，不遭逮捕、拘留、监禁和刑事审判。议员享受津贴待遇。就职前必须宣誓。国民议会每届任期5年，每年召开2次会议。闭会期间由常务委员会主持日常工作。

《宪法》规定了政府的职责权限和运作方式。政府内阁委员会由首相、副首相、大臣、副大臣和国务秘书组成。国王从大选获胜政党中选择一名议员任命为首相，组成内阁。内阁经国民议会投信任票后，再由国王签署对内阁成员的任命。内阁成员就职前必须举行宣誓仪式。内阁对国民议会实行集体负责制，各部实行主管大臣负责制。

《宪法》规定了司法机构、法律委员会的职责权限和运作方式。司法机构是一个独立行使权力的机构，由高等法院和各级法院组成。法院行使审批权，不受任何立法和行政机构的干涉。法官拥有审批权，法官的职务只有最高司法委员会能对法官作出处分或罢免。最高司法委员会直接对国王负责，其主席由国王指定。该委员会由9人组成，任期9年。职责是负责监督、实施和解释国民议会批准的宪法和各种法律。最高法律委员会对法律法规有最终审订权。

《宪法》规定了《宪法》本身的效力及修改宪法的程序。《宪法》是国家的根本大法，各级政府颁布的命令、法规必须符合宪法的规定。国王、首相和国民议会议长有权根据国民议会1/3以上议员的要求，提出补充和修改《宪法》的建议。修改《宪法》必须得到国民议会全体议员2/3以上多数的同意方能进行。对《宪法》进行修订或补充的条文，不得与君主立宪制和自由民主多党制的原则相抵触。为维护《宪法》的权威性，不得在紧急状态下修改或补充《宪法》。①

---

① 参阅李晨阳等：《柬埔寨》，社会科学文献出版社2005年版，第147—150页。

综上所述，柬埔寨当代使用的第五部《宪法》是比较完备和符合柬埔寨国情的，是一部反映柬埔寨民意的好宪法。但同时我们也应该看到，从《宪法》的制定到《宪法》的实施还有一段距离，真正做到不折不扣地贯彻执行《宪法》还是一件不容易的事情。

在当代柬埔寨的政治生活中，国王具有特殊重要的地位和作用。围绕着要不要坚持君主立宪制政体，各派政治力量一直争论不断。2000年1月1日，反对党主席桑兰西在一次演讲中声称："君主制是没有希望和垂死的制度。"鼓动人民起来为建立"现代国家而斗争"。桑兰西的讲话受到柬埔寨舆论的广泛批评和抵制。西哈努克发表电视讲话，谴责桑兰西反对佛教和君主立宪制的错误言论。执政的人民党和奉辛比克党也发表声明反对桑兰西的主张。洪森首相公开表示："柬埔寨的君主制将一直存在下去。"

但是，关于君主制的争议并未到此结束，2004年10月6日，西哈努克国王突然在北京宣布退位。消息传来，在柬埔寨社会引起极大轰动。参议院议长谢辛、首相洪森和拉那烈等政界要人准备前往北京觐见西哈努克，恳请他不要退位。有消息传出，西哈努克之所以提出退位是因为桑兰西曾给他写信说："根据得到的消息，在国王和王后回国的当天，金边将发生反对他们回国的暴力示威。"执政的人民党和奉辛比克党遂大肆谴责桑兰西。桑兰西竭力辩解国王退位与他给国王写信无关。柬埔寨全国上下一致希望西哈努克复位。

西哈努克国王2004年10月6日晚从北京发出的告同胞书说："自从1941年第一次登基以来的半个多世纪中，西哈努克一直坚持为国家、民族、宗教和人民服务，但我现在由于年事已高，而且身患多种疾病，不能继续履行国王和国家元首的职责，因此请全体同胞允许我退休。""将来谁继承王位，将由王位委员会决定。"

最后，按照宪法规定的程序，由西哈努克的儿子西哈莫尼继承王位，并于10月29日举行登基大典。

纵观西哈努克的一生，他从1941年继承王位开始，就把毕生精力投入柬埔寨的民族独立和解放事业。其间几度辞去王位，但仍然担任国家元首或政府领导人职务：1955年3月让位于其父，同年9月任首相；1960年其父去世后，就任国家元首；1970年3月朗诺发动政变后寓居中国；1975年4月17日金边解放后回国，担任民主柬埔寨国家元首，1976年4月宣布退休；1982年7月任民主柬埔寨联合政府主席；1990年2月任柬埔寨主席；同年7月任柬埔寨全国最高委员会主席；1993年9月至2004年10月任柬埔寨国王，以后又成为太皇；2012年10月15日在北京去世，享年90岁。他对柬埔寨国家和人民作出了卓越的贡献。他还是中国人民的老朋友，长期致力于中柬友好事业，与中国第一代领导人建立了深厚的友谊，并把中国视为他的第二故乡。① 西哈努克逝世后，北京天安门广场、新华门为他降半旗致哀。外交部发言人宣布，国务委员戴秉国将于10月17日护送柬埔寨太皇西哈努克灵柩返回柬埔寨。西哈努克的灵柩于当地时间17日下午抵达金边国际机场，至少10万柬埔寨民众沿途祭奠。

2012年10月15日，中国国家主席胡锦涛就柬埔寨太皇西哈努克逝世向柬埔寨国王西哈莫尼、太后莫尼列致唁电。唁电全文如下：

"惊悉中国人民的伟大朋友、柬埔寨人民的卓越领袖西哈努克太皇陛下不幸因病逝世，我们深感悲痛。我谨代表中国政府和人民，并以我个人名义，向国王陛下和太后陛下，并通过你们向柬埔寨政府和人民致以最沉痛的哀悼和最深切的慰问。

西哈努克太皇陛下是柬埔寨独立之父，他把毕生精力奉献给了柬埔寨民族独立与和平进步事业，为实现柬埔寨民族和解与国家发展建立了不朽的历史功勋，在柬埔寨人民心中享有崇高的威望。他的不幸逝世是柬埔寨人民的重大损失。

西哈努克太皇陛下是中国人民的伟大朋友，长期致力于中柬友好，同中国几代领导人结下了深厚友谊。在他的亲自关心和推动下，通过双方共同努力，中柬友谊根深叶茂，硕果累累，与日俱增。他为中柬关系发展作出的杰出贡献将永远载入中柬友好的史册。

中国政府和人民一贯珍视中柬友谊，高度重视发展两国关系。中方愿同柬方一道，继承和弘扬西哈努克太皇陛下和中国几代领导人共同开创和精心培育的中柬友好传统，巩固睦邻友好，深化务实合作，推动中柬全面战略合作伙伴关系健康深入向前发展，以更好地造福两国和两国人民。"

胡锦涛主席的唁电，对西哈努克的一生作出了充分肯定和高度评价。

按照柬埔寨的传统习俗，西哈努克的遗体存放2年以后，柬埔寨政府于2014年7月11日在金边举行了骨灰安置仪式。载着西哈努克骨灰的灵车缓缓走过金边各主要街道，最终将骨灰安奉于王宫内的王室灵塔。

在当代柬埔寨人的政治生活中，除了西哈努克的逝世外，对前红色高棉领

---

① 西哈努克国王说："我始终把中国作为自己的第二故乡，希望柬中传统友谊世代相传。"

西哈努克灵车出行

导人的迟到审判是又一件与民众息息相关的大事。自从1993年柬埔寨实现民族和解、成立第一届王国政府以来，要求审判红色高棉的呼声日益高涨。首先是柬埔寨国内被红色高棉迫害过的人士和死亡者的家属要求申冤报仇，也有一些欧美势力出于对共产主义的敌意，推波助澜，此事遂成为柬埔寨政治生活中引人注目的事件，并成为国际关注的议题。美国参议院1993年通过了关于起诉和排斥红色高棉的法案，要求尽快建立审判红色高棉的国际法庭。但是，最初柬埔寨王国政府及西哈努克本人都不赞成，因为考虑到柬埔寨刚刚实现了国家的和平统一，复兴和重建的任务十分艰巨，没有必要再度撕开历史的伤疤，况且包括洪森在内的许多政府官员，当初也曾经是红色高棉分子。西哈努克本人也和红色高棉有过一段时间的政治合作。现在红色高棉已经放下武器回归社会，不再构成威胁，审判似乎没有太多必要，弄得不好可能造成新的对立。再说，红色高棉是特殊历史条件下的产物，它的存在和发展与大国之间的博弈角逐有着十分密切的关系。基于上述考虑，柬埔寨王国政府迟迟不将审判列入政府的议事日程，采取拖延的办法应对来自国内外的压力。

随着国际形势的变化，苏联解体，东欧剧变，国际共产主义运动陷入低潮。欧美反共势力将审判红色高棉作为在全球打击社会主义的一种举措，故对柬埔寨不断施加压力。1997年6月，柬埔寨政府第一首相拉那烈和第二首相洪森联名给联合国秘书长安南写信，表示愿为审判红色高棉提供帮助。1998年11月，安南派出联合国专家到柬埔寨调研，专家们建议成立国际法庭审判红色高棉。

西哈努克首先表明态度，反对成立国际法庭。他说，他愿意放弃国王的豁免权出庭受审。并主张火化红色高棉统治时期遇害人士的遗骸，让他们早日转世投胎。洪森则认为，这样做等于毁灭种族灭绝的罪证。他的态度明显转向支持审判红色高棉。

审判红色高棉的国际法庭

关于审判对象，最初柬埔寨方面只主张审判达莫和杜奇两人，因为英萨利已被西哈努克国王赦免，农谢和乔森潘是否被起诉，将视法庭调查的结果而定。但联合国方面则坚持，凡是犯有种族灭绝罪和反人类罪的红色高棉分子，无一例外都要接受审判。迫于巨大的压力，柬埔寨方面不得不做出让步。

柬埔寨特别法庭审判红色高棉

2003年6月，联合国与柬埔寨签署协议成立柬埔寨特别法庭，旨在对红色高棉领导人在20世纪70年代后期所犯下的灭绝人性的罪行进行审判。

由于柬埔寨方面坚持审判红色高棉要以柬埔寨为主，诉讼活动必须依据柬埔寨国内法律，同时也要遵循国际上通行的法律标准，所以2006年5月8日特别法庭正式组成的时候，在全部29名检察官和法官的名单中，有17名柬埔寨人，其余12名来自澳大利亚、加拿大、奥地利、法国、日本、荷兰、波兰、新西兰、斯里兰卡和美国。

2007年11月特别法庭拉开了审判红色高棉的序幕。被视为红色高棉第四号人物的达莫没有等到开庭，就于2006年7月21日因病去世。等待审判的对象只剩下5人：S-21监狱长杜奇，前柬共副书记农谢，前民柬国家主席团主席乔森潘，前民柬政府副总理兼外交部长英萨利和他的妻子——前社会部部长英迪利。一些外国检察官和法官在审阅案卷时发现问题比原先预料的严重得多，提出扩大审判红色高棉范围，遭到柬方拒绝，有的外国检察官愤而辞职，挂冠而去，以示不满。

面对新的压力，洪森旗帜鲜明地表示：审判红色高棉的问题，是要让柬埔寨满意，还是让外国势力满意？柬埔寨“要坚持自主政策，要让外国听我们的”。

审判农谢

审判乔森潘

审判英萨利

审判英迪利

2010年7月26日，审判S-21监狱长杜奇的001号案件开庭。老态龙钟的杜奇承认自己做了坏事，但所有指令皆来自柬共中央，这是党的决定，自己无法更改。尽管杜奇百般狡辩，最后还是被判35年监禁，以他时有的岁数，等于终身监禁，一辈子不能出狱。

2011年6月27日，002号案开庭审理农谢、乔森潘、英萨利夫妇，他们被控犯有种族灭绝、反人类、严重破坏《日内瓦公约》罪、谋杀、酷刑、宗教迫害等多种罪名，起诉书长达1 000多页，估计整个审理过程要延长至2018年才能结束。在漫长的审理过程中，英萨利于2013年因病身亡，法庭对他的指控自动撤销。他的妻子也因神经错乱无法应诉，法庭作出免予起诉的决定。

柬埔寨人普遍认为红色高棉最大的罪过在于金边撤离案。但因为时间过去太久，搜集证据困难，特别法庭最终也没有搜集到红色高棉强制居民撤出金边、导致居民大批死亡的确凿证据，也没有弄清是谁下达了相关的命令，或者说是哪一道命令要求市民必须撤离。在这种情况下，2014年8月7日，特别法庭还是对农谢和乔森潘作了无期徒刑的判决。88岁的农谢和83岁的乔森潘都发表声明,不承认自己有罪。

审判结束后,联合国派驻特别法庭的特使和柬埔寨副首相宋安发表谈话,宣布“刽子手”已经受到应有的惩罚,一些受害人及家属也欢呼“迟来的正义”。有人建议将审判红色高棉继续下去,继续审理003号案、004号案,但柬埔寨政府对此已无兴趣,因为耗资巨大。据统计,截至2013年,审判红色高棉法庭已花费经费2.46亿美元,其中柬埔寨负担6%,这已是柬埔寨最高法院同期经费的200倍。柬埔寨政府已无力负担这些经费,希望特别法庭尽快结束其工作。其余94%的经费需由国际赞助,赞助者亦捉襟见肘,此事看来只能到此收场。①

经济

1953年柬埔寨宣布独立的时候,经济上处于贫穷落后的状况,经济发展水平属于世界上最不发达国家行列,是世界上最贫穷的49个国家之一。

柬埔寨独立后的经济发展,大体上经历了五个时期:西哈努克执政时期(1953—1970年),贯彻自力更生发展经济的方针,国民经济平稳发展;朗诺政权时期(1970—1975年),处于战争时期,经济停滞,依靠美援;红色高棉统治时期(1975—1979年),闭关锁国,经济倒退;越南入侵和内战时期(1979—1992年),军事割据,经济发展不平衡;第一届至第三届大选政府时期(1993年至今),经济恢复发展时期。

如果按经济体制的类型来区分的话,柬埔寨独立后的经济经历了从混合型到计划型,再到市场型的转变。

从1953年独立到1970年3月这16年间,柬埔寨执行的是混合型市场经济。在贫穷落后的农业经济的基础上,柬埔寨王国政府面临的任务是极其艰苦和繁重的。首先要进行经济的宏观调控,建立财政金融体系,发行本国货币瑞尔(Riel),建立经济计划委员会,制定经济政策和发展规划,监督各部门的工作,保护和发展民族工业,有限制地利用外资,兴修基础设施,大力发展农业。

1970年朗诺一施里玛达发动军事政变,建立高棉共和国。西哈努克联合红色高棉成立民族团结统一战线,打击朗诺政权,驱逐越南入侵者。整个柬埔

---

① 参阅于洪君:《红色高棉运动始末》,载《领导者》总第66期,2015年10月。

寨陷于战争经济状态，经济形势每况愈下，靠美援支撑。

1975年红色高棉取得政权，实行了过左的偏离了社会主义的经济政策，破坏市场经济体制，实行配给制，取消货币和商品交换，打击私营经济，提出了许多不切实际的计划和指标，使国民经济到了几乎崩溃的边沿。

1979年1月，在越南军队的支持下，柬埔寨人民党建立了金边政权，号称柬埔寨人民共和国。在金边政权统治范围内的柬埔寨经济实行计划经济的模式，取消了农业集体化组织，恢复集市贸易，发行新货币，准许私营企业和中小型工业从事经济活动。1986年起实施第一个社会经济复兴和发展五年计划，进一步放宽经济政策，承认国营经济、集体经济和家庭经济作为主要经济成分的合法性。1989年颁布实施《柬埔寨外商外资法》，大力引进外资。同时，恢复和发展旅游业。金边政权统治区内，经济得到一定程度的恢复和发展，使濒临崩溃的柬埔寨经济有了一些起色，但和20世纪60年代末的经济情况相比，还有差距，尚未恢复到60年代末的水平。

1993年第一次大选后，成立了奉辛比克党和人民党的联合政府，开始把发展经济列为政府工作的重点，采取了一系列措施：

（1）正式宣布实行自由市场经济，推行经济私有化和贸易自由化，在《宪法》第5章第56条中明文规定："柬埔寨王国实行市场经济体制。"从法理的高度阐明以市场经济代替计划经济的合法性。所谓"自由市场经济"的基本特征是：将农村土地全部分给农民；城市企业部分实现私有化；国家不控制工业企业；在不出卖土地所有权的条件下，允许外商对任何行业任何领域进行投资；外币兑换自由，资金国际流通自由。

1993年后推动私有化是柬埔寨经济工作的一个重点。1995年柬埔寨国民议会通过了《私有化条例》。私有化的进程最先从农业和商业领域开始，取得较大成绩后，逐步扩张到工业和外贸等领域。私有化经济的发展丰富了柬埔寨经济所有制的形式，目前柬埔寨存在4种经济所有制：国营经济、私营经济、家庭和个体经济、集体经济。从发展趋势看，国营经济和集体经济的比重在下降，私营经济的比重在上升。

（2）制订国家发展计划，整顿国家经济秩序，完善经济管理机构。王国政府在西哈努克国王提出的"以改善人民生活水平为中心"的经济建设方针的指引下，制订了年度经济发展计划，包括大力发展农业，解决农民吃饭问题，加强基础设施建设等。在经济管理部门的构建上，中央设11个与经济直接有关的部，负责全国经济的管理和监督。

（3）全方位对外开放，吸引外资，争取外援。1994年《柬埔寨王国投资法》颁布，以优惠条件吸引外资。1996年的协议投资已达60亿美元。此外，从国际援柬会议、联合国开发计划署、亚洲开发银行等国际机构争取到数十亿的外援。为柬埔寨经济注入活力。

（4）加强经济立法，健全相关经济法规。1995年颁布《柬埔寨商业制造措施和商业名册法》《私有化条例》。1996年颁布《外汇法》。1997年颁布《柬埔寨王国公司法》《柬埔寨王国劳工法》《柬埔寨王国税法》等。

1998年第二届联合政府成立后，制定了一系列发展经济的战略，把消除贫困，实现经济发展作为首要任务和工作重点。首先关注基础设施建设和人才培养问题，设法引入外资投入基础设施建设和参与培养各种专业人才的计划。通过申请加入东盟，加强与周边国家的经济合作，推进地区经济一体化的形成。在农村大兴农田水利基本建设，鼓励银行向贫困地区发放贷款，大力推广种植橡胶等经济作物，给予农民税收优惠。建立健全税收监督体制和财政、行政管理制度，完善司法条例，精简政府机构，削减军队编制，减少国家财政开支。经过多方努力，经济发展初见成效。经济增长率从1988年的1.8%增加到1999年的5%，2000年虽然遭受特大水灾，经济增长率也保持了4.5%。

亚洲开发银行、世界银行和国际货币基金组织等国际金融机构对柬埔寨的经济发展表示肯定和乐观。亚洲开发银行决定在柬埔寨实施长期经济援助计划，提供7 000万美元用于柬埔寨的能源、交通、农业和教育的基础设施建设。世界银行提供1 500万美元用于柬埔寨裁军。①

橡胶园

2003年柬埔寨第三届联合政府正式开展工作以后，国内政治稳定，人民生活安居乐业，国民经济有了更进一步的发展。在世界经济整体增速

① 参阅李晨阳等：《柬埔寨》，社会科学文献出版社2005年版，第180—184页。

趋于下降的情况下，柬埔寨还能保持经济增长的良好势头，经济年增长率保持在7%，通货膨胀率控制在3%，已经是很不容易了。正如洪森所言："柬埔寨已经脱离了欠发达国家行列，上升为中低收入国家，力争在2030年上升为中高收入国家，2050年成为发达国家。"① 按照世界银行发布的2016年最新人均国民总收入的划分标准，2015年柬埔寨人均国民总收入超过1 020美元，已经脱离低收入国家行列，进入中等偏下国家。

文化

柬埔寨是一个文明古国，古代文化光辉灿烂，在扶南、真腊和吴哥时期，曾一度达到世界文明的顶峰。但近现代以来，由于上层统治集团为争权夺利造成延绵不断的内讧。战争的破坏、外国的干涉、西方殖民主义国家的掠夺，使古代文化的光辉黯然失色，现代文化的发展停滞不前，文化教育水平低下，文盲充斥，医疗欠缺，科技落后，文化设施严重不足。

柬埔寨的文学艺术发展分为三个时期：公元1—19世纪中叶为古代时期，19世纪中叶—1953年独立前为近代时期，1953年至今为现代时期。

柬埔寨古代文学艺术光辉灿烂，但用文字传下来的著作甚少，主要是通过绘画、雕塑等造型艺术和民间口头流传。多以印度史诗和佛教故事为题材。这是因为柬埔寨文化属于宗教文化的缘故，不像中国的史官文化，主要靠文字记载历史。况且柬埔寨的文字出现较晚，其字母颇似13世纪形成的泰文，但比泰文出现稍早。我们只能通过吴哥的壁画、雕塑，窥见柬埔寨古代文学艺术之辉煌。

柬埔寨的近代文学艺术依然保持着宗教的影响。著名的《罗摩的故事》就是从印度史诗《罗摩衍那》演变而来，经过加工改变，注入本民族的元素，使之成为柬埔寨的文学作品。遗憾的是这部作品的作者及创作年代无考，现有版本也残缺不全。此外，还有一些诗歌流传下来。这些诗歌常镌刻于石碑上，成为碑铭文学。有的文学作品写在贝叶上，是为贝叶文学。有的则写在兽皮上，被称为兽皮文学。法国对柬埔寨实行殖民统治以后，开始传入西方的文学艺术，促成了柬埔寨近代文学艺术风格的转变，也产生了一批以《震撼高棉的革命》为代表的反对帝国主义为题材的作品。

1953年柬埔寨独立后，揭开了现代文学艺术发展的序幕。文学艺术作品

---

① 见《高棉日报》2016年11月2日。

的形式开始多样化，诗歌、小说、戏剧、散文、文艺批评等各种形式的创作相继出现，数量明显增加。1956年3月，柬埔寨成立了作家协会，建立起与世界各国作协的联系。

20世纪70年代，柬埔寨社会陷于战乱，文学艺术创造进入冬眠期。

近年来，随着社会生活逐渐走上正轨，文艺创作开始复苏，首先表现在柬埔寨的国产电影步入黄金时代。2000年柬埔寨投资拍摄了根据民间故事改编的电影《蟒蛇之子》，获得很大成功，创造了前所未有的票房价值。柬埔寨的现代音乐保持着吴哥时期的文化特征，为大众喜闻乐见，在人们日常生活中占据重要位置。尽管西方音乐和亚洲其他国家的流行音乐进入了柬埔寨社会，但也只能在酒吧、咖啡厅里演奏。遇上婚礼或其他重要节日，依然要靠传统民族音乐来唱主角。柬埔寨人能歌善舞，舞蹈是柬埔寨的一朵艺术奇葩，分古典舞蹈和民间舞蹈两大类。古典舞蹈又称宫廷舞蹈，主要在宫廷里演出，已有一千多年的历史。服饰亮丽，舞姿婀娜，通过肢体语言表达细腻的感情，现今已成为接待外国客人的保留节目。民间舞蹈与柬埔寨人民的日常生活息息相关，以农耕、捕鱼、捣米、缝纫等生产活动为表现题材，富于生活情趣。"南旺舞"是民间最为流行的集体舞蹈，月光下，溪水畔，男女老少翩翩起舞，自得其乐。

教育

自1953年柬埔寨独立后，其现代文化教育才开始起步。1958年，柬埔寨成立了国家教育最高委员会，由西哈努克亲自担任委员会主席。接着，又成立由全国知名专家组成的技术教育最高委员会，其职责是为发展全国技术教育提供咨询。关于国家的教育制度，规定小学学制6年，中学7年，其中初中4年，高中3年。高等学校因学科不同而规定不同的年限。中、小学教育必须坚持用高棉语授课。国家加大对教育经费的投入，1964年的教育经费是1955年的1.73倍。除了开办现代的学校外，还保留传统的寺院学校。同时，允许私人和外侨办学。

1970年后，国家陷于战乱，教育事业受到巨大冲击，刚有点儿起色的教育呈现大倒退，学校普遍停课。直到1993年成立联合政府后，一度停课的大中小学才纷纷复课。新学制规定，儿童从6岁上小学，学制5年。初中、高中各3年。

从1993—2000年，柬埔寨的教育有了较大发展，新建了一批学校。全国共有各级学校6 294所，学生235万人，教师6.2万人。其中高中125所，学生

金边皇家大学

17万人；中专125所，学生17万人，教师8 400人；大学9所，学生1.1万人，教师8 435人。与原来的基础相比，应该说发展势头喜人。但和东南亚其他国家相比，还很落后。特别是全国还有文盲236万人，占全部人口的36.3%，半文盲173万人，占全部人口的26.6%。柬埔寨教育部制订了2001—2005年的农村扫盲计划，在5年内至少要让20万年轻人摘掉文盲帽子。但是，在扫除文盲的同时，又不断有新的文盲产生，因为据1998年的统计，全国只有2/3的学龄儿童报名上学，另外1/3的学龄儿童因家庭经济困难，只能弃学打工。

高等教育方面，情况不容乐观。1995年联合国教科文组织和世界银行联合成立了一个柬埔寨高等教育专家组，制订了一个全面改革和发展高等教育的计划，重点改革高等教育的办学模式，整顿和提高教学质量。扩大与东盟及其他亚洲国家合作与交流，欢迎外资来柬建校办学，培训师资。经过一段时间的努力，高等教育迎来了复兴和发展。高等学校的在校学生1985年为2 357名，1996年上升到3 465名，2002年发展为3万名。据2001年的统计，柬埔寨共有高等学校16所，其中公立9所，私立7所。

在外国慈善机构和教育团体的帮助下，柬埔寨创办了一些新大学。1993年澳大利亚援助柬埔寨基金会同柬埔寨政府合作创办了马哈日师维地大学(Maharishi Vedic University)，是一所专供贫困青年读书的大学，有志的贫困学子可以免费接受4年的大学教育。至2003年，该大学共培养了600名合格的大学毕业生。今天也还有650名学生在校学习。

除了在柬埔寨国内大学学习外，政府还选派留学生到外国留学，特别是中国。中国接纳了许多柬埔寨留学生，既有攻读学位者，也有短期培训人员。①

柬埔寨首相洪森，2003年专门对教育问题发表讲话，其主旨是：政府将通

① 参阅李晨阳等：《柬埔寨》，社会科学文献出版社2005年版，第303—308页。

过教育自由化政策，与国内外企业合作，建立各种层次的学校。高等学校要提高教学质量，注重科技、通信技术人才的培养，使培养出来的人才能在市场经济竞争中发挥潜力。各高校应与教育部配合，建立起评估和监督教育质量和教育水平的机制。强调学生在学习专业知识的同时，也要学习和弘扬民族传统文化。特别指出“高等学校也应注重道德教育，为国家和社会培养出大批具有良好道德的，提倡无暴力、和平的人才”①。

柬埔寨的华文教育从20世纪70—90年代受到巨大冲击，几乎完全停滞。1990年后开始逐渐恢复。针对华文师资缺乏的问题，柬埔寨华人理事会专门成立了文教基金处，在中国的帮助下，多次举办华文师资培训班，拓展师资来源，提高师资的华文水平。从1999年开始，中国选派资深教师到柬埔寨执教，同时接纳柬埔寨华文教师到中国参加汉语专业培训。据柬埔寨华人理事会文教处统计，1999年上学期全柬华文学校已达69所，学生5万人。近年来，柬埔寨的华文教育呈井喷式发展，这当然跟中柬两国之间友好关系的发展，经贸往来的剧增，文化交流的日益频繁有关。

柬埔寨的华文学校

与中国的关系

柬埔寨与中国的关系源远流长，延绵两千余年。早在扶南、真腊立国时期，两国就建立了朝贡贸易关系。公元13世纪元人周达观访问吴哥，写下了举世瞩目的《真腊风土记》，将柬埔寨的辉煌定格在这本书里，这才使我们今天的人得以了解柬埔寨的过去。只是进入近现代以来，柬埔寨饱受邻国的欺凌和西方殖民统治的侵略，才国势日衰。中国也因西方列强的入侵和瓜分，变成一个半封建半殖民地的国家。因此，在反对帝国主义侵略，争取国家和民族独立方面，中、柬两国是天然的盟友。

1955年4月在万隆举行的亚非会议上，中国领导人和柬埔寨国家元首西

① 柬埔寨《星洲日报》2003年6月24日。

哈努克结识，可视为中华人民共和国与柬埔寨王国正式友好关系的开始。从此，中国领导人与西哈努克建立和维系了长达半个多世纪的友谊，为中柬两国关系的发展奠定了良好的基础。1958年7月19日，中柬两国正式建立外交关系。1960年2月19日，两国在北京签订了《中柬友好和互不侵犯条约》，开启了两国关系发展的新阶段。

冷战时期，美苏两大阵营处于全面对抗的状态。由于西哈努克领导下的柬埔寨王国坚持和平、中立、不结盟的原则，对社会主义的中国和苏联存在好感，遭到美国的不满和打压。然而，柬埔寨并没有屈服，西哈努克曾一度拒绝美援，与美国断交。1970年3月18日，在美国支持下，朗诺发动军事政变，西哈努克流亡中国，中国仍以国家元首的礼遇接待他，并大力支持他在北京开展抗美救国和反对朗诺政权的活动，终于在1975年4月推翻朗诺傀儡政权。

1978年12月25日，越南军队在苏联支持下入侵柬埔寨，占据金边，红色高棉逃往丛林。1979年1月10日，由越南控制的“柬埔寨人民共和国”宣布成立。柬埔寨的历史又进入全民动员反对越南入侵的新阶段。1981年9月24日，反对越南入侵及金边新政权的柬埔寨三方势力在新加坡达成协议，共组联合政府。1982年7月9日，柬埔寨联合政府正式成立，西哈努克任主席，乔森潘任副主席，宋双任总理。坚持使用红色高棉执政时期确立的“民主柬埔寨”的国号，因为这个国号得到联合国的承认，故得以保持在联合国的席位。

中国一如既往地支持柬埔寨人民反抗外来侵略的斗争，也包括反对越南地区霸权主义的斗争，直到1989年9月越南不得不宣布从柬埔寨撤军。

为了避免越南撤军后柬埔寨再次爆发内战，国际社会在巴黎召开会议，通过国际合作，和平解决柬埔寨问题。1993年柬埔寨实现了首次全国大选，实现了民族和解，成立了以西哈努克为国王的柬埔寨王国联合政府。柬埔寨社会终于迎来了人民盼望已久的和平安定局面。

中国不仅以联合国常任理事国的身份帮助柬埔寨实现民族和解，而且从柬埔寨王国政府成立以来，一直以实际行动帮助柬埔寨恢复和发展经济。2000年11月，江泽民主席应邀访问柬埔寨，代表中国政府向柬埔寨提供1亿元人民币的贷款和25万美元的救灾援助。双方签署了包括《中柬关于双边合作框架的联合声明》等6个协定。

2002年11月，朱镕基总理赴柬埔寨出席第一届大湄公河次区域经济合作领导人会议期间，与洪森首相举行了工作会谈，宣布取消2.1亿美元的到期柬埔寨对华债务。同时，还签署了中国向柬埔寨提供无偿援助和无息贷款的协议，帮助柬埔寨修复国内的公路。

2006年4月，国务院总理温家宝对柬进行正式访问，双方发表《联合公报》，宣布建立全面合作伙伴关系。

2010年12月，柬埔寨首相洪森访华，两国关系升级为全面战略合作伙伴关系。

2012年3月底，国家主席胡锦涛对柬埔寨进行国事访问，双方发表联合声明。

2012年10月15日，西哈努克太皇在北京去世，中国派专机运送西哈努克灵柩返回金边，国务委员戴秉国随机护送。次年2月，全国政协主席贾庆林赴金边出席西哈努克太皇葬礼。

2013年4月，柬埔寨首相洪森出席博鳌亚洲论坛年会并对中国进行正式访问。

2015年9月，柬埔寨国王西哈莫尼来华出席中国人民抗日战争暨世界反法西斯战争胜利70周年纪念活动。

2016年3月，柬首相洪森来华出席澜沧江—湄公河合作首次领导人会议及博鳌亚洲论坛年会。

2016年6月，柬埔寨国王西哈莫尼来华访问，会见中国国家主席习近平，会见国务院总理李克强。

2016年9月13日，中国国家主席习近平访问柬埔寨，对巩固中柬传统友谊和进一步深化全面战略合作伙伴关系，具有十分重要的意义。

中、柬两国领导高层互访不断，充分说明由老一辈领导人建立起来的友好情谊一直延续不绝。正如西哈莫尼国王所说："中国是柬埔寨最伟大的朋友。柬方愿不断巩固历经时间考验的柬中友谊，加强对华各领域交流合作，推动柬中关系和东盟与中国关系结出更加丰硕的成果。"①

柬埔寨位于东南亚交通枢纽，是中国长期友好近邻，也是"21世纪海上丝绸之路"上重要沿线国家。洪森首相明确表示支持中国"一带一路"倡议，鼓励中资企业在柬埔寨投资。目前中国是柬埔寨第三大贸易伙伴，中柬经贸合作成果丰硕。根据2015年1—10月的统计，双方贸易额为35.95亿美元，同比增长17%，增幅位居东盟10国之首。中国对柬出口30.42亿美元，同比增长14.06%，从柬进口5.53亿美元，同比增长36.36%，并成为柬大米最大进口国。

---

① 商务微新闻，2016年8月3日。

中国对柬协议投资额达103亿美元,连续多年成为柬最大外资来源地。

中国的投资是为了推动柬埔寨国家、经济和社会的发展。中资企业以独资或合资的方式,在柬埔寨建造了7座水力发电厂,帮助柬埔寨实现能源独立和降低电费的愿望。

柬埔寨西港经济特区是中柬经贸合作的样板,始建于2008年,经过9年的建设,使原先荒无人烟的5.82平方公里的土地,变成各国争相投资的热土,建有厂房115栋,95家外国企业入驻,其中70家已经生产经营,解决了13 000名柬埔寨人的就业问题,被誉为"柬埔寨的深圳"。

在"一带一路"框架内,中柬互联互通工作进展神速。截至2015年5月,中国企业为柬埔寨新建、改造公路20条,总长2 669公里,占柬埔寨国道总里程的35%以上。帮助柬埔寨修建大型桥梁7座。交通发展,也促进了柬埔寨的旅游业。中国是柬埔寨最大的旅游客源国,2015年上半年中国游客达70万人次,估计2020年将增加到200万人次。

中柬之间的经济合作、互利共赢建立在政治互信的基础上。中柬两国政府互相尊重彼此的国家核心利益,在国际事务中相互支持。在中国南海、中国台湾地区等关系到中国核心利益的重大问题上,柬埔寨都坚定不移地对中国表示支持。在合作打击电信网络诈骗,追逃海外贪官等方面,柬埔寨跟中国亦配合默契。

正如习近平主席2016年10月12日在柬埔寨《柬埔寨之光》报发表的题为《做肝胆相照的好邻居、真朋友》的署名文章所言:"中柬传统友谊历经岁月洗礼和国际风云变幻的考验,始终根深叶茂。"在柬埔寨,人们以"信任如树"来描绘中柬关系。我们可以充满信心地展望:中柬友谊之树,永远长青。

作者点评

经历了历史上的辉煌和衰败,经受了长期的分裂和动乱,饱尝了难以忍受的屈辱和欺凌,通过不屈不挠和艰苦卓绝的斗争,1953年柬埔寨终于获得独立,柬埔寨历史进入当代时期。从此,柬埔寨政治发展步入向民主政治的转型期,君主立宪制和自由民主多党制的框架基本确立。1993年9月21日柬埔寨制宪会议通过第五部《宪法》,这部《宪法》明确规定:"柬埔寨是独立、主权、和平、永远中立、不结盟国家。"这是一件了不起的大事,对柬埔寨历史的发展有着十分重要的意义。因为一千多年来,引进外国的干预,一直是造成柬埔寨民族分裂、社会动乱的一个主要原因。外国干涉不断,柬埔寨社会就没有安宁。

为什么柬埔寨经常会通过引入外国干预来解决内部纷争呢？这是因为柬埔寨特殊的政治文化决定的。从公元1世纪初婆罗门教传入柬埔寨开始，同时就给柬埔寨社会传入了森严的等级制度。虽然柬埔寨没有像印度那样分为五个种姓，但柬埔寨人与生俱来的尊卑秩序亦是不可逾越的。低等级的人隶属于高等级的人，并接受他们的保护。全国人民隶属于国王，共同接受国王的保护。当王权与神权结合以后，国王更是具有至高无上的权力。国王在国家政治中的核心地位依靠宗教而得以延续下来。然而国王作为一个自然人总会有寿终正寝的一天，王位的继承和争夺就必然会发生。为了夺取胜利，王室成员通过引入外国势力来保护自己，主动引入外国势力的做法必然带来国家和社会不得安宁。因此，17世纪柬埔寨相继沦为暹罗和越南的保护国。18世纪法国又逐渐取代暹罗和越南对柬埔寨进行保护。19世纪彻底沦为法国的殖民地。第二次世界大战期间日本一度占领柬埔寨。第二次世界大战以后法国又企图重新恢复对柬埔寨的殖民统治。1953年取得国家独立以后，又变成大国博弈的战场，各派政治力量在大国的保护下角逐。直到1993年在联合国的调解下，柬埔寨实现民族和解，举行第一次大选，成立多党联合政府，制定了《宪法》，确定独立、主权、和平、中立、不结盟的原则，才有效地避免了外国干预，实现了柬埔寨人民梦寐以求的安定和团结。

事实证明，当代柬埔寨在政治、经济、文化、教育等方面都有了很大的发展，像浴火重生的凤凰一样，一定会再创辉煌。

在柬埔寨漫长的历史发展过程中，中国一直是柬埔寨友好的邻居和忠实的朋友，这是因为两国人民同呼吸、共命运，既都有辉煌的过去，又都饱受近代的屈辱。获得解放和独立后，矢志不渝地进行着民族复兴的伟大事业。特别是现今中柬结成了全面战略合作伙伴的关系，在发展和实现“一带一路”建设目标的过程中，相互支持，互利共赢，为当代国际关系树立了光辉的典范。

附录一

柬埔寨国王世系表（本书作者编）

一、扶南王朝（公元1世纪—公元7世纪初）

国王名号	即位年份
1. 憍陈如（Kaundinya），即混填	公元1世纪后期
2. 混盘况（Hun Pan-huang），	公元2世纪下半叶
3. 盘盘（Pan-Pan），前者之子（在位三年）	公元3世纪初
4. 范蔓，亦称范师蔓（Fan Shih-man），	公元205−225年
5. 范金生（Fan Chin-sheng），前者之子	
6. 范旃（Fan Chan），篡位者	
7. 范长（Fan Chang），范师蔓之子	
8. 范寻（Fan Hsun），篡位者	公元240年登位，287年仍在统治
（从公元289—357年，有关扶南国的记载一度在中国历史文献中消失。）	
9. 竺旃檀（Chu Chan-t'an）	357年开始统治
10. 憍陈如二世（Kaundinya Ⅱ）	434年前已死
11. 持梨陁跋摩（Che-li-pa-mo）	遣使来中国，434—483年统治
12. 阇邪跋摩（Kaundinya Jayavarman）	最迟不会晚于483年登基，514年死
13. 留陁跋摩（Rudravarman）	514年即位，539年开始统治

二、早期真腊（公元6世纪—8世纪末）

1. 拔婆跋摩（Bhavavarman），扶南王律陀罗跋摩之孙	550年

2. 摩诃因陀罗跋摩(Mahendravarman),前者兄弟 …………………… 600年
3. 伊奢那跋摩一世(Isanavarman Ⅰ),前者之子 ……………………… 615年
4. 拔婆跋摩二世(Isanavarman Ⅱ),亲属关系不详 …………………… 636年
5. 阇邪跋摩一世(Jayavarman Ⅰ),前者之子? ……………………… 657年
6. 阇耶提黛维(Jayadevi),前王侄女……………………………681—713年

公元707—710年分为陆真腊和水真腊

陆真腊又称文单国,首都文单(Vientiane,今老挝万象)。

水真腊分为太阳王朝和月亮王朝,太阳王朝定都湄公河流域的桑比补罗,即今柬埔寨三坡。月亮王朝的首都是阿迪塔补罗,其城的位置待考。

太阳王朝,首都桑比补罗(Sambhupura)

已知国王:

商菩跋摩(Sambhuvarman),补什迦罗娑之子,8世纪上半叶

罗贞陀罗跋摩(Rajendravarman),前者之子,死于8世纪后期

摩希婆提跋摩(Mahipativarman),前者之子

月亮王朝,首都阿迪塔补罗(Aninditapura)

已知国王:

婆罗阿迭多(Baladitya)

尼栗波提因陀罗跋摩(Nripatindravarman),前者之孙,七世纪后期

补什迦罗娑(Pushkaraksha),前者之子与商菩补罗嗣女结婚

三、吴哥王朝(公元802—1432年)

从公元802—1432年柬埔寨吴哥王朝统治时期,其国王世系如下所示:

1. 阇邪跋摩二世 ………………………………… (公元802—850年在位)
2. 阇邪跋摩三世,前者之子 ………………………… (公元857—877年在位)
3. 因陀罗跋摩一世,前者堂弟 ……………………… (公元877—889年在位)
4. 耶输跋摩一世,前者之子 ………………………… (公元889—900年在位)
5. 曷利沙跋摩一世,前者之子 ……………………… (公元900—923年在位)
6. 伊屠那跋摩二世,前者之弟 ……………………… (公元923—928年在位)
7. 阇邪跋摩四世,耶输跋摩一世之弟,曷利沙跋摩一世和伊屠那跋摩二世之叔 ………………………………………… (公元928—941年在位)
8. 曷利沙跋摩二世 ……………………………… (公元942—944年在位)

9. 罗真陀罗跋摩 ……………………………… （公元944—968年在位）
10. 阇邪跋摩五世 ………………………………（公元968—1001年在位）
11. 优陀耶迭多跋摩一世 ……………………… （公元1001—1002年在位）
12. 苏利耶跋摩一世 …………………………… （公元1002—1050年在位）
13. 乌迭蒂耶跋摩二世，前者之子 …………… （公元1050—1066年在位）
14. 曷利沙跋摩三世，前者之弟 ……………… （公元1066—1080年在位）
15. 阇邪跋摩六世，非王室成员 ……………… （公元1080—1107年在位）
16. 陀罗尼因陀跋摩一世，前者兄长 ………… （公元1107—1113年在位）
17. 苏利耶跋摩二世，前者侄孙 ……………… （公元1113—1150年在位）
18. 陀罗尼因陀跋摩二世 ……………………… （公元1150—1160年在位）
19. 耶输跋摩二世 ……………………………… （公元1160—1166年在位）
20. 特里布婆那迭多跋摩 ……………………… （公元1166—1177年在位）
21. 阇邪跋摩七世 ……………………………… （公元1181—1219年在位）
22. 因陀罗跋摩二世 …………………………… （公元1226—1243年在位）
23. 阇邪跋摩八世 ……………………………… （公元1243—1295年在位）
24. 因陀罗跋摩三世 …………………………… （公元1295—1307年在位）
25. 蓬黑阿・亚特 ……………………………… （公元1432—1467年在位）

面对泰人的入侵，甫即位的蓬黑阿・亚特国王迁都湄公河东岸的巴桑，次年又迁都至金边。吴哥王朝到此结束。

四、晚期真腊（公元1432—1595年）

1. 蓬黑阿・亚特 ……………………………… （公元1432—1467年在位）
2. 诺雷，前者之子 …………………………… （公元1467—1472年在位）
3. 拉马蒂菩提，前者之弟 …………………… （公元1472—1473年在位）
4. 索里约太，诺雷之子（在斯雷山托地区称王）
5. 达摩罗阇，前者之弟 ……………………… （公元1486—1504年在位）
6. 丹卡素空托，前者之子 …………………… （公元1504—1505年在位）
7. 乃坎，非王室成员 ………………………… （公元1505—1516年在位）
8. 安赞，达摩罗阇之弟 ……………………… （公元1516—1556年在位）
9. 巴隆・拉嘉一世 …………………………… （公元1556—1567年在位）
10. 萨塔一世 …………………………………… （公元1567—1594年在位）

公元1594年暹罗调动十万大军攻占柬埔寨首都洛韦。萨塔一世及其子吉・哲塔一世仓皇出逃，其他王室成员和9万柬埔寨居民被俘往暹罗阿瑜托耶。晚期真腊的历史结束。

五、柬埔寨王国（公元1595—1863年）法国殖民统治时期（公元1863—1953年）和当代柬埔寨

1. 崇佩，萨塔一世的远房亲戚 …………………… （公元1595—1596年在位）
2. 巴隆・拉嘉二世，萨塔一世的次子 ………… （公元1597—1599年在位）
3. 巴隆・拉嘉三世，巴隆・拉嘉一世之子 …… （公元1599—1600年在位）
4. 昭・庞埃阿・诺姆，萨塔一世之子 ………… （公元1600—1603年在位）
5. 巴隆・拉嘉四世，巴隆・拉嘉一世之子 …… （公元1603—1618年在位）
6. 吉・哲塔二世，前者之子 ……………………… （公元1618—1628年在位）
7. 波尼・笃，前者之子 ………………………… （公元1628—1630年在位）
8. 波尼・努，前者之弟 ………………………… （公元1630—1640年在位）
9. 安侬一世，乌迭亲王之子 …………………… （公元1640—1642年在位）
10. 安赞，吉・哲塔二世的三子 ………………… （公元1642—1659年在位）
11. 巴东・拉嘉，吉・哲塔二世之孙 …………… （公元1659—1672年在位）
12. 吉・哲塔三世，前者之女婿和外甥 ………… （公元1672—1673年在位）
13. 安季，巴东・拉嘉之子 ……………………… （公元1673—1674年在位）
14. 安侬，巴东・拉嘉之弟 ……………………… （公元1674—1675年在位）
15. 吉・哲塔四世，安季之兄弟，建都乌东 ……… （公元1675—1695年在位）
16. 安侬二世，安季之另一兄弟，在越南保护下建都西贡 ………………………………………………… （公元1675—1691年在位）
17. 乌迭一世，吉・哲塔四世之外甥，在位仅6个月 ………………………………………………… （公元1695—1695年在位）
18. 吉・哲塔四世（第2次登位）………………… （公元1695—1699年在位）
19. 安恩，吉・哲塔四世之女婿 ………………… （公元1699—1701年在位）
20. 吉・哲塔四世（第3次登位）………………… （公元1701—1702年在位）
21. 托摩・拉嘉，吉・哲塔四世之子 …………… （公元1702—1703年在位）
22. 吉・哲塔四世（第4次登位）………………… （公元1703—1706年在位）
23. 托摩・拉嘉（第2次登位）…………………… （公元1706—1710年在位）

24. 安恩（第2次登位）……………………………（公元1710—1722年在位）
25. 萨塔二世，前者之子 …………………………（公元1722—1738年在位）
26. 托摩·拉嘉（第3次登位）……………………（公元1738—1747年在位）
27. 安东，前者之子 ………………………………（公元1747—1749年在位）
28. 吉·哲塔五世，前者之侄，托摩·拉嘉之孙……（公元1749—1755年在位）
29. 安东（第2次登位）……………………………（公元1755—1758年在位）
30. 乌迭二世，前者之孙 …………………………（公元1758—1775年在位）
31. 安依二世，安东之弟 …………………………（公元1775—1779年在位）
32. 安英，安东之子 ………………………………（公元1779—1796年在位）

公元1796—1806年王位空缺

33. 安赞二世，前者之子 …………………………（公元1806—1834年在位）
34. 安眉，前者之女 ………………………………（公元1834—1840年在位）
35. 安东，安赞二世之子 …………………………（公元1841—1859年在位）
36. 诺罗敦，前者之子 ……………………………（公元1859—1904年在位）
37. 西索瓦，安东之子 ……………………………（公元1904—1927年在位）
38. 莫尼旺，前者之子 ……………………………（公元1927—1941年在位）
39. 诺罗敦·西哈努克，前者之侄，诺罗敦之曾孙
……………………………………（公元1941—1955年，1993—2004年在位）
40. 诺罗敦·苏腊马里，前者之父 ………………（公元1955—1960年在位）

诺罗敦·苏腊马里于1960年4月逝世，诺罗敦·西哈努克被任命为国家元首

41. 诺罗敦·西哈莫尼（Norodom Sihamoni），诺罗敦·西哈努克之子
………………………………………………………（公元2004年至今在位）

附录二

柬埔寨国王世系表（[英]霍尔编）

此表录自[英]霍尔《东南亚史》中译本，商务印书馆1982年版。

一、扶 南 王 国

国王名号	即位年份
1. 憍陈如（Kaundinya），即混填	公元1世纪后期
2. 混盘况（Hun Pan-huang）	公元2世纪下半叶
3. 盘盘（Pan-Pan），前者之子，（在位三年）	公元3世纪初
4. 范师蔓将军（Fan Shih-man）	公元205—225年
5. 范金生（Fan Chin-sheng），前者之子	
6. 范旃（Fan Chan），篡位者	
7. 范长（Fan Chang），范师蔓之子	
8. 范寻（Fan Hsun），篡位者	公元240年登位，287年统治
9. 竺旃檀（Chu Chan-t'an）	357年开始统治
10. 憍陈如二世（Kaundinya Ⅱ）	434年前已死
11. 持梨陁跋摩（Che-li-pa-mo）	遣使来中国，434—483年
12. 憍陈如阇邪跋摩（Kaundinya Jayavarman）	483年统治，514年死
13. 律陀罗跋摩（Rudravarman）	514年即位，539年开始统治

二、真 腊 王 国

1. 拔婆跋摩（Bhavavarman），扶南王律陀罗跋摩之孙	550年

2. 摩诃因陀罗跋摩（Mahendravarman），前者兄弟 ······················ 660年
3. 伊奢那跋摩一世（Isanavarman Ⅰ），前者之子 ························ 615年
4. 拔婆跋摩二世（Isanavarman Ⅱ），亲属关系不详 ···················· 635年？
5. 阇邪跋摩一世（Jayavarman Ⅰ），前者之子？ ························ 650年
6. 阇耶提鞞（Jayadevi），前王寡妇································· 713年开始统治

(a) 阿宁迭多补罗（Aninditapura）

婆罗阿迭多（Baladitya）
尼栗波提因陀罗跋摩（Nripatindravarman），前者之孙，七世纪后期
补什迦罗娑（Pushkaraksha），前者之子，与商菩补罗嗣女结婚

(b) 商菩补罗（Sambhupura）

商菩跋摩（Sambhuvarman），补什迦罗娑之子，8世纪上半叶
罗贞陀罗跋摩（Rajendravarman），前者之子，死于8世纪后期
摩希婆提跋摩（Mahipativarman），前者之子

三、吴哥君主国

1. 阇邪跋摩二世（Jayavarman Ⅱ）··· 802年
2. 阇邪跋摩三世（JayavarmanIII），前者之子 ································ 850年
3. 因陀罗跋摩一世（Indravarman Ⅰ），前者堂弟································ 877年
4. 耶输跋摩一世（Yasovarman Ⅰ），前者之子 ································ 889年
5. 易利沙跋摩一世（Harshavarman Ⅰ），前者之子 ························· 900年
6. 伊奢那跋摩二世（Isanavarman Ⅱ），前者之弟 ···························· 922年
7. 阇邪跋摩四世，篡位者 ·· 928年
8. 易利沙跋摩二世，前者之子 ·· 942年
9. 罗贞陀罗跋摩二世（Rajendravarman Ⅱ），因陀罗跋摩一世之孙 ··· 944年
10. 阇邪跋摩五世，前者之子 ··· 968年
11. 优陀耶迭多跋摩一世（Udayadiyavarman），前者母系之侄··········1001年
12. 阇耶毗罗跋摩（Jayavarman）································· 1002?—1011年？

13. 苏利耶跋摩一世(Suryavarman Ⅰ),篡位者 ……………………………1002年
14. 优陀耶迭多跋摩二世,前者之子 …………………………………………1050年
15. 易利沙跋摩三世,前者之弟 ………………………………………………1066年
16. 阇邪跋摩六世,篡位者 ……………………………………………………1080年
17. 陀罗尼因陀罗跋摩一世(Dharanindravarman Ⅰ),前者之弟………1107年
18. 苏利耶跋摩二世,前者母系曾侄孙 ………………………………………1113年
19. 陀罗尼因陀罗跋摩二世,前者堂弟 ………………………………………1150年
20. 耶输跋摩二世,前者之子 …………………………………………………1160年
21. 特里布婆那迭多跋摩(Tribhuvanadityavarman),篡位者 …………1166年
22. 阇邪跋摩七世,陀罗尼因陀罗跋摩二世之子 ……………………………1181年
23. 因陀罗跋摩二世,前者之子 ………………………………………………1219年
24. 阇邪跋摩八世,前者之孙(?)……………………………………………1243年
25. 因陀罗跋摩三世,前者女婿 ………………………………………………1295年
26. 因陀罗阇邪跋摩(Indrajayavarman),前者一位亲戚 …………………1308年
27. 阇邪跋摩波罗蜜首罗(Jayavarman Paramesvara),前者一位亲戚
…………………………………………………………………… 1327—1353年?

L. P.布里格斯所列其余吴哥王国世系表

28. 胡恩纳(Hou-eul-na)………………………………… 统治于1371年
29. 桑达·帕普亚(Samtac Preah Phaya) ……………… 死于1404或1405年
30. 桑达·昭普亚平耶,或尼班巴特(Samtac Chao Phaya Phing-ya Nippean Bat)…………………………………………………………1405—1409年
31. 南邦·波罗摩罗阇(Lampong,or Lampang Paramaraju) …1409—1416年
32. 索里约旺(Sorijovong,Sorijong,or Langbang) ……………1416—1425年
33. 巴隆拉嘉(Barom Racha),或甘卡·拉玛底帕提(Gamkhat Ramadhipati)
……………………………………………………………………1425—1429年
34. 达摩索卡(Phommo-Soccorach,or Dharmasoka) …………1429—1431年
35. 蓬黑阿·亚特(Ponha Yat,or Gan Yat)………………………………1432年

据O.W.沃尔特斯所著《巴山的吉篾国王,1371—1373》一书,修正世系表,此文刊于《大亚细亚》,第12卷,第1部分,第88—89页。

36. 尼班巴特,或涅槃波陀(Nippean Bat,or Nirvanapada),约1362年?

(暹罗人在吴哥的空位期,1369—1375年)

37. 加罗弥迦(Kalamegha,or Huerh-na),在巴山统治,1371—1373年
38. 甘卡(Kambujadhiraja,or Gamkat),收复吴哥,遣使至中国,1377—1383年
39. 达摩索卡罗阇(Dharmasokaraja, or Pao-p'i-yeh),1387和1388年遣使至中国,死于1389年的吴哥洗劫
40. 蓬黑阿·亚特(Ponhea Yat,or P'o-p'i-ya),1389-1404年
41. 那罗衍·拉玛蒂菩提(Narayana Ramadhipati [Ping-ya]'Noreay'),1404—1428年
42. 斯雷(Sodaiya or Srey),1429—1443年在吴哥,后逃到阿瑜托耶
43. 达摩罗阇迭罗阇(Dharmarajadhiraja),1444—1486年在金边,在普农山图克火葬
44. 斯雷索贡托(Srey Sukonthor),1486—1512年,前者长子
45. 坎(Kan),篡位者,1512—1516年
46. 安赞(Ang Chan),1516—1566年,达摩罗阇迭罗阇之幼子

四、1566年以来的统治者

国王名号	即位年份
47. 巴隆拉嘉一世(Barom Reachea Ⅰ),前者之子	1566年
48. 萨塔(哲塔)(Satha),前者之子	1576年
49. 雷密崇佩(Reamea Chung Prei),篡位者	1594年
50. 巴隆拉嘉二世,萨塔之子	1596年
51. 巴隆拉嘉三世,巴隆拉嘉一世之子	1599年
52. 昭·庞埃阿·诺姆(Chau Ponhea Nhom),萨塔之子	1600年
53. 巴隆拉嘉四世,巴隆拉嘉一世之子	1603年
54. 哲塔二世(Chettha Ⅱ),前者之子	1618年
55. 波尼·笃(Ponhea To),前者之子	1628年
56. 波尼·努(Ponhea Nu),哲塔二世之子	1630年
57. 安侬一世(Ang Non Ⅰ),巴隆拉嘉四世之子	1640年
58. 赞(Chan),哲塔二世之子	1642年
59. 巴东·拉嘉(Batorn Reachea),哲塔二世之孙	1659年
60. 哲塔三世,前者之女婿和外甥	1672年
61. 安季(Ang Chei),巴东·拉嘉之子	1673年

62. 安侬（Ang Non），篡位者 ……………………………………………1674年
63. 哲塔四世，巴东·拉嘉之子 …………………………………………1675年
64. 乌迭一世（Outey Ⅰ），前者之外甥，在位统治六个月 ……………1695年
65. 哲塔四世（第二次登位）………………………………………………1695年
66. 安恩（Ang Em），哲塔四世之女婿……………………………………1699年
67. 哲塔四世（第三次登位）………………………………………………1701年
68. 托摩·拉嘉（Thommo Reachea），哲塔四世之子 ……………………1702年
69. 哲塔四世（第四次登位）………………………………………………1703年
70. 托摩·拉嘉（第二次登位）……………………………………………1706年
71. 安恩（第二次登位）……………………………………………………1710年
72. 萨塔二世，前世之子 …………………………………………………1722年
73. 托摩·拉嘉（第三次登位）……………………………………………1738年
74. 安东（Ang Ton），前者之子 …………………………………………1747年
75. 哲塔五世，前者之侄，托摩·拉嘉之孙 ………………………………1749年
76. 安东（第二次登位）……………………………………………………1755年
77. 帕·乌迭二世（Preah Outey Ⅱ），前者之孙 …………………………1758年
78. 安侬二世，安东之弟 …………………………………………………1775年
79. 安英（Ang Eng），安东之子 …………………………………………1779年

（1796—1806年系国王空位期）

80. 安赞二世，前者之子 …………………………………………………1806年
81. 安眉（Ang Mey），前者之女 …………………………………………1834年
82. 安东（Ang Duong），安赞二世之子 ……………………… 1841或1845年
83. 诺罗敦（Norodom），前者之子 ………………………………………1859年
84. 西索瓦（Sisovath），安东之子…………………………………………1904年
85. 莫尼旺（Monivong），前者之子………………………………………1927年
86. 诺罗敦·西哈努克（Norodom Sihanouk），前者之侄，诺罗敦之曾孙
……………………………………………………………………………1941年
87. 诺罗敦·苏腊马里（Norodom Suramarit），前者之父 ………………1955年
（注意：诺罗敦·苏腊马里于1960年4月逝世，诺罗敦·西哈努克被任命为国家元首。）
88. 诺罗敦·西哈莫尼（Norodom Sihamoni），诺罗敦·西哈努克之子，2004年至今为柬埔寨国王。（此条原表无）

参考文献

中 文 文 献

1.《北堂书钞》
2. 伯希和:《扶南考》,载冯承钧《西域南海史地考证译丛》七编。
3. 伯希和:《真腊风土记笺注》,载冯承钧《西域南海史地考证译丛》七编。
4.《册府元龟》
5. 陈显泗等:《中国古籍中的柬埔寨史料》,河南人民出版社1985年版。
6. 陈显泗:《让湮没的历史重现:一个中国学者笔下的柬埔寨历史》,军事谊文出版社2006年版。
7. 陈显泗:《神塔夕照》,云南人民出版社2001年版。
8.《大慈恩寺三藏法师传》
9.《大唐西域记》
10.《大唐西域求法高僧传》
11. 大卫·钱德勒著,许亮译:《柬埔寨史》,中国大百科全书出版社2015年版。
12.《岛夷志略》
13.《东西洋考》
14. 段立生:《泰国帕依诺石宫和真腊古史补证》,载北京《世界历史》1999年第5期。
15. 段立生:《泰国通史》,上海社会科学院出版社2014年版。
16. 段立生:《泰国文化艺术史》,商务印书馆2005年版。
17. 段立生:《真腊风土记校注之补注》,载北京《世界历史》2002年第2期。
18. 段立生:《周达观及其柬埔寨之行》,载广西社会科学院《印支研究》1983

年第4期。
19.《二十五史》
20.《法苑珠林》
21. 戈岱司:《真腊风土记补注》,载冯承钧《西域南海史地考证译丛》二编。
22.《古今图书集成》
23.《广东通志》
24.《桂海虞衡志》
25.《国朝柔远记》
26.《海国闻见录》
27.《海录》
28.《皇明四夷考》
29.《黄清职贡图》
30. 霍尔著、中山大学东南亚历史研究所译:《东南亚史》(上、下册),商务印书馆1982年版。
31. 蓝凡文化工作室:《七头蛇与神秘吴哥》,上海文化出版社2002年版。
32. 李长傅:《南洋史地与华侨华人研究》,暨南大学出版社2001年版。
33. 李晨阳等:《柬埔寨》,社会科学文献出版社2005年版。
34. 李丹惠:《冷战年代的西哈努克亲王》,载《冷战国际史研究》2013年第1期。
35.《岭外代答》
36.《洛阳伽蓝记》
37.《蛮书》
38.《明实录》
39.《南海寄归内法传》
40.《南海志》
41.《释迦方志》
42.《殊域周咨录》
43.《水经注》
44.《顺风相送》
45.《四夷馆考》
46.《太平广记》
47.《太平御览》

48.《唐会要》
49.《通典》
50.《文献通考》
51.《西洋朝贡典录》
52.《咸宾录》
53.《星搓胜揽》
54.《续高僧传二集》
55.《艺文类聚》
56.《瀛环志略》
57.《酉阳杂俎》
58. 余定邦:《近代中国与东南亚关系史》,中山大学出版社1999年版。
59.《云麓漫钞》
60.《真腊风土记》
61.《指南正法》
62. 周文敏:《神秘吴哥》,云南人民出版社2004年版。
63.《诸蕃志》

英文文献

1. David P. Chandler: A History of Cambodia. O. S. Printing House, Bangkok 1993.
2. Dawn F. Rooney: Angkor An Introdction to the Temples. Asia books, Bangkok, 1994.
3. D. G. E. Hall: A History of South-east Asia, Macmillan Press LTD, 1981.
4. George Cades: Angkor An Introduction, Bangkok, 2000.
5. John Guy: Lost Kingdoms hindu-buddhish sculpture of early southeast aisa The Metropolitan Museum of Art, New York.
6. Siam Society Culture and Enviroment in Thailand, D.K.Printing House, 1989.

泰文文献

1. อาณัติ อนันตภาค: ประวัติศาสตร์ กัมพู◌ูชา ยิปซี กรุ๊ป จำ กัด, ๒๕๕๘
2. เกริกฤทธิ์ เชื้อมงคล: กัมพูชา จากอาณาจักรฟู◌ูนัมพมสู่เขมร–กัมพูชา–กรุงเทพฯ เพชรประกาย, ๒๕๕๘
3. ชีรภาพ โลหิตกุล: ชายชรากับบ่วงกรรมและคำ สาป นครวัด นครธม กรุงเทพฯ: ร่วมด้วยช่วยกัน, ๒๕๔๓
4. เดวิด แชนล์เลอร์ : ประวัติศาตร์กัมพูชา โรงพิมพ์มหาวิยาลัยธรรมศาสตร์, ๒๕๔๓
5. ดร. ธิดา สาระยา: ประวัติศาตร์กัมพูชา ด่านสุทธาการพิมพ์, ๒๕๕๕
6. ศ. ดร. ม. ร. ว. สุริยวุฒิ สุขสวัสดิ์ : กัมพูชาราชลักษมีถึงศรีชยวรมัน สำ นักพิมพ์มติชน, ๒๕๔๓
7. อุดม เชยกีวงศ์: วัฒนธรรมขอมกับความสัมพันธ์ไทย–กัมพูชา–กรุงเทพฯ ภูมิปัญญา, ๒๕๕๒
8. ยอร์ช เซเดส์: เมืองพระนคร นครวัด นครธม สำ นักพิมพ์มหาวิทยาลัยธรรมศาสตร์, ๒๕๔๒
9. สมฤทธิ์ บัวระมวล: ตำ นาน นครวัด คุ้มคำ สำ นักพิมพ์, ๒๕๓๗
10. ต้วน ลี่ เซิง: ความเป็นมาของวัดจีนและศาสเจ้าจีนในประเทศไทย บริษัท ส่องศยาม จำ กัด, ๒๕๔๓

图书在版编目（CIP）数据

柬埔寨通史 / 段立生著 .— 上海 ：上海社会科学院出版社，2018
ISBN 978-7-5520-2402-9

Ⅰ.①柬… Ⅱ.①段… Ⅲ.①柬埔寨—历史 Ⅳ.①K335.0

中国版本图书馆CIP数据核字（2018）第174227号

柬埔寨通史

著　　者： 段立生
责任编辑： 王　勤　张广勇
封面设计： 陆红强
出版发行： 上海社会科学院出版社
上海顺昌路622号　邮编200025
电话总机021-63315947　销售热线021-53063735
http: //www. sassp. cn　E-mail: sassp@sassp. cn
排　　版： 南京展望文化发展有限公司
印　　刷： 上海新文印刷厂有限公司
开　　本： 710毫米×1010毫米　1/16
印　　张： 15.5
插　　页： 1
字　　数： 260千
版　　次： 2019年1月第1版　　2023年4月第3次印刷

ISBN 978-7-5520-2402-9 / K · 459　　定价：79.80元